司法書士試験

松本の新教科書 5ヶ月合格法

リアリスティック⑩

刑法

辰已専任講師
松本雅典
Masanori Matsumoto

辰已法律研究所

はしがき

　刑法は，突き詰めるとものすごく奥の深い法律です。国家が，強制的に市民の身体を拘束したり，場合によっては命を奪う根拠となる実体法が刑法です。なぜそのようなことが許されるのか，刑法は何のためにあるのか，といったことは，絶対的な答えが出ることはないでしょうが，永遠に議論を続けないといけません。議論をして，理論を突き詰めていかないといけないのです。国家が市民の命を奪うことまであるわけですから。

　しかし，司法書士試験では，そういった深い議論まで踏み込む必要はありません。深い議論や突き詰めた理論の整合性は，求められていません。よって，「楽しむ」くらいが丁度よいスタンスです。みなさんはおそらく，刑事モノのドラマや映画が好きですよね。あれだけ刑事モノのドラマや映画が多いことからも，刑事事件に興味のある方は多いと思います。最初は，その延長くらいのスタンスで構いません。もちろん，刑法を法律として学びますので，理解すべき理論はしっかりと理解して，記憶すべきことは記憶する必要があります。しかし，刑法は楽しんで学習して欲しいです。これまで，不動産登記法，会社法，商業登記法と，ヘビーな科目が多かったですよね。刑法くらいは，楽しんで学習しましょう。

　『司法書士試験 リアリスティック 民法Ⅰ［総則］』『司法書士試験 リアリスティック 不動産登記法』『司法書士試験 リアリスティック 会社法・商法・商業登記法』『司法書士試験 リアリスティック 民事訴訟法・民事執行法・民事保全法』『司法書士試験 リアリスティック 供託法・司法書士法』のはしがきにも記載しましたが，私が辰已法律研究所で担当しているリアリスティック一発合格松本基礎講座を受講していただいたすべての方に改めて感謝の意を表したいと思います。受講生の方が本気で人生をかけて合格を目指し闘っている姿を見せてくださるおかげで，私はこれまで講師を続けることができましたし，このテキストが完成しました。

令和3年8月

辰已法律研究所 専任講師

松本 雅典

目　次

コラム

索引

本テキストご利用にあたっての注意

1. 略称

・刑訴法	→	刑事訴訟法
・民訴法	→	民事訴訟法
・民執法	→	民事執行法
・司書法	→	司法書士法
・通則法	→	法の適用に関する通則法
・最判平 20.6.10	→	最高裁判所判決平成 20 年 6 月 10 日

2. 民法, 不動産登記法, 会社法・商法・商業登記法, 民事訴訟法・民事執行法・民事保全法, 供託法・司法書士法のテキストの参照箇所

　「—— 民法Ⅰのテキスト第2編第2章第1節2②」などと, 民法, 不動産登記法, 会社法・商法・商業登記法, 民事訴訟法・民事執行法・民事保全法, 供託法・司法書士法のテキストの参照箇所を示している場合があります。これらは, 以下のテキストです。

- 『司法書士試験リアリスティック1　民法Ⅰ［総則］』（辰已法律研究所）
- 『司法書士試験リアリスティック2　民法Ⅱ［物権］』（辰已法律研究所）
- 『司法書士試験リアリスティック3　民法Ⅲ［債権・親族・相続］』（辰已法律研究所）
- 『司法書士試験リアリスティック4　不動産登記法Ⅰ』（辰已法律研究所）
- 『司法書士試験リアリスティック5　不動産登記法Ⅱ』（辰已法律研究所）
- 『司法書士試験リアリスティック6　会社法・商法・商業登記法Ⅰ』（辰已法律研究所）
- 『司法書士試験リアリスティック7　会社法・商法・商業登記法Ⅱ』（辰已法律研究所）
- 『司法書士試験リアリスティック8　民事訴訟法・民事執行法・民事保全法』（辰已法律研究所）
- 『司法書士試験リアリスティック9　供託法・司法書士法』（辰已法律研究所）

3. 表

　このテキストのシリーズで一貫した方針ですが, 表は, 「当たる」「認められる」などその事項に該当するもの（積極事項）は表の左に,「当たらない」「認められない」などその事項に該当しないもの（消極事項）は表の右に配置する方針で作成しています。これは, 試験で理由付けから知識を思い出せなかったとしても,「この知識はテキストの表の左に書いてあったな。だから,『当たる』だ。」といったことをできるようにするためです。

4. 参照ページ

　このテキストでは，できる限り参照ページをつけています。これは，「記載されているページを必ず参照してください」という意味ではありません。すべてを参照していると，読むペースが遅くなってしまいます。わかっているページは，参照する必要はありません。内容を確認したい場合のみ参照してください。その便宜のために，参照ページを多めにつけています。

　また，ページの余白に表示している参照ページの記号の意味は，以下のとおりです。

P50＝　　：　内容が同じ

P50≒　　：　内容が似ている

P50　　┌　　P50　　┐　　：　　内容が異なる
　└　　P50　　┘　　P50

― 第1編 ―

刑法の世界
Criminal Law

第1章　刑法とは？

1　意義

　「刑法」とは，どのようなことを規定した法律なのでしょうか。簡単にいうと，「罪（犯罪）」と「罰（刑罰）」を規定したのが刑法です。実際に刑法の条文で確認してみましょう。以下は，殺人罪の条文です（刑法199条）。

＊刑法の基本的な事例では殺人罪が例とされることが多いので，このテキストでも基本的に殺人罪を例とします。

刑法199条（殺人）
　人を殺した者は，死刑又は無期若しくは5年以上の懲役に処する。

　　罪（犯罪）　／　罰（刑罰）

　刑法の条文ではこのように，条文の前半で犯罪（「人を殺した」）を規定し，後半で刑罰（「死刑又は無期若しくは5年以上の懲役」）を規定していることが多いです。

2　刑法は何のためにあるのか？

1．法益

　法律には，すべて何かしらの目的があります。刑法はなぜ犯罪と刑罰を規定しているのでしょうか。それは，**法益を保護するため**です。「法益」とは，法により保護すべき一定の利益です。法益は条文には書かれていませんが，条文のウラにあります。
ex1. 上記1の殺人罪は，人の生命が法益です。
ex2. 暴行罪は，人の身体の安全が法益です。

　試験では，「○○の場合に，○○罪が成立するか？」という形式の問題が最もよく出るのですが，そのときに，この法益から考えることが極めて重要です。法益を保護するために刑法があるので，法益を侵害したり危険にさらしたりする行為が犯罪になります。逆にいうと，法益を侵害したり危険にさらしたりする行為でなければ，犯罪になりません。

2．一般予防

　法益を侵害したり危険にさらしたりする行為（犯罪）をすると，罰せられる（刑罰を科される）のですが，なぜ罰するのでしょうか。刑法を学習したことがない一般の方は，おそらく「被害者や遺族の方の代わりに，国が犯罪者を痛めつけてやる」など

と答えると思います。被害者や遺族の方の報復を代替する，報復感情を満たすという目的がまったくないわけではありません。しかし，それが主目的ではありません。刑法の主目的は，一般の人々が犯罪をすることを予防することです（一般予防）。刑法は，犯罪をした人を罰することで，「犯罪をすると，刑務所に入れられたり死刑になったりしますよ。だから，犯罪をしないよう思いとどまってください。」と将来の犯罪を予防しようとしているのです（相対的応報刑論）。この一般予防の考え方が，よく批判される，心神喪失者が殺人をしても犯罪とならない（刑法39条1項），といった規定の理解の基となるので，まずしっかりと押さえておきましょう。

― Realistic 1　理論を突き詰める必要はない ―

　「刑法は何のためにあるのか？」というテーマは，もっともっと深い議論があります。しかし，司法書士試験では，上記に記載したことを押さえていただく程度で結構です。

　刑法は，激しい議論をし，理論を突き詰める学問です。有名なところでは，「行為無価値論」と「結果無価値論」という対立する考え方があり，どちらの説を採るかで捉え方が異なる点が出てきます。しかし，司法書士試験では，不要です。今の司法書士試験では，ほとんど条文と判例が問われます。学説や理論については，条文と判例を理解するために必要な限度で押さえればOKです。

第2章　刑法の基礎となる基本原則

　刑法には，根本的な考え方が3つあります。それが以下の3つです。

①行為主義（下記 **1**）
②罪刑法定主義（下記 **2**）
③責任主義（下記 **3**）

1 行為主義

　　行為主義：犯罪となるものは，①人の意思によってコントロール可能な②人の行為
　　　　　　　である必要があるという基本原則

①「人の意思によってコントロール可能」である必要があるのは，人の意思によって
　コントロール可能な行為でなければ，刑法が「思いとどまれ！」と働きかけること
　ができないからです。刑法が犯罪をした人を罰するのは，一般の人々に対して，「犯
　罪をすると，刑務所に入れられたり死刑になったりしますよ。だから，犯罪をしな
　いよう思いとどまってください。」と呼びかけ，将来の犯罪を予防するためです（P
　2～3の2.）。よって，思いとどまれる行為（コントロール可能な行為）である必
　要があるのです。

②「人の行為」である必要があるのは，いかに危険な思想や考えを持っていても，そ
　れが頭の中にとどまる限りは犯罪としないためです。これは，憲法 19 条で保障さ
　れた思想・良心の自由を守るためでもありますし，頭の中にとどまる限りは誰の法
　益も侵害していないからでもあります。

2 罪刑法定主義

1. 意義

　　罪刑法定主義：何が犯罪でそれに対してどのような刑罰が科されるか，あらかじめ
　　　　　　　　　法律で定められている必要があるという基本原則（憲法 31 条，39
　　　　　　　　　条前段）

　犯「罪」と「刑」罰が「法定」されていなければならない（「主義」）ということで
す。罪刑法定主義を言い表した標語に，「法律なければ犯罪なし，法律なければ刑罰
なし」というものがあります。

2. 趣旨

　罪刑法定主義は，被告人（となり得る者）のための基本原則です。実は刑法で学習していくことの多くに，被告人（となり得る者）の保護を考えたものがあります。「なんでそんなことを考えないといけないの？」と思われるかもしれませんが，刑罰の適用というのは，強大な力を持った国家が市民の自由を制限する，人権を侵害する行為です。市民の命を奪うこと（死刑）さえあります。にもかかわらず，歴史をさかのぼると，明確な規定もないのに王の一存で死刑にされたこともありました。豊臣秀吉の聚楽第の落書き事件が有名です。聚楽第の壁に，秀吉の側室の淀殿の懐妊をちゃかしたりした落書きがされ，犯人とされた者の家族や近隣の住民 60 人以上が処刑されたという事件です。こういったことが起きてはならないのです。

　また，罪刑法定主義は，「自由主義」と「民主主義」から導かれる基本原則でもあります。罪刑法定主義の基本原則があることによって，何が犯罪であるかがわかっているので，それ以外のことを安心してすることができます（自由主義）。犯罪をして刑罰が科せられても納得できるのは，国民（によって選ばれた国会議員）が決めた法律に基づくからです（民主主義）。

3. 派生的原則

　罪刑法定主義の派生的原則として，以下の6つの原則が導き出されます。

①慣習刑法の排除（法律主義）

　これは，罪刑法定主義の中核部分です。明文規定のない慣習法によって処罰することは許されず，法律により犯罪と刑罰が規定されていなければならないということです。民法では，特約や条文がない場合などに慣習法が適用されることがあります（通則法3条）。しかし，明文規定のない犯罪と刑罰はあってはなりません。

　ただし，P10～11 で説明する構成要件の解釈や違法性の判断において，慣習法を考慮することは許されます。
ex. 詐欺罪（刑法 246 条）の成立に必要とされる「欺いて」という行為の解釈において，慣習法を考慮することは許されます。時代や業界によって，「欺いて」が何なのかは変わります。たとえば，刑法が制定された時は，振り込め詐欺もありませんでした。「欺いて」が何なのかをすべて法律で規定しておくことはできません。

②不遡及の原則（事後法の禁止。憲法39条前段）

これも，罪刑法定主義の中核部分です。これは，以下の2つの意味があります。

ⅰ　行為の時において犯罪でなかった行為を，事後立法によって処罰することは許されません。

ⅱ　行為の時において規定されていた刑を，法改正によって変更してより重い刑で処罰することは許されません。

ⅱのほうを記憶しておきましょう。行為の後に刑を重くするのもダメならば（ⅱ），行為の後に新たに犯罪にするのはダメですよね（ⅰ）。

なお，罰則規定を廃止する際に，廃止前の行為については廃止後も処罰する旨の規定（経過規定）を定めることは，許されます。経過規定が法定されているので，あらかじめ法定されているといえるからです。

③類推解釈の禁止

民法や会社法では，類推適用というものがありました。── 民法Ⅰのテキスト第2編第5章第2節③5.　類推適用は，簡単にいうと，「類似した点があるので，違う条文だけど使っちゃえ」と異なる条文を使ってしまうことです。しかし，刑法ではダメです。これをしてしまうと，法定されていない犯罪で刑罰を科されることになってしまうからです。ただ，許されない類推解釈は被告人に不利な類推解釈であり，被告人に有利な類推解釈は許されます。罪刑法定主義は，被告人（となり得る者）の保護を考えた基本原則だからです（P5の2.）。

④絶対的不定期刑禁止の原則

「絶対的不定期刑」とは，法定刑の上限も下限も定められていないということです。これは，許されません。

ex. 単に「○○をした者は，懲役に処する」という規定は許されません。

☞「法定刑」とは？

法定刑：刑法の条文で規定されている上限や下限によって規定された刑

P2の刑法199条でいうと，「5年以上の懲役」などが当たります。裁判官がこの範囲内で「懲役10年に処する」などと刑を言い渡します。実際に言い渡す刑のことを「宣告刑」といいます。

⑤明確性の原則（憲法３１条）

　あいまい不明確な刑罰法規は，許されません。

ex.「悪いことをした者は，５年以下の懲役に処する」という規定は許されません。

　何をしたら犯罪になるか不明確だと，市民が何をしてはいけないのか，していいのかの予測ができないからです。「悪いこと」って何なのかわからないですよね。

⑥適正の原則

　これは，単に犯罪と刑罰が規定されているだけではなく，内容においても合理的なものでなければならないということです。

ex.「信号無視をした者は，死刑に処する」という規定は許されないと解されます。

　あまりに不合理な刑罰ですよね……。

3　責任主義

　責任主義：違法行為（殺害など）をした意思決定について行為者を非難できない場
　　　　　　合には，処罰できないという基本原則

　たとえば，重度の精神病により心神喪失状態となって人を殺した場合には，殺人罪は成立しません。感情的には，納得できないかもしれません。しかし，刑法は，「犯罪をすると，刑務所に入れられたり死刑になったりしますよ。だから，犯罪をしないよう思いとどまってください。」と呼びかけ，将来の犯罪を予防するためにあります（P２〜３の２．）。思いとどまることができない者を国家が非難することはできないんです。

＊刑法は，大きく，「総論」と「各論」に分かれます。総論とは，基本的にすべての犯罪に共通して当てはまる
　ハナシです。各論とは，殺人罪，窃盗罪など各犯罪ごとのハナシです。以下，総論（第２編）と各論（第３編）
　に分けてみていきます。

― 第 2 編 ―

総 論
The General Part

第**1**章	犯罪の成立要件

　まずは，どういう要件が揃えば犯罪が成立するのかをみていきます。「たとえば，殺人罪なら，ある人の行為によって別の人が死ねば成立するんじゃないの？」と思われるかもしれません。しかし，そうとは限らないんです。犯罪が成立するには，以下の図の3つの要件を充たす必要があります。以下の図は，下からご覧ください。
＊以下の図に何回も戻ってきていただきたいので，このページに付せんを貼っておいてください。

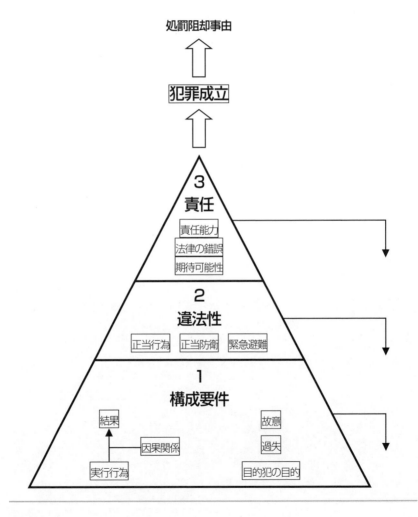

成立要件① 構成要件に該当する

「構成要件に該当する」とは，簡単にいうと，条文に書いてある行為をするということです。

ex. 殺人罪であれば，刑法199条に「人を殺した」とありますので，人を殺すことが構成要件です。構成要件を考えるにあたっては，この「人を殺した」が何であるかを考えないといけません。たとえば，殺意がなければ，殺人罪の「人を殺した」に当たりません。よって，単に暴行をする意思で暴行をした結果，相手が亡くなった場合には，殺人罪ではなく，傷害致死罪（刑法205条）となります。

成立要件② 違法性がある（違法性阻却事由がない）

構成要件に該当することをしても，違法性がなければ犯罪は成立しません。「違法性」とは，簡単にいうと，法的に悪いこと（望ましくないこと）です。

ex. 殺意をもって人を殺しても，その相手が自分のことを殺そうとしており，自身の身を守るために殺したのであれば，正当防衛（刑法36条1項）となり，違法性が阻却され，殺人罪は成立しません。

成立要件③ 責任がある（責任阻却事由がない）

構成要件に該当することをして違法性が認められても，責任がなければ犯罪は成立しません。「責任がある」とは，違法行為をした者の意思決定を国家が非難することができるということです。その者が適法な行為をしようと思えばできたのにもかかわらず違法な行為をしたため，非難されるのです。

ex. 殺意をもって人を殺し，その者に正当防衛などの違法性阻却事由がなくても，その者が重度の精神病により心神喪失状態となっていた場合には，責任がないとされ，殺人罪は成立しません。

これは，P7 3 で説明した責任主義の考え方によります。「違法行為をしないようにしよう」と思いとどまることができない者を，国家が非難することはできないんです。

*次の第2章から，この「構成要件」（第2章），「違法性」（第3章），「責任」（第4章）と分けて，詳細をみていきます。

第2章　構成要件

　構成要件は，大きく「客観的構成要件」（第1節）と「主観的構成要件」（第2節）
に分かれます。

第1節　客観的構成要件

1　実行行為

1．意義

　実行行為：条文の構成要件に該当する人の行為
ex. 殺人罪であれば，刑法199条の「人を殺した」が，実行行為です。

　構成要件に該当する実行行為は，法益の侵害または危険を引き起こす現実的危険を
有する行為である必要があります。……といわれても，わかりにくいですよね。たと
えば殺人罪であれば，人を刺したりピストルで撃ったりする行為は該当します。しか
し，以下のような行為によって仮に人が死んでも，構成要件に該当しません（犯罪は
成立しません）。

ex1. XがYを殺そうと思い，飛行機の墜落事故を期待してYに飛行機旅行を勧めたと
　　 ころ，たまたま飛行機が墜落してYが死亡しました。

ex2. XがYを殺そうと思い，Yを呪っていたところ，Yが死亡しました。

＊このテキストでは，基本的に加害者（となり得る者）を「X」，被害者（となり得る者）を「Y」とします。

　たまたまYが死亡したとしても，飛行機旅行を勧めることや呪うことは，人の生命
が侵害されたり危険にさらされたりすることではないので，構成要件に該当しない
（犯罪は成立しない）んです。飛行機が墜落する確率は限りなく0に近いですし，呪
い殺すことは科学的には不可能です。

─ Realistic 2　デスノートを使うことは殺人罪になる？ ─

　「DEATH NOTE」という人気マンガがあります。アニメ化や映画化もされました。簡単
にどんな話かを説明すると，「デスノート」という死神界から人間界に舞い降りたノートがあ
り，このデスノートに殺したい人の顔を思い浮かべて氏名を書くと書かれた人が死ぬ，という
話です（私が説明すると伝わりませんが，もっと面白い話です……）。仮にこのデスノートが
存在したら，デスノートで人を殺しても，殺人罪にならないと考えられます。ノートに氏名を
書いても，科学的には人が死ぬことはないからです。マンガの中でも，「デスノートを使って
いる犯人を見つけた場合に，罪に問えるのか？」というシーンがありました。

---

2. 間接正犯
(1) 意義
　間接正犯：他人を道具として利用することによって実現する犯罪

ex. 医師Xが患者Yを殺そうと考え，その事情を知らない看護師Zに治療薬と称して
　　毒薬を手渡しました。Zがその毒薬を治療薬と信じて，Yに投与したところ，Y
　　が死亡しました。これが，間接正犯の典型例です。この場合，道具として利用さ
　　れたZについては殺人罪は成立しません。Zは，「Yを殺していいのかな？」とい
　　う規範に直面しておらず，故意がないからです。Zを利用したXが，殺人罪の実
　　行行為をしたことになります。

― Realistic 3　金正男暗殺事件 ―

　2017年にマレーシアで，金正恩の兄である金正男氏が女性2人に猛毒のVXによって暗
殺された事件がありました。金正男氏にVXを塗りつけた2人は，「バラエティー番組の企画
だと思っており，塗りつけたものがVXだとは知らなかった」と主張しました。それが真実
であれば，2人は不可罰であり，その2人を利用した北朝鮮の工作員が間接正犯となります。
　結局この2人の女性は，1人は起訴が取り下げられ，もう1人は傷害罪とされ，間接正犯で
あったのか真相は明らかにはなりませんでした。

間接正犯となるかの判断基準
　利用された者（被利用者）が道具といえる場合に間接正犯になります。

(2) 間接正犯の類型
　間接正犯には，たとえば，以下のような類型があります。

(a) 被利用者が故意を欠く場合
　これは，上記（1）の ex.の場合が当たります。被利用者が「この行為をしていい
のかな？」という規範に直面しておらず，故意がないため，間接正犯となります。

(b) 被利用者が意思能力を欠く場合
i　意義
　意思能力を欠く者の行為を利用した場合も，間接正犯となります。
ex. 幼児や重度の精神病患者の行為を利用した場合，間接正犯となります。

ⅱ　責任能力はないが意思能力はある者
（ⅰ）原則

　では，未成年者のうち，責任能力（P11③）はないが意思能力はある者の行為を利用した場合は，間接正犯となるでしょうか。未成年者の責任能力は14歳から備わるので（刑法41条。P62の4.），14歳未満の未成年者には責任能力はありません。しかし，たとえば，12歳の未成年者には意思能力はあると解されています。

　責任能力はないが，意思能力はある者の行為を利用した場合は，間接正犯とはなりません。意思能力があるので，「道具」とはいえないからです（上記の「間接正犯となるかの判断基準」）。よって，共同正犯や教唆犯となります（共同正犯と教唆犯はP66①②で説明します）。

（ⅱ）例外

　責任能力はないが意思能力はある者の行為を利用した場合でも，その未成年者が意思を抑圧されているときは，間接正犯が成立します。

判例　最決昭58.9.21

　Xは，12歳の養女Zに対し，日頃から自分の言動に逆らう素振りを見せる都度，顔面にタバコの火を押しつけたり，ドライバーで顔をこすったりするなどの暴行を加えて，自分の意のままに従わせていました。Xは，Zに対し，窃盗を命じて行わせました。この場合，Xは，間接正犯となるでしょうか。

→　間接正犯となります。

　Zは12歳なので，意思能力はあります。しかし，自分の意のままに従わせており，「道具」も同然だったので間接正犯とされました（上記の「間接正犯となるかの判断基準」）。

※自殺行為の強制

　自殺行為の強制をした場合，自殺教唆罪の間接正犯が成立するかが問題となります。「自殺教唆罪」とは，「人を教唆し〔唆 し〕……自殺させ」る犯罪です（刑法202条）。

判例 **最決平 16.1.20**

　Xは，自動車の転落事故を装いYを自殺させて保険金を取得する目的で，極度に畏怖して服従していたYに対し，暴行，脅迫を交えつつ，岸壁上から自動車ごと海中に転落して自殺することを執ように要求し，Xの命令に応じて自動車ごと海中に飛び込む以外の行為を選択することができない精神状態に陥らせました。そして，Xは，Yに命令して岸壁上から自動車ごと海中に転落させました。Yは，水没前に車内から脱出して死亡を免れました。この場合，自殺教唆罪の間接正犯となるでしょうか。

　→　自殺教唆罪の間接正犯ではなく，殺人未遂罪が成立します。

　自殺教唆罪の自殺は，被害者の自由な意思決定に基づくものである必要があります。しかし，Yを自動車ごと海中に飛び込む以外の行為を選択することができない精神状態に陥らせていますので，自殺が自由な意思決定に基づくものとはいえません。よって，殺人未遂罪となります。

---

3. 不作為犯

（1）意義

　不作為犯：不作為によって実現する犯罪

　犯罪は，人を刺すなど「○○すること」（作為）で実行するイメージだと思います。しかし，「○○しないこと」（不作為）で実行する犯罪もあるんです。これを「不作為犯」といいます。不作為犯には，以下の2種類があります。

①真正不作為犯

　真正不作為犯：不作為でしか実行できない犯罪

　「真正」とは，「まさに」という意味です。

ex. 要求を受けたにもかかわらず，人の住居，建造物などから退去しないと不退去罪となります（刑法130条）。たとえば，クレーマーが店舗でクレームを言い続けている場合に，「お引き取りください」「業務に支障をきたします」などと繰り返し伝えても帰らないと，クレーマーは不退去罪になることがあります。不退去罪は，「退去しない」という不作為でしか実行できません。

②不真正不作為犯

　不真正不作為犯：作為で実行することが規定されている犯罪を不作為で実行すること

ex. 殺人罪は，「人を殺した」と作為で実行することが規定されています（刑法199条）。しかし，人を刺すなどといった作為によらなくても，親が赤子に食べ物を与えないなど不作為によって実行することもできます。

15

※不作為は行為といえるのか？

犯罪となるものは，「人の行為」である必要がありました（P4②）。不作為は「○○しないこと」ですから，行為といえるのでしょうか。

行為といえます。「行為」とは，人の意思によってコントロール可能な身体的態度です。つまり，「○○すること」だけでなく，「○○しないこと」も身体的態度ですので，「行為」に含まれるのです。金縛りにあって身体を動かせない状態であったのであれば，「行為」とはいえませんが。

*真正不作為犯は，各犯罪を規定した条文で不作為の内容が規定されているので，各論でみていきます。この
　総論では，条文で不作為の内容が規定されていない不真正不作為犯をみていきます（下記（2））。

（2）不真正不作為犯

不作為は，「○○しないこと」なので，何の制限もかけないと，容易に広範囲の人に認められてしまいます。たとえば，ホームレスの方が凍死してしまった場合，その近くを通りかかって助けなかった人全員が犯罪者になりかねません。そこで，不真正不作為犯の構成要件に該当するには，以下の2つの要件を充たすことが要求されます。

①作為義務がある（下記（a））
②作為可能性・作為容易性がある（下記（b））

（a）作為義務

不真正不作為犯は，作為義務がある者にしか成立しません。作為義務は，以下の表の左の①〜③に基づいて発生します。

作為義務が生じる者（○）	作為義務が生じない者（×）
①法令に基づく作為義務 ex1. 親権を行う者には，子に対する監護義務があります（民法820条）。よって，たとえば，親が死んでも構わないと考えて赤子に食べ物を与えずに餓死させたら，殺人罪になり得ます。 ex2. 人を殺害後，被害者の遺体を放置しても，通常は死体遺棄罪（刑法190条）にはなりません。「遺棄」とは，死体を場所的に移転させる（ex. 山に捨てる）ことだから	左の①〜③に該当しない者には，基本的に作為義務は生じません。 ex1. 川で子供が溺れ死んだ場合，たまたまその場にいただけの人は，子供を助けなくても，不作為による

です。しかし，死体を埋葬する法律上の義務のある親や子は，子や親を殺害後に遺体を放置すると，不作為による死体遺棄罪になり得ます（大判大6.11.24）。

②契約・事務管理に基づく作為義務

ex1. 子供を預かった保育園には，預かっている間は子供を保護する義務があります（契約に基づく作為義務）。

ex2. 迷子の子供を保護した者には，保護者に引き渡すまでは子供を保護する義務があります（事務管理に基づく作為義務）。

③慣習・条理に基づく作為義務

ex1. 家屋の占有者または所有者には，家屋から出火したときに火を消し止める義務があります。よって，その義務を怠ると，放火罪になり得ます（大判大7.12.18）。また，従業員は，職場で自身の過失によって火鉢（ひばち）から机に引火してしまった場合，消し止める義務を怠ると，放火罪になり得ます（先行行為に基づく作為義務。最判昭33.9.9）。

ex2. 売主には，抵当権の登記のある不動産を売却する際に，買主に対して，不動産に抵当権の負担のあることを告げる義務があります。よって，売主がその義務を怠ると，詐欺罪になり得ます（大判昭4.3.7）。

殺人罪とはなりません。殺人罪になり得るのは，親など保護する義務のある者です。

ex2. 近所の子供がケンカをしているのを見つけ，このままではその一方が殴られてケガをするだろうと思ったが，制止をせずに立ち去り，その子供が負傷しても，立ち去った者に不作為による傷害罪は成立しません。

（b）作為可能性・作為容易性

　たとえば，上記（a）の表の左の③のex1.で「火を出してしまい，すぐに消し止めることができないほど火が広がっても放火罪の構成要件に該当するの？」，上記（a）の表の右のex1.で「泳げない親であったとしても殺人罪の構成要件に該当するの？」と思われたかもしれません。こういった場合にも構成要件に該当するとなると不可能を強いることになってしまうので，不真正不作為犯の構成要件に該当するには作為可能性・作為容易性が必要となります。よって，通常の人では消し止められないくらい火が広がっていた場合や泳ぐことのできない親は構成要件に該当しませんし（作為可能性），消火道具がなかった場合（最判昭33.9.9参照）や川の流れが急で自らが溺れて死ぬ危険性があった場合は構成要件に該当しません（作為容易性）。

2 因果関係

1．意義・趣旨

たとえば，Xが殺意をもってYのことをナイフで刺して重傷を負わせましたが，そのことによってはYは死亡しませんでした。しかし，その直後，大地震が起きてそのことによってYが死亡した場合，Xが殺人既遂罪に問われるのは，おかしいでしょう。このように，結果犯においては，実行行為と結果との間に因果関係がなければ，その犯罪は既遂とはなりません（未遂にはなります）。

☞「結果犯」とは？

結果犯：構成要件として，実行行為に加えて法益の侵害または危険の発生（結果）が要求される犯罪

ex. 殺人罪が既遂となるには，人の死亡という結果の発生が必要です（刑法199条）。

結果犯の反対に位置するのが，「挙動犯」です。挙動犯は，実行行為があれば即座に既遂となります。

ex. 暴行罪の構成要件は，暴行です（刑法208条）。傷害の結果は，構成要件ではありません（傷害が生じると傷害罪となります〔刑法204条〕）。暴行罪は，結果の発生が構成要件となっていないので，挙動犯です。

2．因果関係の理論

では，実行行為と結果との間にどの程度の関係があれば因果関係が認められるのでしょうか。

（1）条件説

「条件説」という考え方があります。条件説とは，「その実行行為がなかったのならば，その結果は発生しなかったであろう」（あれなければ，これなし）という条件関係が認められれば因果関係を認める考え方です。

ですが，この考え方は，因果関係を認める範囲が広すぎます。たとえば，Xが殺意をもってYのことをナイフで刺して重傷を負わせ，Yは，長期入院をすることになり，その間に恋人に振られ，前途を悲観して自殺しました。たしかに，Xがナイフで刺さなければ，Yは恋人に振られることはなく自殺することはなかったかもしれません。しかし，この場合に，Xが殺人既遂罪になると，それはあまりに不当でしょう。

そこで，通説は，下記（2）のように因果関係を認める範囲を絞ります。

（2）相当因果関係説（通説）

　通説は，条件関係が存在することを前提に，その実行行為からその結果の生じることが相当である場合に限って因果関係を認める考え方です。これを「相当因果関係説」といいます。

　この「相当」性を判断するにあたって，どのような基礎事情を考慮すべきかで，以下の表の3つの考え方に分かれます。

	主観説	折衷説（通説）	客観説
考慮する基礎事情	①実行行為時に行為者が認識していた事情 ②実行行為時に行為者が認識し得た事情	①実行行為時に一般人が認識し得た一般的事情 ②実行行為時に行為者が認識していた特別の事情	①裁判の時点（裁判官の立場）から見て，実行行為時に客観的に存在した全事情 ②裁判の時点（裁判官の立場）から見て，実行行為時に予見可能な行為後の事情
事例への当てはめ	Xが殺意をもってYを切りつけ，切り傷を負わせました。通常人であれば死亡するような傷ではありませんでしたが，Yは，血が止まりにくくなる血友病を患っていたため，死亡しました。Xによる切りつけとYの死亡の間に因果関係が認められるでしょうか。		
	切りつけ時に，Xが，Yが血友病であることを知っていた（上記①），または，知り得た（上記②）のであれば，因果関係が認められます。	切りつけ時に，一般人であればYが血友病であることを知り得た（上記①），または，Xが，Yが血友病であることを知っていた（上記②）のであれば，因果関係が認められます。	Yが行為時に血友病であった以上（上記①），因果関係が認められます。

― Realistic 4　学説問題は出題が減少傾向 ―

　このテキストには，過去問で出題された最低限の学説は載せています。しかし，刑法においては，学説問題は平成16年度以来出題されていません。近年の司法書士試験では，条文と判例が問われています。よって，学説は重視しないでください。学説は，サラッと読んでいただく程度で結構です。また，過去の出題もほとんどが，学説の内容を記憶していないと解けないものではなく，学説が示されてそれを事例に当てはめられるかといったものでした。

3．判例・裁判例

　近年の試験は，学説よりも判例・裁判例を聞くのが中心ですので，この3.の判例・裁判例をしっかりと押さえましょう。

危険の現実化説

　最高裁判所は，因果関係についてどのような理論を採るかを明示していません。しかし，「危険の現実化説」を採っているといわれています。危険の現実化説とは，条件関係があることを前提に，「実行行為に一定の危険性が存在し，その危険性が結果として現実化したのであれば因果関係を認める」という考え方です。

　この考え方は，上記2.(2)の相当因果関係説のうちの折衷説と近い考え方ですが，異なるのは，判断する時点を「実行行為時」に限定しないことと，考慮する基礎事情を限定しないことです。よって，下記（1）〜（3）のように，行為後に特殊な事情が生じても，因果関係を認めることがあります。

（1）第三者の行為が介在した場合

　実行行為の後に第三者の行為が介在した場合にも，因果関係を認めることができるでしょうか。

判例①　最決昭42.10.24【米兵ひき逃げ事件】

　米兵のXが助手席に米兵Zを乗せて自動車を運転中，歩いていたYに過失により衝突し，Yを自動車の屋根上にはね上げました。しかし，Xはそのことに気づかずに，そのまま数km進行しました。その途中で，助手席のZが，屋根からぶら下がっているYに気づき，窓から手を出して道路上に引きずり降ろし，Yは死亡しました。Yの死因が，Xが自動車ではねた際に生じたものなのか，Zが屋根から引きずり降ろした際に生じたものなのか確定しがたい場合，Xの行為とYの死亡との間に因果関係が認められるでしょうか。

　→　認められません。過失運転致死罪は成立しません。
　Yの死因を形成したのが，XがYをはねた行為によるものなのか，ZがYを引きずり降ろした行為によるものなのか不明です。よって，Xの行為の危険性がYの死亡という形で現実化したと断定することはできず，Xの行為とYの死亡をつなげることができません。

　最高裁判所は，因果関係を認める傾向にあります。最高裁判所が因果関係を認めなかったのは，この米兵ひき逃げ事件のみです。よって，この米兵ひき逃げ事件は，意識的に記憶しましょう。

　　→　テクニック わからなければ，「因果関係は認められる」としてください。そちらのほうが正解する確率が高いです。

判例②　最決平2.11.20【大阪南港事件】

　XがYを暴行し，死因となった傷害が形成されました。その後，第三者Zが倒れているYの頭を角材で殴ったため，Yの死期が少し早められました。Xの暴行とYの死亡との間に因果関係が認められるでしょうか。

　　→　認められます。傷害致死罪が成立します。

　Xの暴行はYが死亡する危険性が存在する行為であり，その危険性がYの死亡という形で現実化したからです（上記の危険の現実化説）。以下，このように，危険の現実化説に当てはめていきます。

判例③　最決昭49.7.5

　XがYを暴行し，Yが負傷しました。Yを診察した医師Zが不適切な治療を行ったために，かえって病状が悪化してYが死亡しました。Xの暴行とYの死亡との間に因果関係が認められるでしょうか。

　　→　認められます。傷害致死罪が成立します。

　Xの暴行はYが死亡する危険性が存在する行為であり，その危険性がYの死亡という形で現実化したからです。

判例④　最決平18.3.27【トランク事件】

　Xは，乗用車のトランク内にYを入れて監禁し，信号待ちのため路上で停車していました。後方から脇見をしながら運転してきたZが運転するトラックに追突され，Yが死亡しました。Xの監禁行為とYの死亡との間に因果関係が認められるでしょうか。

　　→　認められます。監禁致死罪が成立します。

　Xの監禁行為は自動車が追突することなどによりYが死亡する危険性が存在する行為であり，その危険性がYの死亡という形で現実化したからです。

（2）被害者の行為が介在した場合

　実行行為の後に被害者の行為が介在した場合にも，因果関係を認めることができるでしょうか。

判例①　最決昭59.7.6

　XらがYを暴行（リンチ）していました。Yは，Xらからの暴行に耐えかねてその場から逃げ出し，その逃走中に転倒して池に落ち込み，頭部を打ちつけたことが原因で死亡しました。Xらの暴行とYの死亡との間に因果関係が認められるでしょうか。

　→　認められます。傷害致死罪が成立します。

　Xらの暴行はYが死亡する危険性が存在する行為であり，その危険性がYの死亡という形で現実化したからです。

判例②　最決平15.7.16

　XらがYに対して，長時間にわたって激しくかつ執ような暴行（リンチ）を加えました。Yは，極度の恐怖を感じてその場から逃走し，Xらによる追跡から逃れるために約800m先にある高速道路に進入してしまい，複数台の自動車に轢かれて死亡しました。Xらの暴行とYの死亡との間に因果関係が認められるでしょうか。

　→　認められます。傷害致死罪が成立します。

　Xらの暴行はYが死亡する危険性が存在する行為であり，その危険性がYの死亡という形で現実化したからです。

判例③　最決昭63.5.11

　医師の資格を有しない柔道整復師Xが，Yから風邪の診療依頼を受け，熱を上げること，水分などを控えること，汗をかくことなどの誤った治療方法を反復指示し，格別，医師の診療治療を受けることを勧めもしないでいました。Yは，これに忠実に従い，脱水症状を起こし肺炎を併発し心不全により死亡しました。Xの指示とYの死亡との間に因果関係が認められるでしょうか。

　→　認められます。業務上過失致死罪が成立します。

　Xの指示はYが死亡する危険性が存在する行為であり，その危険性がYの死亡という形で現実化したからです。

（3）行為者の行為が介在した場合

　実行行為の後に行為者の行為が介在した場合にも，因果関係を認めることができるでしょうか。

判例　**大判大 12.4.30**

　Xは，Yを殺害しようとして首を絞めました。Xは，Yが身動きしなくなったので死亡したものと思い込み，犯行の発覚を防ぐ目的でYを砂浜に運び，放置して帰宅しました。しかし，Yは，その時点ではまだ生きており，その後，砂末を吸引したことによって死亡しました。Xの首を絞めた行為とYの死亡との間に因果関係が認められるでしょうか。

　→　認められます（因果関係の錯誤。P30（c））。殺人既遂罪が成立します。

　Xの首を絞めた行為はYが死亡する危険性が存在する行為であり，その危険性がYの死亡という形で現実化したからです。

第2節　主観的構成要件

> **刑法38条（故意）**
>
> 1　罪を犯す意思がない行為は，罰しない。ただし，法律に特別の規定がある場合は，この限りでない。

　罪を犯す意思（故意）のある行為のみが犯罪となるのが，原則です（刑法38条1項本文）。罪を犯す意思（故意）がなく過失しかない場合は，人を傷害したり死亡させたりした（刑法209条～211条）など特に重要な法益を侵害したとき（特別の規定があるとき）にしか犯罪となりません（刑法38条1項ただし書）。

　犯罪となると，犯罪者とされた者は人権を侵害する行為である刑罰（死刑，懲役など）を受けます。よって，違法行為のすべてを犯罪とするべきではありません。たとえば，有名なハナシでいうと，不倫は，民法上の不法行為（民法709条）なので違法行為ではありますが，現在は犯罪とはされていません。犯罪とするのは，違法行為の一部とすべきなのです。これを「刑法の謙抑性」といいます。

＊この第2節では，主観的構成要件のうち「故意」（下記1）と「過失」（下記2）についてみていきます。主観的構成要件には，他に目的犯の「目的」がありますが，これは各論でみていきます。

1　故意

1．故意とは？

（1）認識

（a）意義

　故意が認められるためには，行為者が少なくとも犯罪事実を認識している必要があります。たとえば，殺人罪であれば，自分が行っている行為が人を殺すことであるということを認識している必要があります。犯罪事実を認識していれば，行為者に「違法な行為だけどしてもいいかな？」と考える機会が与えられたといえるからです。

　犯罪事実の認識が必要であることについては，争いがありません。

（b）認識の程度

　故意が認められるには，まず「意味の認識」は必要です。行為が犯罪性を帯びているということは認識している必要があります。たとえば，私文書偽造罪であれば，自分が行っている行為が偽物の文書を作ることであるという程度の認識は必要です。

　しかし，その認識の程度は，「素人的理解」でOKです。私文書偽造罪であれば，

どのような文書を偽造することが犯罪になるかまでを認識している必要はなく（すべての文書の偽造が対象になるわけではありません），自分が行っている行為が偽物の文書を作ることであるという程度の認識があればOKです。でないと，刑法を学習した者にしか故意犯が成立しなくなってしまい，この後，このテキストを読むのをためらってしまうかもしれません……。

※結果的加重犯の認識

　結果的加重犯については，どこまで認識が必要でしょうか。

☞「結果的加重犯」とは？

　　結果的加重犯：基本となる犯罪行為に故意があれば，重い結果が発生した場合には
　　　　　　　　重い結果の犯罪が成立する犯罪類型。「結果」によって（「的」）刑
　　　　　　　　が「加重」される「犯」罪。

ex. 傷害致死罪は傷害罪と暴行罪の，傷害罪は暴行罪の結果的加重犯です。よって，
　　暴行の故意があれば，被害者が傷害を負った場合には傷害罪，被害者が死亡した
　　場合には傷害致死罪が成立します（最判昭 22.12.15，最判昭 32.2.26）。暴行によ
　　って傷害や死亡の結果が生じることは，よくあるからです。

　　　　　　　暴行罪 ――――――→ 傷害罪 ――――――→ 傷害致死罪

　結果的加重犯については，基本犯と結果との間に因果関係があれば，基本犯についての認識がある場合には故意犯となります。たとえば，暴行（基本犯）と死亡（結果）との間に因果関係があれば，暴行罪（基本犯）についての認識がある場合には傷害致死罪の故意犯となります（最判昭 26.9.20）。

（2）認容

　犯罪事実の実現を積極的に欲していれば，故意は問題なく認められます。これを「確定的故意」といいます。たとえば，殺人罪であれば，行為者が「あいつを殺したい」と思っているのであれば，故意は問題なく認められます。

　では，確定的故意はないが，「認容」がある場合はどうでしょうか。認容とは，殺人罪であれば，行為者が「あいつが死ぬかもしれない。まいっか。」と思っているということです。この認容がある場合も，故意が認められます。これを「未必の故意」といいます。

ex. 2018 年，大阪の堺市で，自動車がバイクに追突し，追突されたバイクを運転していた方が死亡してしまった痛ましい事故がありました。交通事故で殺人罪とされることは稀なのですが，この事件は追突した瞬間に犯人が「はい，終わり」とつぶやいたことがドライブレコーダーに記録されていたことなどから，未必の故意があったと認定され，殺人罪となりました。

　　過失と故意は，行為者の意思によって以下の4つに分類することができますが，この認容があるかどうかが，過失犯と故意犯を分けます。

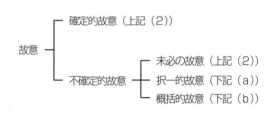

認識なき過失	認識ある過失	未必の故意	確定的故意
ex. まさか死ぬとは	ex. 死ぬかも	ex. 死ぬかも。いっか	ex. 死んでほしい

（3）不確定的故意

　　上記（2）の確定的故意に対する概念として，「不確定的故意」というものがあります。上記（2）で説明した「未必の故意」は，この不確定的故意の一種です。

不確定的故意も，故意犯となります。

```
　　　　┌─ 確定的故意（上記（2））
故意 ─┤
　　　　│　　　　　　　　　　┌─ 未必の故意（上記（2））
　　　　└─ 不確定的故意 ─┼─ 択一的故意（下記（a））
　　　　　　　　　　　　　　└─ 概括的故意（下記（b））
```

（a）択一的故意

　　択一的故意：2つ以上ある客体のうち，どちらかに結果が生じても構わないと認容していること

　　……といわれても，わかりにくいですよね。具体例で確認しましょう。

ex. Xが，Y_1とY_2のどちらかに命中させようとしてピストルを撃つことが択一的故意の典型例です。

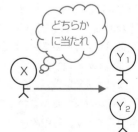

（b）概括的故意

　概括的故意：結果の発生は確定的だが，結果の個数や客体が不確定であり，結果が
　　　　　　　発生しても構わないと認容していること

　これも，わかりにくいですよね。具体例で確認しましょう。

ex. Xは，化粧品の運搬を依頼されましたが，「日本への持ち込みが禁止されているか
　ら，腹巻き内に隠して運搬しろ」と指示されました。実際には，化粧品ではなく，
　覚せい剤でした。Xは，外部からの手触りで粉末状のもの
　とわかりつつ，覚せい剤を日本へ密輸入しました。Xは覚
　せい剤だとは認識していませんでしたが，覚せい剤を含む
　身体に有害で違法な薬物類であるとの認識はあったので，
　覚せい剤輸入罪と覚せい剤所持罪の故意に欠けるところ
　はないとされました（最決平2.2.9）。

違法な薬物類で
あるとの認識

覚せい剤
の認識

　故意犯が犯罪となるのは，思いとどまろうとすれば思いとどまれたのにもかかわら
ず実行行為をしたからです。択一的故意も概括的故意も，違法な結果が生じる認識は
あるので，思いとどまることができます。よって，故意犯となるのです。

cf. 条件付故意

　不確定的故意の一種ではないかといわれているものとして，「条件付故意」という
ものもあります。条件付故意とは，実行行為を行うことを一定の事態の発生にかから
せている場合です。条件付故意も，計画を遂行しようとする意思が確定的であったの
であれば，故意犯となります（最決昭56.12.21）。

ex. Xは，ZとWとの間で，Yとケンカとなるなどの事態になればYを殺害するもや
　むないとしてYの殺害の共謀をしました。Yを殺害するかは，ZとWの判断に委
　ねられました。そして，ZとWがYとケンカとなり，Yを殺害しました。この場
　合，ZとWだけでなく，Xにも殺人罪の故意が認められます（最決昭56.12.21）。
　Yを殺害するかはZとWの判断に委ねられていますが，XはYの殺害を認容して
　いるからです。

2．事実の錯誤

（1）事実の錯誤とは？

　「事実の錯誤」とは，行為者が主観的に認識した事実と実際に客観的に発生した事
実とが食い違う場合です。

ex. XがYを殺そうとしてピストルを撃ったところ，その人物はYではなくZでした。

　こういった場合にも，故意が認められるでしょうか。それをこの2.で考えていきます。

　事実の錯誤は，以下の2つに分けて考える必要があります。

①具体的事実の錯誤：同じ構成要件内で主観と客観の食い違いがある（下記（2））

ex. XがYを殺そうとしてピストルを撃ったところ，その人物はYではなくZでした（殺人罪の実行行為をしようとして殺人罪の実行行為をしています）。

②抽象的事実の錯誤：異なる構成要件間で主観と客観の食い違いがある（下記（3））

ex. XがYを殺そうとしてピストルを撃ったところ（殺人罪の実行行為をしようとしたところ），マネキン人形に当たりました（器物損壊罪の実行行為をしました）。

法定的符合説（判例）

　事実の錯誤においては，構成要件の範囲内で符合していれば故意が認められます。これを「法定的符合説」といいます。法定的符合説が判例の考え方です（最判昭53.7.28）。たとえば，人を殺そうとして人が死ねば，殺人罪の故意が認められます。「人を殺した者は，死刑又は無期若しくは5年以上の懲役に処する」（刑法199条）という条文があり，国家から「人を殺すな！」というメッセージがあらかじめ発信されています。よって，人を殺したのであれば，それが殺したかったのとは違う人であっても，殺人罪とされることは覚悟する必要があるわけです（罪刑法定主義）。刑法の条文には，「Y」や「Z」とは規定されていません。「人」と規定されています。

　以下，「人を殺そうとして人が死んだか」を判断基準としてください。試験では，殺人罪で出題されるとは限りません。たとえば，脅迫罪で出題されたこともあります。他の犯罪で出題されても，応用して考えることができます。脅迫罪は，「人を脅迫した」と規定されています（刑法222条）。「Y」や「Z」とは規定されていません。よって，「人を脅迫しようとして人を脅迫したか」を考えるのです。

> ― Realistic 5　判例の考え方を押さえればOK ―
>
> 　事実の錯誤については，この判例の法定的符合説だけを押さえればOKです。他にも，具体的符合説，抽象的符合説などの学説もあります。しかし，今の試験で問われるのは判例です。

（2）具体的事実の錯誤
（a）客体の錯誤
　客体の錯誤：行為者が客体を間違えた場合
　以下のような場合です。

Case	客体	結論
XがYを殺そうとしてピストルを撃ったところ，その人物はYではなくZであり，Zが死亡しました。 Yを殺す X　Z	Y	**犯罪不成立** Yはそこにいないため，殺人未遂罪にもなりません。
	Z	**殺人既遂罪** XはYを殺そうとしていますが，人を殺そうとして人が死んでいるので，故意が認められます。

（b）方法の錯誤

方法の錯誤：行為者が客体は間違えていないが，別の客体に結果が生じてしまった
　　　　　　場合

以下のような場合です。

Case	客体	結論
XがYを殺そうとしてピストルを撃ったところ，Yの側にいたZに当たり，Zが死亡しました。 Yを殺す X　Y　Z	Y	**殺人未遂罪** Yはそこにいるため，殺人未遂罪となります。
	Z	**殺人既遂罪** XはYを殺そうとしていますが，人を殺そうとして人が死んでいるので，故意が認められます。
XがYを殺そうとしてピストルを撃ったところ，Yに命中したが，Yの身体を貫通しZにも当たり，YとZが死亡しました。 Yを殺す X　Y　Z	Y	**殺人既遂罪** XはYを殺そうとしており，人を殺そうとして人が死んでいるので，故意が認められます。
	Z	**殺人既遂罪** XはYを殺そうとしていますが，人を殺そうとして人が死んでいるので，故意が認められます。

（c）因果関係の錯誤

> 因果関係の錯誤：行為者が認識したものと異なった因果の経過をたどって，結果的には，予期した結果が発生した場合

　因果関係（P18 の 1.）に錯誤がある場合でも，行為者の予見した因果の経過と現実の因果の経過とが相当因果関係（P19（2））の範囲内で符合しているのであれば，故意犯となります（大判大 12.4.30，最決平 16.3.22）。

ex. X は，Y をクロロホルムを吸引させて気絶させ，海中に転落させて溺死によって殺害するつもりでした。しかし，X の認識と異なり，海中に転落させる前のクロロホルムを吸引させる行為により Y が死亡しました（ドラマや映画ではクロロホルムを吸引させても死にませんが，死ぬこともあるそうです）。この場合でも，X に殺人罪の故意が認められます（最決平 16.3.22）。

　人を殺そうとして人が死んだことには変わりがないからです。殺人罪の刑法 199 条には，「クロロホルムを吸引させて」や「溺れさせて」とは書かれていません。

　また，因果関係の錯誤となるには実行行為が始まっている必要があります。因果関係は，実行行為と結果をつなぐものだからです。クロロホルムを吸引させる行為は，Y を海に転落させる行為と密接な行為であり，クロロホルムを吸引させた時点で実行の着手があったといえ，実行行為が始まっているといえます。

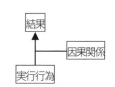

（3）抽象的事実の錯誤

　抽象的事実の錯誤は，異なる構成要件間で主観と客観の食い違いがある場合です。抽象的事実の錯誤については，刑法に以下の条文があります。

刑法 38 条（故意）

2　重い罪に当たるべき行為をしたのに，行為の時にその重い罪に当たることとなる事実を知らなかった者は，その重い罪によって処断することはできない。

　この刑法 38 条 2 項が規定しているのは，たとえば，以下の場合です。

X の主観：マネキン人形を撃つ（器物損壊罪の実行行為をしようとした）
客観　　：ピストルを撃ったところ，Y に当たりました（「重い罪〔殺人罪〕に当たるべき行為をした」）

　刑法38条2項は，この場合に，Xが「重い罪に当たることとなる事実（Yを殺してしまうかもということ）を知らなかった」場合には，「重い罪（殺人罪）によって処断することはできない」と規定しています。殺人の故意はないからです。

　しかし，では，不可罰（犯罪とならない）なのか，軽い罪（器物損壊罪）によって処断すべきなのかは規定されていません。
　また，主観が重い罪（ex. 殺人罪）で客観が軽い罪（ex. 器物損壊罪）の場合については，何も規定していません。
　そこで，解釈が必要となります。

（a）原則
　法定的符合説は，構成要件の範囲内で符合していれば故意を認めます。しかし，抽象的事実の錯誤は，マネキン人形を壊そうとして人を殺したといった異なる構成要件間のハナシですから，原則として故意犯とはなりません。

i　客体の錯誤

Case	犯罪	結論
Xは，Yを殺そうとしてピストルを撃ったところ，マネキン人形をYと勘違いし，マネキン人形が破壊されました。 Yを殺す X → 人形	器物損壊	**不成立** 器物損壊罪に過失犯はないからです。器物損壊罪は，**軽い犯罪**なので，過失犯はないんです。
	殺人	**不成立** Yはそこにいないため，殺人未遂罪にもなりません。

ⅱ　方法の錯誤

Case	犯罪	結論
Xは，Yを殺そうとしてピストルを撃ったところ，Yには命中せずYの側にあったマネキン人形に当たり，マネキン人形が破壊されました。 	器物損壊	**不成立** 器物損壊罪に過失犯はないからです。器物損壊罪は，軽い犯罪なので，過失犯はないんです。
	殺人	**殺人未遂罪** Yはそこにいるため，殺人未遂罪となります。
Xは，マネキン人形を破壊しようとしてピストルを撃ったところ，マネキン人形には命中せずマネキン人形の側にいたYに当たり，Yが死亡しました。 	器物損壊	**不成立** 器物損壊罪に未遂犯はないからです。器物損壊罪は，軽い犯罪なので，未遂犯もないんです。
	殺人	**（重）過失致死罪** （刑法210条，211条後段） Yを殺すつもりではないため，故意犯にはなりません。しかし，生命は重要な法益なので，死亡の結果が生じると過失犯となります。

（b）重なり合いが認められる場合

　法定的符合説は，構成要件の範囲内で符合していれば故意を認める考え方です。しかし，法定的符合説は，この点を徹底しません。異なる構成要件間であっても，それらの構成要件が同質的なもので重なり合う場合には，その限度で軽い罪の故意犯の成立を認めます（実質的符合説）。重なり合う部分での意味の認識（素人的理解。P24〜25（b））はあるため，「この行為をしていいのかな？」という規範に直面しているからです。

ex. Xは，Yから財布を盗もうとしたところ（窃盗罪の実行行為をしようとしたところ），Yが財布を落としたため，Yの占有を離れた落ちている財布を取得しました（遺失物等横領罪の実行行為をしました）。この場合，Xは，軽い遺失物等横領罪

の故意犯となります（大判大9.3.29）。窃盗罪と遺失物等横領罪は、「他人の財物の取得」という点で重なり合いがあるからです。「遺失物等横領罪」とは、遺失物など占有を離れた他人の物を横領する犯罪です（刑法254条）。いわゆるネコババ（落ちている財布などを自分の物としてしまうこと）が当たります。「横領」という名称ですが、刑罰は1年以下の懲役などとされており、窃盗罪（刑罰は10年以下の懲役など。刑法235条）よりも軽い犯罪です。

※重なり合いが認められるとされるものの例

　重なり合いが認められるとされるものの例を列挙しておきます。まだ記憶する必要はありません。この後、様々な箇所で登場しますので、徐々にストックしてください。

①殺人と傷害（最判昭25.10.10）

②窃盗と強盗（最判昭23.5.1）

③窃盗と遺失物等横領（大判大9.3.29）

④恐喝と強盗（最判昭25.4.11）

⑤単純横領と業務上横領

⑥現住建造物等放火と非現住建造物等放火

⑦公文書偽造と虚偽公文書作成（最判昭23.10.23）

⑧麻薬所持と覚せい剤所持（最決昭61.6.9）

2　過失

1.　意義

　過失：結果予見義務と結果回避義務に違反すること

　今は、過失は、心理状態としての単なるうっかり（旧過失論）ではなく、結果予見義務と結果回避義務に違反することだと解されています（新過失論。最決昭42.5.25）。これは、注意すれば結果を予見でき回避できたにもかかわらず、それをしなかったということです。

　「予見できたか？」は、行為者ではなく、行為者と同じ立場にある通常人が予見できたかを基準として考えます。

2．重過失

重過失：上記1.の注意義務違反の程度が著しい過失

わずかの注意で結果を予見できたにもかかわらず，それをしなかったということです。

重過失があると，成立する犯罪が重くなることがあります。

ex. 過失によって人を死亡させた場合，過失致死罪（刑罰は50万円以下の罰金。刑法210条）となりますが，重過失によって人を死亡させた場合，重過失致死罪（刑罰は5年以下の懲役など。刑法211条後段）となります。

3．業務上過失

業務上過失：業務者に課される通常人よりも特に重い注意義務に違反すること（最判昭26.6.7）

業務上過失も，成立する犯罪が重くなることがあります。

ex. 過失によって人を死亡させた場合，過失致死罪（刑罰は50万円以下の罰金。刑法210条）となりますが，業務上過失によって人を死亡させた場合，業務上過失致死罪（刑罰は5年以下の懲役など。刑法211条前段）となります。

4．信頼の原則

信頼の原則：他人が適切な行動をとるであろうことを信頼するのが相当である場合には，たとえ他人の不適切な行動と自分の行動とが相まって法益の侵害の結果が発生したとしても，結果回避義務が否定され，過失責任を問われないとする原則（最判昭42.10.13参照）

……といわれても，わかりにくいですよね。具体例で確認しましょう。

ex. Xが運転する自動車が直進していたところ，対向車線を走っていたZが運転する自動車が強引に右折し，Xの自動車とぶつかり，Xの自動車がその勢いで歩道を歩いていた子供Yをはねてしまいました。この場合，Xの過失責任は否定されます。直進車が優先であり，右折車は待つ必要があるのが交通ルールです。よって，Xが「Zが待ってくれるだろう」と信頼したのは，仕方ないこととされるのです。

第3節　未遂犯

　これまでは，基本的に犯罪が既遂に達する（殺人罪であれば被害者が死亡する）前提でみてきました。しかし，実際には，既遂に達しない場合もあります。この第3節では，そのハナシをみていきます。

　まずは，以下の犯罪実現までの5段階を押さえることが重要です。

犯罪実現までの5段階

　犯罪を実現するまでには，以下の5つの段階があります。殺人罪の例で説明します。

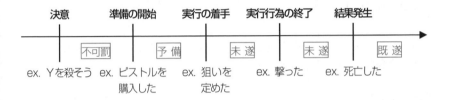

　「実行行為の終了」と「結果発生」の間が「未遂」になっている点がわかりにくいと思います。「ピストルを撃ったのなら既遂じゃないの？」と思われたかもしれません。しかし，ピストルを撃っても，被害者に命中しないこともありますし，命中しても被害者が死亡しないこともあります。被害者が死亡しなければ，未遂なのです。

1　予備罪

1．意義

　予備：犯罪の実現を目的として行われる犯罪の準備行為

ex. 殺人罪であれば，ピストルを購入する行為などが当たります。

2．予備は常に犯罪となるのか？

　予備の段階では，犯罪とならないのが原則です。予備は，実行行為の前の段階であるため，まだ法益の侵害または危険が生じていないからです。

ex. 窃盗罪であれば，家のカギを開けるための道具を購入しても犯罪にはなりません。

　しかし，以下の①〜⑨の重大な犯罪については，予備の段階で犯罪となります。重大な犯罪であるため，結果が生じないよう，予備の段階で犯罪として捕まえることができるようにしているんです。予備の段階で犯罪となるものとして刑法で規定されて

いるのは，以下の①〜⑨の犯罪のみです。

①内乱予備（刑法 78 条）
②外患誘致・外患援助予備（刑法 88 条）
③私戦予備（刑法 93 条）
④放火予備（刑法 113 条）
⑤通貨偽造等準備（刑法 153 条）
⑥支払用カード電磁的記録不正作出準備（刑法 163 条の 4 第 3 項）
⑦殺人予備（刑法 201 条本文）
⑧身の代金目的略取等予備（刑法 228 条の 3 本文）
⑨強盗予備（刑法 237 条）

　①〜③，⑥，⑧は細かいので，④⑤⑦⑨を，ふりがなをふっているところを取って，「サッと保護」と記憶しましょう。

2　未遂罪

1．意義

　未遂：犯罪の実行に着手して，これを遂げなかった場合（刑法 43 条本文）
　殺人罪であれば，ピストルで狙いを定めることなどが当たります。ピストルを撃ったことによって相手が死亡したら既遂ですが，死亡しなかった場合は未遂となります。

2．未遂は常に犯罪となるのか？

刑法 44 条（未遂罪）
　未遂を罰する場合は，各本条で定める。

　未遂も，常に犯罪となるわけではありません。今まで出てきた例でいうと，器物損壊罪の未遂は犯罪とはなりません（P32 のⅱ）。このように，未遂を処罰する規定がない犯罪の未遂は，犯罪とはなりません。それに対して，これも今まで出てきた例でいうと，殺人罪の未遂は犯罪となります。刑法 203 条（これが上記の刑法 44 条の「各本条」）で「第 199 条〔殺人罪〕……の罪の未遂は，罰する」とされているからです。

3．実行の着手とは？

（1）意義

犯罪の実行の着手があると，未遂となります（P35 の「犯罪実現までの5段階」）。実行の着手時期は，犯罪によって異なるため，基本的には第3編の各論でみていきます。その際の判断基準をここで説明します。

> #### 実行の着手時期の判断基準
>
> 実行の着手時期は，**法益が「あっ！危ない！」となった時**（法益の侵害の現実的危険の発生時）です。刑法は，法益を保護するためにあります。未遂犯を処罰するのは，刑法が保護したい法益を侵害する現実的な危険を発生させたからです。
>
> ex. 殺人罪であれば，行為者がピストルで狙いを定めると，狙いを定められた人の生命（法益）が「あっ！危ない！」となるため，実行の着手があったとされます。

（2）間接正犯における実行の着手時期

実行の着手時期のうち，総論的なものだけここでみてしまいます。「間接正犯における実行の着手時期」です。

間接正犯とは，他人を道具として利用して犯罪を実現することです（P13（1））。間接正犯は，実際に実行行為を行うのは道具として利用される者（被利用者）なので，利用者の行為を基準とするのか，それとも被利用者の行為を基準とするのかが問題となります。

被利用者の行為を基準とします（大判大7.11.16）。

> **判例　大判大7.11.16**
>
> Xは，毒を混入した白砂糖をYに郵便小包で送付しました。郵便局員ZがYにこの郵便小包を届けましたが，Yは異常に気づき食べませんでした。Xの殺人罪の実行の着手時期は，Xが郵便小包を発送した時点でしょうか。それとも，ZがYに郵便小包を届けた時点でしょうか。
>
> → 　ZがYに郵便小包を届けた時点です。

間接正犯においては，被利用者は道具です。被利用者は，ピストルで人を殺す場合のピストルに相当します。ピストルで人を殺す場合であれば，ピストルで狙いを定めた時点で実行の着手が認められるので，間接正犯では被利用者の行為を基準とするべきなのです。上記の判例の事案であれば，郵便局員ZがYに郵便小包を届けた時点で，Yの生命（法益）が「あっ！危ない！」となりますよね。また，実際に実行行為を行う被利用者の行為を基準としたほうが，着手時期が明確となるからでもあります。

4. 中止未遂（中止犯）

> **刑法43条（未遂減免）**
> 　犯罪の実行に着手してこれを遂げなかった者は，その刑を減軽することができる。ただし，自己の意思により犯罪を中止したときは，その刑を減軽し，又は免除する。

（1）意義

　中止未遂：犯罪の実行に着手したが，自己の意思によって犯罪を中止した場合（刑
　　　　　　法43条ただし書）

　犯罪の実行に着手したが自己の意思によって犯罪を中止すると，刑が必ず減軽または免除されます（刑法43条ただし書）。これを「中止未遂」といいます。

　それに対して，犯罪の実行に着手したが自己の意思によらずに犯罪を遂げなかった場合は，刑が任意的に（裁判所の判断で）減軽されます（刑法43条本文）。これを「障害未遂」といいます。

（2）趣旨

　中止未遂だと刑が必ず減軽または免除される理由について，以下の3つの説が提唱されています。

①刑を必ず減軽または免除することにより犯罪を思いとどまらせる後戻りの橋をかけた（刑事政策説）

　犯罪を遂げないでもらったほうが被害者が救われるという政策的な理由です。

②中止により違法性が減少する（違法性減少説）

③自己の意思による中止により責任が減少する（責任減少説）

（3）要件

　中止未遂が成立するためには，行為者が犯罪の実行に着手した後，以下の①〜③の要件を充たすことが必要です。

①「自己の意思により」（任意性。刑法43条ただし書。下記（a））

②「犯罪を中止した」（中止行為。刑法43条ただし書。下記（b））

③結果が不発生（通説。下記（c））

（a）「自己の意思により」（任意性。刑法43条ただし書）

判断基準

外部的障害がないのにもかかわらず行為者が自由な意思決定によって犯罪を中止した場合に，「自己の意思により」犯罪を中止したといえます。「自己の意思により」といえないと，障害未遂となります。

たとえできるとしても
欲しなかった場合
→　中止未遂

たとえ欲したとしても
できなかった場合
→　障害未遂

中止未遂の具体例	障害未遂の具体例
①Xは，Yから金品を強取（強盗の実行行為）しようと企て，Yに暴行を加え反抗を抑圧しましたが，Yが手を合わせ哀願するのを見て哀れみを覚え，金品を奪うのを止めました。強盗を続けることもできましたが，哀れみを覚えて止めていますので，強盗罪の中止未遂が認められます。	①Xは，留守中の民家に盗みに入り，物色を始めましたが，玄関に近づいた新聞配達員を帰宅した家人と誤認し，犯行の発覚を恐れ，何も盗まずに逃走しました。犯行の発覚を恐れて逃走していますので，窃盗を続けることができたとはいえず，窃盗罪の中止未遂は認められません。
	②Xは，強盗の目的でY方に侵入し，女性1人だけだと思って脅迫を加えたところ，隣室に夫がいるのに気づいて，その後の犯行を断念しました。夫がいるのに気づいて犯行を断念していますので，強盗を続けることができたとはいえず，強盗罪の中止未遂は認められません。
	③Xは，Yを殺害するためその腹部を包丁で刺したものの致命傷を与えるには至らず，Yが血を流してもがき苦しんでいるのを見て驚くと同時に怖くなってその後の殺害行為を行いませんでした。Yが血を流してもがき苦しんでいるのを見て驚くと同時に怖くなってその後の殺害行為を行わなかったので，殺人を続けることができたとはいえず，殺人罪の中止未遂は認められません。
	④Xは，母親Yを殺そうとバットで殴打し呻き声をあげたので死亡したと思い隣室にいたところ，Yが自分の名を呼ぶので現場に戻り，頭から血を流して苦しんでいるのを見て驚愕恐怖して，その後は殺害行為を実行しませんでした。Yが頭から血を流して苦しんでいるのを見て驚愕恐怖してその後の殺害行為を実行しなかったので，殺人を続けることができたとはいえず，殺人罪の中止未遂は認められません（最決昭32.9.10）。

（b）「犯罪を中止した」（中止行為。刑法43条ただし書）

この「犯罪を中止した」という要件を充たすには，行為者が結果の発生の防止のために真摯な努力をする必要があります（大判昭13.4.19）。

真摯な努力をすることで，行為者の責任が減少するからです（P38（2）③の責任減少説から）。

では，どのようなことをすれば「真摯な努力」をしたといえるかですが，これは未遂の段階によって変わります。未遂は以下の2つの段階に分けることができます。

①着手未遂（下記 i）：実行の着手はあったが，実行行為を終了しなかった場合
　「着手」したが「未遂」ということです。
ex. Xが，Yを殺すつもりで，ピストルをYに向け狙いを定めましたが，ピストルを撃たなかった場合が当たります。

②実行未遂（下記 ii）：実行行為は終了したが，結果が発生しなかった場合
　「実行」したが「未遂」ということです。
ex. Xが，Yを殺すつもりで，ピストルでYを撃ちYに当たりましたが，Yが死亡しなかった場合が当たります。

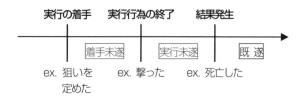

i　着手未遂

→　その後の実行を放棄すれば，それだけで真摯な努力をして犯罪を中止したといえます（不作為による中止）。
たとえば，ピストルで狙いを定めただけであれば，撃たなければいいですよね。

しかし，着手未遂といえるのかわかりにくい裁判例があります。

> **裁判例**　東京高判昭62.7.16
>
> 　Xは殺意をもってYの頭部をめがけて牛刀を振り下ろし切りつけましたが、Yがとっさにこれを左手で防いで助命を懇願したところ、XはYに対して憐憫の情を催し、自らもYに謝罪して殺害行為の続行を止め、Yの左腕に全治2週間の切り傷を負わせたにとどまりました。Xに、殺人罪の中止未遂は認められるでしょうか。

　→　認められます。
　「Xは切りつけているので、実行行為が終了しており実行未遂では？」と思った方もいると思います。しかし、Xは、Yを牛刀でぶった切り、あるいはめった切りにして殺害する意図を有していました。さらに、二撃、三撃と追撃に及ぶ意図があったのにもかかわらず、一撃を加えた段階で中止しました。この点を重視して、着手未遂であるとされました。着手未遂なので、その後の殺害行為を止めただけで中止未遂が認められたのです。このように、実行行為が終了しているかは、行為が継続する可能性と行為者の意図などから判断します。

ⅱ　実行未遂
　→　単に実行を止めるだけでは足りず、積極的な結果防止努力を必要とします（作為による中止）。

　実行行為が終了していますので、被害者を救助したりする積極的な結果防止努力が必要とされるのです。

> **判例①**　大判昭12.6.25
>
> 　Xは、Y宅を全焼させるつもりで、Y宅の前に積み上げられている木材に灯油をまいて点火しました。しかし、Xは、火が思った以上に燃え上がるのを見て怖くなり、たまたま近くを通りかかったAに「火を消しておいてくれ」と頼んで逃走したところ、Aが家屋に燃え移る前に木材の火を消し止めました。Xに、現住建造物等放火罪の中止未遂が認められるでしょうか。

　→　認められません。
　他人（A）の手を借りても構いませんが、X自身も火を消す努力をする必要があります。

裁判例②　福岡高判昭61.3.6

あるパブにおいて，Xは，未必の殺意をもってナイフでYの頸部（首）を刺しました。しかし，Xは，Yが口から多量の出血をしているのを見て驚愕すると同時に大変なことをしたと思い，タオルで止血したり，「動くな！じっとしとけ！」と声をかけたり，救急車を呼んだりしました。その結果，Yは一命を取りとめました。Xに，殺人罪の中止未遂が認められるでしょうか。

→　認められます。

タオルで止血したり，「動くな！じっとしとけ！」と声をかけたり，救急車を呼んだりしたことが，積極的な結果防止努力をしたと評価されたといわれています。

（c）結果が不発生（通説）

これは，刑法43条（P38）には規定されていません。しかし，結果が不発生であることも中止未遂の成立に必要であると解されています。"未遂"だからです。よって，たとえば，XがYの殺害行為を自己の意思により（上記（a））中止しても（上記（b）），Xの行為によりYが死亡してしまった場合は，殺人既遂罪となります。

※科刑上一罪や併合罪の関係にある別罪

ある犯罪について中止未遂が認められても，その効果は中止未遂が認められた犯罪と科刑上一罪の関係にある別罪や併合罪の関係にある別罪には及びません。科刑上一罪や併合罪について詳しくはP92〜98 5 で説明しますが，別の犯罪ではありますが，一緒に刑が言い渡される犯罪です。一緒に刑が言い渡されるのですが，あくまで別の犯罪だからです。

ex. 窃盗目的で他人の住居に侵入した後に窃盗を中止した場合，窃盗罪については中止未遂が認められますが，住居侵入罪については中止未遂が認められません。

（4）予備罪の中止未遂

予備罪も，中止未遂が認められるでしょうか。

認められません（最大判昭29.1.20）。

予備罪は挙動犯だからです。挙動犯は，実行行為があれば即座に既遂となります。よって，「中止」があり得ないのです。

3 不能犯

1．意義

　　不能犯：行為者は犯罪を実現する意思でその行為をしたが，その行為の性質上，結
　　　　　果が発生することがおよそ不可能な場合

ex. XがYを呪い殺そうと思って丑の刻参りをすることは，不能犯です。

　　不能犯は，結果が発生することがおよそ不可能な場合です。法益の侵害または危険
を引き起こす現実的危険がないので（P12の1.），未遂犯と異なり実行の着手がなく，
不可罰です。

2．不能犯か？未遂犯か？

　　上記1.の ex.の事案は不能犯であることが明らかですが，不能犯なのか未遂犯なの
か微妙な事案があります。不能犯なのか未遂犯なのかの判断基準はいくつかあるので
すが，試験的には以下の基準で判断するのが最も容易です。

不能犯と未遂犯の判断基準

・絶対的不能：常識的に危険な行為ではない
　　→　不能犯
・相対的不能：常識的に危険な行為である
　　→　未遂犯

　　「常識的に危険な行為」とは，みなさんがその行為をされて「怖っ！」と思うかで
考えてください。「怖っ！」と思わなければ不能犯，「怖っ！」と思えば未遂犯です。

　　上記の判断基準は，「学問上正確な基準か？」という問題はあるのですが，試験的
（受験テクニック的）にはこの基準で考えるのがベストだと思います。

不能犯	未遂犯
①硫黄粉末によって毒殺を図り，これを他人に飲ませた場合（大判大6.9.10） 　硫黄によって人が死ぬことはありません。硫黄を飲まされても，「怖っ！」とは思いませんよね。	①致死量に達しない毒薬によって毒殺を図り，これを他人に飲ませたが，その他人が死に至らなかった場合（殺人未遂罪。最判昭27.8.5） 　毒薬が致死量に達していないとはいえ，被害者の体質などによっては死ぬ可能性もあります。また，毒薬を飲まされたら，「怖っ！」と思いますよね。
	②致死量に達する青酸カリによって毒殺を図りこれを他人に飲ませようとしたが，外見および臭気から毒薬入りであることが明白であったため，被害者が飲まなかった場合（殺人未遂罪） 　外見および臭気から毒薬入りであることが明白であったため被害者が飲みませんでしたが，飲んだら死んでいました。また，青酸カリを飲まされそうになったら，「怖っ！」と思いますよね。
	③勤務中の警察官から奪ったけん銃でその警察官の射殺を図り引き金を引いたが，たまたま実弾が抜かれており弾丸が発射されなかった場合（殺人未遂罪。福岡高判昭28.11.10） 　たまたま実弾が抜かれていましたが，実弾が抜かれていなければ死んでいました。また，けん銃の引き金を引かれたら，「怖っ！」と思いますよね。
	④電気配線を直結する方法によってエンジンを始動させ，他人の自動車を窃取しようとしたが，たまたまその自動車の電池が切れていたため，エンジンを始動させることができなかった場合（窃盗未遂罪） 　たまたま電池が切れていましたが，電池が切れていなければ自動車を盗まれていました。また，他人が自分の自動車に対して電気配線を直結する方法によってエンジンを始動させようとしていたら，「怖っ！」と思いますよね。

犯罪の成立要件①の「構成要件」が終わりましたので，この第3章では，犯罪の成立要件②の「違法性」についてみていきます。違法性とは，簡単にいうと，法的に悪いこと（望ましくないこと）です。ただ，構成要件に該当する行為を行えば，違法性は推定されます。構成要件は，違法な行為を類型化（パターン化）して規定したものなので，「構成要件に該当する行為をする≒違法性がある」となるのです。

しかし，以下の①～③のように，例外的に違法性が阻却される場合があります。この第3章では，以下の①～③の違法性阻却事由をみていきます。

①正当行為（下記 1）
②正当防衛（下記 2）
③緊急避難（下記 3）

1 正当行為

> **刑法35条（正当行為）**
> 法令又は正当な業務による行為は，罰しない。

法令行為（下記1.）と正当業務行為（下記2.）は，罰しないとされており（刑法35条），違法性が阻却されます。法令行為と正当業務行為をそれぞれみていきます。

1．法令行為

法令行為：法律・命令その他の成文の法規に基づいて権利または義務として行われる行為（刑法35条）

ex1. 死刑執行官は，殺意をもって死刑囚を死刑台に連れて行き，死刑執行のボタンを押しますので，殺人罪の構成要件に該当する行為をしています。しかし，死刑執行は刑法と刑事訴訟法で規定された手続ですので（刑法11条1項，刑訴法475～478条），もちろん，死刑執行官は殺人罪とはなりません。

ex2. 何の理由もなく他人を捕まえると，逮捕罪という犯罪になります（刑法220条）。しかし，相手が現行犯人であれば，警察官などでなくても逮捕することができます（刑訴法213条）。これは，逮捕の故意で逮捕していますので，逮捕罪の構成要件に該当する行為をしています。しかし，逮捕罪とはなりません。

2．正当業務行為

　　正当業務行為：法令上の根拠がなくても正当と認められる業務（刑法35条）

ex1. 医師の手術は，傷害の故意で患者の身体を切りますので，傷害罪の構成要件に該当する行為です。しかし，正当業務行為ですので，もちろん，医師は傷害罪とはなりません。

ex2. ボクサーは，暴行や傷害の故意で対戦相手を殴りますので，暴行罪や傷害罪の構成要件に該当する行為をしています。しかし，正当業務行為ですので，もちろん，ボクサーは暴行罪や傷害罪とはなりません。

3．被害者の同意

（1）意義

　　被害者の同意：法益の主体である被害者が自分の法益に対する侵害について同意すること

　　被害者の同意について，明文規定はありません。しかし，犯罪によっては，違法性阻却事由となり得ます。

（2）効果

　　では，どの犯罪で被害者の同意が違法性阻却事由となるでしょうか。これは，犯罪を以下の（a）〜（c）の3つに分けて考える必要があります。

（a）社会的法益に対する罪

　　社会的法益：公共の安全などの法益

　　簡単にいうと，「みんなが暮らしている社会」を保護することが目的の法益です。

ex. 放火罪の法益は，不特定または多数人の生命・身体・財産です。火が出ると，みんなが暮らしている社会が危険にさらされますよね。

　　社会的法益に対する罪については，基本的に同意によって違法性は阻却されません。社会の全員が同意することはあり得ないからです。

（b）国家的法益に対する罪

　　国家的法益：国家の作用などの法益

　　簡単にいうと，「国家（とその仕事）」を保護することが目的の法益です。

ex. 公務執行妨害罪の法益は，公務一般の円滑な遂行です（最判昭28.10.2）。職務中の警察官に暴行をすると公務執行妨害罪となるというのは，ドラマや映画で観た

ことがあると思います。

国家的法益に対する罪についても，基本的に同意によって違法性は阻却されません。たとえば，上記ex.において，暴行をされた警察官が同意をしても，意味がありません。公務執行妨害罪は，警察官を守るためのものではなく，「警察」を守るためのものですので，一警察官が同意できることではないのです。

（ｃ）個人的法益に対する罪

個人的法益：個人の生命，身体，自由，名誉，信用，財産などの法益
ex. 殺人罪の法益は，個人の生命です。

個人的法益に対する罪については，被害者が同意した場合の効果が犯罪によって異なります。

i 同意が問題とならない場合

ex. 13歳未満の者に対する強制わいせつ罪や13歳未満の者に対する強制性交等罪は，同意があっても違法性は阻却されません（刑法176条後段，177条後段）。13歳未満の者は，性的なことについて同意する能力がないからです。

ii 同意により成立する犯罪が変わる場合

ex. 殺人罪（刑法199条）は，被害者の同意があると同意殺人罪（刑法202条）となります。同意殺人罪は，刑罰が6月以上7年以下の懲役または禁錮であり，死刑や無期懲役のある殺人罪よりも刑罰の軽い犯罪となります。

iii 同意により犯罪でなくなる場合

ex1. 13歳以上の者に対する強制わいせつ罪や13歳以上の者に対する強制性交等罪は，同意があれば犯罪とはなりません（刑法176条前段，177条前段）。13歳以上だと性的なことについて同意する能力があるからです。
ex2. 住居侵入罪は，同意があれば犯罪とはなりません（刑法130条）。同意があれば，「侵入」ではなくなります。
ex3. 窃盗罪や横領罪は，同意があれば犯罪とはなりません（刑法235条，252条）。同意があれば，「窃盗」や「横領」ではなくなります。

iv　同意傷害

　上記 i ～iiiは，結論が明確です。しかし，傷害罪（同意傷害）については，被害者が同意することで違法性が阻却されるのか解釈が必要となります。

　傷害行為が社会的に相当な場合にのみ違法性が阻却されます（最決昭 55.11.13）。

違法性が阻却される	違法性が阻却されない
①患者の同意を得たうえでの医師の治療行為 　医師の治療行為は，社会的に相当な行為ですよね。	①保険金をだまし取る目的で，被害者の同意を得て，自動車を衝突させて傷害を負わせる行為（最決昭 55.11.13） 　保険金をだまし取る目的ですから，社会的に相当な行為ではないですよね。
	②暴力団組員が，他の組員の同意を得て，出刃包丁で指を切断する行為（いわゆる指詰め。仙台地石巻支判昭 62.2.18） 　指詰めは，社会的に相当な行為ではないですよね。

（3）「同意」とは？

　上記（2）（c）ii ～ivでは，同意により成立する犯罪が変わったり，犯罪でなくなったりしました。しかし，この「同意」は，以下の①～④の要件を充たすものである必要があります。

①法益の処分権を有する者の同意である

　たとえば，Zが「Yのことを殺していいよ」と言っても，その同意に意味はありません。Yの生命（法益）の処分権を有するのはYですので，Yの同意が必要です。

②同意能力を有する者の同意である

　同意する判断能力が必要であるということです。

ex1. 幼児の同意は，意味がありません（大判昭 9.8.27）。

ex2. 通常の意思能力のない精神障害者の同意は，意味がありません（最決昭 27.2.21）。

③真意に基づく同意である

ex1. 強制による同意やたわむれによる同意は，意味がありません（最大判昭 25.10.11）。

ex2. 被害者の錯誤に基づく同意は，意味がありません（最大判昭 24.7.22，最判昭 33.11.21）。

ex3. 犯人が「こんばんは」と挨拶したのに対し，家人（かじん）が「おはいり」と答えたのに応じて犯人が住居に入った場合，犯人が強盗の意図で入ったのであれば，住居侵入罪が成立します（最大判昭 24.7.22）。被害者は犯人の強盗の意図を知らなかったので，「おはいり」と答えたことは真意に基づく同意とはいえないからです。

④実行行為の前の同意である

　実行行為の後の同意は，違法性を阻却しません（大判大 12.3.13，大判昭 11.1.31）。実行行為・結果が違法であることが問題なので，後からさかのぼって違法性が阻却されることはないからです。

2　正当防衛

> **刑法36条（正当防衛）**
> 1　急迫不正の侵害に対して，自己又は他人の権利を防衛するため，やむを得ずにした行為は，罰しない。

1．意義

　正当防衛：急迫不正の侵害に対して，自己または他人の権利を防衛するために，やむを得ずにした行為（刑法36条1項）

　正当防衛は聞いたことがあると思います。正当防衛に当たる行為は，違法性が阻却され，犯罪とはなりません。たとえば，殺されそうになったら，自分の生命を守るために相手を殺しても殺人罪になりません。

> 正当防衛の構造　→　要件が緩やか

　正当防衛の相手方は，不正の侵害をしてきた者（×）です。それに対する不正の侵害を受けた者（〇）の反撃行為が正当防衛です。不正の侵害に対する反撃行為なので，正当防衛の要件は，緊急避難（P56〜59 3 ）よりも緩やかになります。

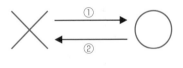

P56

2．趣旨

　優先的利益を保護するのが法です。よって，不正の侵害をしてきた者と不正の侵害を受けた者の利益を比べると，不正の侵害を受けた者の利益を保護するべきです。

3．要件

　正当防衛の要件は，刑法36条1項に規定されている「急迫」「不正」「侵害」「自己又は他人の権利」「防衛」「やむを得ずにした」です。以下，1つ1つみていきます。

（1）「急迫」

（a）意義

P57=

「急迫」とは，客観的状況から見て，法益侵害の危険が目前に迫っていることをいいます（最判昭 46.11.16）。

ex. Xは，Yと口論になり，鉄パイプで腕を殴られたため，Yから鉄パイプを奪ったうえ，逃げようとしたYを追いかけて，その鉄パイプで後ろからYの頭部を殴りつけ，全治1週間程度のケガを負わせました。この場合，XがYを鉄パイプで殴った行為について，正当防衛は成立しません。「鉄パイプで腕を殴られた」ことに対する反撃行為であれば，正当防衛になります。しかし，「逃げようとしたYを追いかけて」いますので，法益侵害の危険が目前に迫っているとはいえません。

（b）過去の侵害

過去の侵害に対して，正当防衛は成立するでしょうか。

成立しません。

ex. Xは，バッグを盗まれ，その犯人を探していたところ，数日後，駅前でYが自分のバッグを持っているのを発見したので，Yにバッグを返すよう要求しました。しかし，Yが応じなかったため，Xは実力でバッグを取り返しました。この場合，Xの行為は正当防衛になりません。なお，盗まれた瞬間に取り返した場合は，正当防衛になり得ます。

過去の侵害は，法益侵害の危険が目前に迫っているとはいえないからです。

（c）将来の侵害

では，将来の侵害に対しては，正当防衛は成立するでしょうか。

将来の侵害行為を予想して，あらかじめ行われた防衛行為の効果が，将来，侵害が現実化した時に初めて生じるのであれば，急迫性が認められ，正当防衛が成立します（最判昭 46.11.16）。

ex1. Xは，窃盗に入られるのを予防するために，自宅周囲を囲む塀の上部に高圧電線を張り巡らせておきました。X宅に侵入しようとしたYが，高圧電線に触れて傷害を負いました。この場合，Xの行為は正当防衛になり得ます。将来の侵害に対してあらかじめ高圧電線を張り巡らせていますが，防衛行為の効果は侵入者が侵入しようとした時に初めて生じるからです。

ex2. Xは，Yが普段からズボンのポケットの中にナイフを隠し持っていることを知っており，きっとYはナイフを取り出して切りつけてくるだろうと考え，自分の身を守るために，先制してYの顔面をこぶしで殴りつけました。この場合，Xの行

為は正当防衛になりません。Yからの侵害が現実化していない時に防衛行為をしているからです。

（d）侵害の予見があった場合

侵害行為を予期しつつ相手方に反撃行為をした場合に，急迫性が認められるでしょうか。

当然またはほとんど確実に侵害を予期しているだけでは，急迫性は失われません（最判昭46.11.16，最決昭52.7.21）。つまり，正当防衛が成立し得ます。

しかし，相手方の侵害を予期し，その機会を利用して積極的に加害する意思（積極的加害意思）で侵害に及んだ場合には，急迫性を欠きます（最決昭52.7.21）。

ex. XはYと殴り合いのケンカになりましたが，Yは「金属バットを取ってくるから，そこで待っていろ」と言って，いったんその場を立ち去りました。Xは，Yが金属バットを持って再びその場にやって来ることを予期し，「この際，Yを痛めつけてやろう」と考え，鉄パイプを準備して待っていました。すると，Yが金属バットを持って戻ってきて，Xに殴りかかってきたので，XはYを鉄パイプで殴りつけました。この場合，Xの行為は正当防衛になりません。Yがいったんその場を立ち去ったのにもかかわらず，「この際，Yを痛めつけてやろう」と考えて鉄パイプで殴りつけているからです。

積極的加害意思がYからの侵害の予期に触発されて生じたものである点を除くと，通常の暴行，傷害などと変わりません。Yの行為を利用しているだけです。これは，ヤクザの発想です……。

（2）「不正」

（a）意義

「不正」とは，違法であること（P10の2）をいい，有責である（P10の3）必要はありません。P49の1.で正当防衛は，不正の侵害をしてきた者（×）に対する不正の侵害を受けた者（○）の反撃行為（簡単にいうと，「×」に対する「○」）であると説明しましたが，違法であれば「×」といえるんです。

P57

ex1. 13歳の不良少年（責任能力なし。P62の4.）に殴られた場合に（違法ではあります），殴り返しても，正当防衛になります。

ex2. 正当防衛（違法ではありません）に対する正当防衛は，成立しません。

（b）対物防衛の可否

「対物防衛」とは，物や動物に対する防衛行為です。物や動物は人ではないため，それらによる侵害が不正といえるかが問題となります。

①所有者の故意・過失に基づく場合

ex. 飼い主の不注意で犬が檻から抜け出し，人を襲った場合

　　→　正当防衛が認められます（通説）。

　　所有者（飼い主）に故意・過失があれば，所有者という人の行為による侵害が不正であるといえるからです。

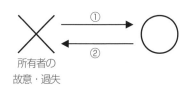

所有者の
故意・過失

②所有者の故意・過失に基づかない場合

ex. 地震によって檻が壊れて犬が檻から抜け出し，人を襲った場合

　　→　争いがあります。よって，試験では出題しにくいです。

（3）「侵害」

（a）意義

「侵害」とは，他人の権利に対して，実害または危険を与える行為をいいます。故意による行為だけでなく，過失による行為も含みます。また，不作為による行為も含みます。

ex. 店舗で「お引き取りください」と何度言っても出ていかずクレームを言い続けるクレーマー客を店舗から引きずり出す行為も，正当防衛になり得ます。

（b）ケンカや闘争と正当防衛

ケンカや闘争においては，原則として正当防衛は成立しません。

ただし，ケンカや闘争においても，対等な関係でなくなった後においては，正当防衛が成立する余地があります（最大判昭23.7.7，最判昭32.1.22）。

ex. XとYが最初は素手で殴り合っていましたが，Yがいきなりナイフをもって斬りかかってきた場合，これに対してXがバットで反撃する行為は，正当防衛となり得ます。Yがナイフを出したため，対等な関係でなくなったからです。

（4）「自己又は他人の権利」

=P57

　自分の権利を防衛するために正当防衛が成立するのはもちろんですが，他人の権利を防衛するためにも正当防衛が成立します（緊急救助）。

ex. YがZに金属バットのようなもので暴行を加えているのを見たXが，ZをYによる暴行から守るためにYの顔面を素手で殴りつけました。この場合，Xの行為は正当防衛になります。

　「権利」とは，広く法益一般を含みます。よって，生命や身体だけでなく，名誉や財産を守るためにも正当防衛は成立します。

ex. Xは，Yにバッグを盗まれそうになったので，Yを突き飛ばしてバッグを守りました。この場合，Xの行為は正当防衛になり得ます。

（5）「防衛」

（a）防衛の意思の要否

　正当防衛の成立には，防衛の意思が必要です（最判昭46.11.16）。刑法36条1項（P49）で「防衛するため」と規定されているからです。また，防衛の意思のない行為は，違法な行為です。よって，偶然防衛は，正当防衛になりません。「偶然防衛」とは，以下のような場合です。

ex. XがYをピストルで撃ち殺したら，たまたまYもXをピストルで撃ち殺そうとしており，Xはそのことを知りませんでした。Xは，正当防衛になりません。

（b）防衛の意思と攻撃の意思が併存している場合

　防衛の意思だけでなく，攻撃の意思も併存している場合，防衛の意思が認められるでしょうか。

　認められます（最判昭50.11.28，最判昭60.9.12）。

　想像してください。たとえば，襲われたら，自分の身を守るため，少しは攻撃の意思が併存してしまいますよね。

ex. Yから殴りかかられたXは，自分の身を守ろうと考えるとともに，この際，Yを痛い目にあわせてやろうと考え，Yの頭髪を両手でつかんでYを床に引き倒しました。この場合，Xの行為は正当防衛になります。ここで，「P51（d）のex.にあった『痛めつけてやろうと考え』と何が違うんだ？」と疑問に思ったかもしれません。P51（d）のex.は，Yがいったんその場を立ち去ったのにもかかわらず，Xはわざわざ待っていてYを殴っています。よって，その機会を利用しているだけです。しかし，このex.は，そういった事情はなく，単に攻撃の意思が併存しているだけです。

（c）防衛行為の結果が第三者に生じた場合

侵害行為に対して反撃したところ，防衛行為の結果が第三者に生じた場合，第三者に対する正当防衛が成立するでしょうか。

成立しません。

ex. Ｘは，Ｙが襲いかかってきたので，その場にあったＺの花瓶をＹに投げつけ，Ｚの花瓶が壊れてしまいました。

→　Ｙに対しては，正当防衛が成立します。

Ｚに対しては，正当防衛は成立しません（ただし，緊急避難〔下記 3 〕が成立します）。

防衛行為は侵害者に対して向けられたものである必要があり，侵害者以外の者に対する正当防衛行為はあり得ません。侵害者は「×」ですが，侵害者以外の者は「○」だからです。正当防衛は，「×」に対する「○」である必要があります（P51（a））。

（6）「やむを得ずにした」

（a）意義

「やむを得ずにした」行為とは，防衛手段として相当性を有するということです（最判昭 44.12.4）。正当防衛は「×」に対する「○」なので，反撃により生じた結果がたまたま侵害されようとしていた法益より大きくても，この相当性が認められます（正当防衛になります。最判昭 44.12.4）。

「P57」

ex. Ｘは，Ｙから顔面をこぶしで数回殴りつけられました。Ｙの攻撃を防ぐためＸがＹの胸付近を両手で押したところ，Ｙはたまたまバランスを崩して路上に転倒し，打ち所が悪かったため死亡しました。この場合，Ｘの行為は正当防衛になり得ます。Ｘは身体を傷つけられる危険がありましたが，Ｙは生命を失いましたので，反撃により生じた結果が侵害されようとしていた法益よりも大きいです。しかし，殴られたことに対して胸付近を両手で押すことは防衛手段として相当性を有するので，正当防衛になり得ます。

（b）著しく均衡を欠く場合

しかし，反撃により生じた結果と侵害されようとしていた法益とが著しく均衡を欠く場合には，相当性は認められません。

「P58」

ex. Ｙがパンを1つ万引きしようとしたのに対して，Ｘがそれを防ぐためにＹをピストルで殺害しました。この場合，Ｘの行為は正当防衛になりません。

これは，法益の均衡を著しく欠き，相当性を有する行為とはいえませんよね。

4．過剰防衛

（1）意義

過剰防衛：防衛の程度を超えた防衛行為（刑法36条2項）

「防衛の程度を超えた」とは，正当防衛の要件のうち，「やむを得ずにした」の要件（上記3.（6））を充たしていない場合です。やむを得ずにしたとはいえないとは，防衛手段として相当性を超えたということです。正当防衛の他の要件は充たしています。

ex. Xは，Yがこぶしで殴りつけてきたのに対して，斧で反撃を加え，Yに重傷を負わせました。この場合，Xの行為は過剰防衛となります。

=P59

過剰防衛は，必要性と相当性を欠くので，違法性阻却事由とはなりません。しかし，正当防衛の「やむを得ずにした」以外の要件は充たすということは，「急迫不正の侵害に対して，自己又は他人の権利を防衛するため」，つまり，緊急時に防衛のために行っている行為ではあるので，防衛手段として相当性を超えても強く非難はできません。よって，刑が任意的に減軽または免除されます（刑法36条2項）。

（2）防衛に名を借りて積極的な加害行為に出た場合

防衛に名を借りて積極的な加害行為に出た場合，過剰防衛になりません。

この場合，防衛の意思（P53（a））が認められません。過剰防衛は，正当防衛の「やむを得ずにした」以外の要件は充たしている必要があります。

5．誤想防衛

（1）意義

誤想防衛：急迫不正の侵害がないのに，あると誤信してなされた防衛行為

ex. Yが木刀で虫を払おうと木刀を振り上げたところ，側にいたXが，Yが木刀で襲いかかってくると勘違いして，Yのことを殴りました。この場合，Xの行為は誤想防衛となります。

=P59

誤想防衛は，急迫不正の侵害がないので，正当防衛にはなりません（大判昭8.6.29参照）。しかし，故意は阻却されます（大判昭8.6.29参照）。上記ex.でいうと，Xは正当防衛だと思っていますので，「この行為をしていいのかな？」という規範に直面しないからです。なお，誤信したことについて過失があるときは，過失犯は成立します。

（2）誤想防衛に対する防衛行為

誤想防衛に対する防衛行為は，正当防衛になります。誤想防衛は，正当防衛にならないので，不正の侵害（×）です。よって，それに対する反撃行為が正当防衛（○）になるのです。

ex. XとYが口論中，Yは，Xがポケットに手を入れたのを見て，隠し持っているナイフを取り出すものと勘違いし，持っていたナイフでXに突きかかりました（誤想防衛）。そこで，XはYの足を払い転倒させました。この場合，Xの行為は正当防衛となります。

3 緊急避難

> **刑法37条（緊急避難）**
>
> 1　自己又は他人の生命，身体，自由又は財産に対する現在の危難を避けるため，やむを得ずにした行為は，これによって生じた害が避けようとした害の程度を超えなかった場合に限り，罰しない。ただし，その程度を超えた行為は，情状により，その刑を減軽し，又は免除することができる。

1．意義

緊急避難：自己または他人の生命，身体，自由または財産に対する現在の危難を避けるため，やむを得ずにした行為であって，それによって生じた害が避けようとした害の程度を超えないもの（刑法37条1項）

緊急避難に当たる行為は，違法性が阻却され，犯罪とはなりません。たとえば，『タイタニック』という映画の最後は，ジャックとローズが沈没したタイタニックから海に放り出されます。ジャックは，ローズを板の上に乗せ，海に沈んでしまいます。しかし，あそこでジャックが「オレが助かる。ローズ，悪いけど死んでくれ。」と言って，ローズから板を奪い取っても，ジャックは殺人罪になりません。そんな物語なら，あれだけヒットしなかったでしょうが……。

> 緊急避難の構造　→　要件が厳しい

緊急避難の相手方は，不正の侵害をしてきた者（×）ではなく，正当な利益を有する者（○）です。緊急避難は，正当な利益（○）に対してやむを得ず危害を加える行為（○）です。よって，緊急避難の要件は，正当防衛よりも厳しくなります。

P49

2. 趣旨

守ろうとする法益が害を与える法益よりも価値が高いまたは同価値であれば，それは仕方がないということで違法性が阻却されるのです。上記1.の例のように法益が同価値でも（生命と生命）違法性が阻却されます。

3. 要件

緊急避難の要件は，刑法37条1項に規定されている「自己又は他人の生命，身体，自由又は財産」「現在」「危難」「やむを得ずにした」「生じた害が避けようとした害の程度を超えなかった」です。以下，1つ1つみていきます。

（1）「自己又は他人の生命，身体，自由又は財産」

自分の生命，身体，自由または財産に対する現在の危難を避けるために緊急避難が成立するのはもちろんですが，他人の生命，身体，自由または財産に対する現在の危難を避けるためにも緊急避難が成立します。 =P53

（2）「現在」

この「現在」は，正当防衛の「急迫」（P50～51（1））と同じ意味です。 =P50

（3）「危難」

P51 」

「危難」とは，法益に対する侵害または危険がある状態のことです。

この危難は，正当防衛と異なり，不正なものである必要がありません。よって，人の行為である必要はなく，自然現象や動物の動作であっても構いません。

ex. 地震によって動物園の檻が壊れて，そこから脱走した熊がXを襲おうとしたため，Xは逃げる際にYの家の窓ガラスを割りました。この場合，Xの行為は緊急避難となります。なお，このように，物（窓ガラス）に向けられた行為も緊急避難となります。

（4）「やむを得ずにした」

P54 」

「やむを得ずにした」とは，緊急避難行為が，危難を避けるための唯一の方法であり，他に採り得る手段がないということです（最大判昭24.5.18）。これを「補充性」といいます。これは，正当防衛にはない要件です。

正当防衛は「×」に対する「○」なので，このような厳しい要件はありません。それに対して，緊急避難は「○」に対する「○」です。「○」の法益を犠牲にするものなので，他に採るべき方法がない場合にしか認められないんです。

ex. 吊橋が腐朽甚だしく，いつ落下するかもしれない危険な状態にあったため，X
　　がダイナマイトを使用して爆破しました。この場合，Xの行為は緊急避難とはな
　　りません。また，下記5.の過剰避難も成立しません（最判昭35.2.4）。大型車の
　　交通規制をすることなど，他の手段で対処する方法があるからです。

P54

（5）「生じた害が避けようとした害の程度を超えなかった」

　　この要件を「法益の均衡」といいます。たとえば，自分の財産を守るために他人の
生命を犠牲にすることは緊急避難になりません。これも，正当防衛にはない要件です。
　　やはり正当防衛は「×」に対する「○」なのに対して，緊急避難は「○」に対する
「○」である（「○」の法益を犠牲にする）ことが理由です。

4．業務上特別の義務がある者

　　「業務上特別の義務がある者」とは，たとえば，警察官，消防隊員，自衛隊員など
です。業務上特別の義務がある者には，緊急避難の規定は適用されません（刑法37
条2項）。業務上特別の義務がある者は，業務の性質上，自分の身を危険にさらすべ
き義務があります。よって，たとえば，市民の生命を犠牲にして自分の生命を守ろう
とすることは認められないのです。

　　ただし，業務上特別の義務がある者でも，以下の①または②の場合には緊急避難が
認められます。

①他人の法益を守るためである場合
ex. ホテルYで火災が発生し，客室に取り残されたZを救助するため，消防隊員Xは
　　やむを得ずホテルYの壁を壊しました。この場合，XがホテルYの壁を壊した行
　　為は，緊急避難となり得ます。
②自己の法益を守るためであっても，業務上の義務に違反しない限度である場合
ex. 消火作業中の消防隊員Xが，燃え落ちてきた物を避けるためにやむを得ずYの所
　　有する隣家の塀を壊しました。この場合，XがYの所有する隣家の塀を壊した行
　　為は，緊急避難となります。

5．過剰避難

　過剰避難：やむを得ずにしたとはいえない，または，生じた害が避けようとした害
　　　　　　の程度を超えた避難行為（刑法37条1項ただし書）
　緊急避難の要件のうち，補充性（上記3.（4））または法益の均衡（上記3.（5））

の要件を充たしていない場合です。緊急避難の他の要件は充たしています。

過剰避難は，違法性阻却事由とはなりません。しかし，刑が任意的に減軽または免除されます（刑法37条1項ただし書）。

正当防衛の過剰防衛（P55の4.）と同じです。理由も同じです。

=P55

6. 誤想避難

誤想避難：危難がないのに，あると誤信してなされた避難行為

誤想避難は，緊急避難にはなりません。しかし，故意は阻却されます。なお，誤信したことについて過失があるときは，過失犯は成立します。

正当防衛の誤想防衛（P55～56の5.）と同じです。理由も同じです。

=P55

【正当防衛と緊急避難の比較】

違法性の最後に，正当防衛と緊急避難の比較できる事項を比較しておきます。

	正当防衛	緊急避難
法的性質	違法性阻却事由	
防衛・避難行為の対象	「×」vs「○」 P49の1.	「○」vs「○」 P56の1.
緊急性	急迫性・現在性	
	P50～51（1）	P57（2）
侵害の内容	不正の侵害 違法行為であることが必要 P51～52（2）（3）	危難 違法行為であることは不要 P57（3）
手段の相当性	相当性 P54（a）	補充性 P57～58（4）
法益の均衡	著しく均衡を欠かなければOK P54（b）	法益の均衡が要求される P58（5）
行為が程度を超えた場合	過剰防衛・過剰避難	
	P55の4.	P58～59の5.
侵害・危難があると誤信した場合	誤想防衛・誤想避難	
	P55～56の5.	P59の6.

第4章　　　　　　　　責　任

　犯罪の成立要件①の「構成要件」と成立要件②の「違法性」が終わりましたので，この第4章では，犯罪の成立要件③の「責任」についてみていきます。

1 意義

　「責任がある」とは，違法行為をした者の意思決定を国家が非難することができるということです。その者が適法な行為をしようと思えばできたのにもかかわらず違法な行為をしたため，非難されるのです。

　責任がなければ，犯罪は成立しません。

2 趣旨

　責任がない場合に犯罪が成立しないことに疑問を持つかもしれません。しかし，刑罰とは，「結果（実害）に対する刑」ではなく，「行為者の意思決定に対する国家からの非難」なのです。簡単にいうと，「なんで思いとどまらなかったんだ！」ということです。被害者や遺族の方の報復を代替する，報復感情を充たすため，という目的がまったくないわけではありませんが，それが主目的ではありません。よって，刑罰を科すには，行為者に対して非難をなし得ること（非難可能性）が必要です。これも簡単にいうと，思いとどまれないといけないということです。したがって，精神疾患などで思いとどまることができない者の行為は，犯罪とはできないんです。

3 責任能力

1. 意義

　「責任能力」は，以下の①②の能力です。

①事物の是非・善悪を弁別する能力（弁識能力）
　簡単にいうと，自分の行為が悪いということを理解することができる能力です。
②上記①に従って行動する能力（制御能力）
　簡単にいうと，自分の行動を自分でコントロールできる能力です。

　上記①②の両方の能力がある場合に責任能力があるとされます。

2．心神喪失者

「心神喪失」とは，精神の障害により，以下の①または②の<u>いずれか</u>の能力を欠く状態です（大判昭6.12.3）。

①事物の是非・善悪を弁別する能力（弁識能力）
②上記①に従って行動する能力（制御能力）

いずれかを欠けば心神喪失とされるため，自分の行為が悪いということを理解していても（①があっても），自分の行動を自分でコントロールできる能力がなければ（②がなければ），心神喪失となります。
　心神喪失者の行為は，処罰されません（刑法39条1項）。

ただ，実際にはそう簡単に心神喪失とはされません。たとえば，単に犯行当時の記憶をまったく欠いていたというだけでは，心神喪失とはされません。また，心神喪失とされたからといって，行為者が単に世に放たれるわけではなく，精神保健福祉法や心神喪失者等医療観察法に基づき，入院や通院の措置が執られます。

3．心神耗弱者

「心神耗弱」とは，精神の障害により，以下の①または②の<u>いずれか</u>の能力が著しく減退している状態です（大判昭6.12.3）。「減退」なので，以下の①および②は<u>あります</u>。これが心神喪失との違いです。

①事物の是非・善悪を弁別する能力（弁識能力）
②上記①に従って行動する能力（制御能力）

心神耗弱者の行為は，刑が必ず減軽されます（刑法39条2項）。

4.刑事未成年

> **刑法41条（責任年齢）**
> 　14歳に満たない者の行為は，罰しない。

　14歳未満の者は，責任無能力者とされています（刑法41条）。これは，実際の知的能力ではなく，14歳という年齢で一律に判断されます（広島高判昭26.2.6）。よって，どんなに知的能力が高くても，13歳の者が殺人を犯した場合には，殺人罪は成立しません。

　14歳未満の者は，更生しやすいからです。

4 原因において自由な行為

1.意義

　「原因において自由な行為」とは，実行行為自体は心神喪失または心神耗弱の状態でなされたが，その心神喪失・心神耗弱状態が責任能力がある状態の時に自らが招いたものである場合です。

ex. Xは，酒を飲むと極めて狂暴になる性格でした。Xは，心神喪失者は人を殺しても無罪となることを知ったので，これを利用してYを殺害しようと考えました。Xは，包丁をバッグの中に入れて，Yと酒を飲み，心神喪失状態となり，案の定バッグの中に入れていた包丁でYを殺害しました。Xは，殺人罪となるでしょうか。

　刑法には，以下の原則があります。

行為と責任の同時存在の原則：責任能力は，実行行為の時点で存在しなければならないという原則

　実行行為の時点で「やっていいか？思いとどまるべきではないか？」と考えるからです。

　この原則からすると，上記 ex.のXは，実行行為の時点では酒を飲んで心神喪失状態となっていますので，責任能力がなく，罪に問えなさそうです。

ですが，それは，あまりにも一般人の法感情に反する結論ですよね。そこで，自ら意図して心神喪失・心神耗弱状態に陥り犯罪行為を行った原因において自由な行為は，行為者に完全な責任能力が認められ，犯罪が成立します。しかし，行為と責任の同時存在の原則がありますので，なんとか実行行為の時点で完全な責任能力があったという必要があります。要は，どうにかして理論づける（こじつける）必要があります。その理論づけ（こじつけ）が，下記2.です。

2．理論構成

原因において自由な行為に完全な責任能力を認める理論構成は，主に以下の表の2つがあります。

	原因行為時に 実行の着手を認める見解 ⟶　⟵ （間接正犯類似説。かつての通説）	結果行為時に 実行の着手を認める見解 （有力説）
理論	他人を道具として利用して犯罪を実現することを「間接正犯」といいましたね（P13（1））。この説は，その論理で説明します。心神喪失・心神耗弱状態の自分を「道具」として利用して犯罪を実行したと考えます。原因行為の時点（酒を飲んだ時点）で実行の着手があったとします。自分を道具として利用することを決めた原因行為の時点で完全な責任能力があるので，責任を問うことができるとします。	この説は，結果行為の時点（包丁で殺害した時）で実行の着手があったとします。しかし，意思決定から実行行為までの一連の経過を，「1つの意思決定に貫かれた1つの行為」とみます。行為と責任の同時存在の原則における「行為」は，実行行為のみを意味するのではなく，原因行為と実行行為を包含する広義の行為を意味すると考えます。要は，以下の図のように「行為」を引き延ばし，その一部（意思決定をした時）に責任能力があれば，行為全体に対して責任を問うことができるとします。

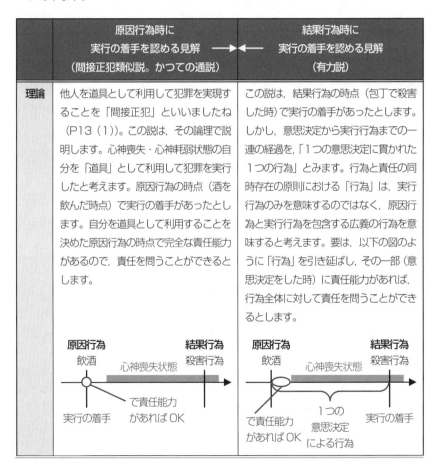

	原因行為時に 実行の着手を認める見解 ——▶◀—— （間接正犯類似説。かつての通説）	結果行為時に 実行の着手を認める見解 （有力説）
仮に	Xが，心神喪失状態となってYを殺そうと考えて酒を飲んだが，飲み過ぎて眠ってしまった場合	
結論	殺人未遂罪が成立し得ます（この説の中には，この場合は成立しないという見解もあります）。 この説は，原因行為の時点（酒を飲んだ時点）で実行の着手があるとしますので，実行行為に着手し，結果が発生していないからです（P35）。	殺人未遂罪は成立しません。 この説は，結果行為の時点（包丁で殺害した時点）で実行の着手があるとしますので，実行行為に着手していないからです（P35）。

5　法律の錯誤

刑法38条（故意）

3　法律を知らなかったとしても，そのことによって，罪を犯す意思がなかったとすることはできない。ただし，情状により，その刑を減軽することができる。

　「法律の錯誤」とは，行為者が，その行為が法律上許されていないにもかかわらず，許されているものと錯覚していることです。行為者が錯誤によって違法性の認識を欠いているということです。
ex. 外国人Xが，賭博は日本でも許されていると信じて闇カジノで賭博行為を行った
　　場合が当たります。
　行為者が法律を知らなかったとしても，罪を犯す意思がなかったとすることはできないとされています（刑法38条3項本文）。つまり，故意犯となるということです（最決昭62.7.16）。法律は広く知らされているので，知らないほうが悪いとされてしまうのです。

　ただし，行為者が法律を知らなかった場合は，情状により，刑が減軽されることはあります（刑法38条3項ただし書）。

6 期待可能性

「期待可能性」とは，行為者に適法な行為を期待できるということです。適法な行為を期待し得ない場合には，行為者の行為を非難することができず，責任を問い得ないとする理論です。

「期待可能性がないため責任能力なし」と真正面から認めた判例は，まだありません。しかし，期待可能性を量刑で考慮した判例があります。

判例　大判昭8.11.21【第五柏島丸事件】

瀬戸内海で定員の5倍余りの乗客を乗せた第五柏島丸が転覆し，多数の死傷者を出しました。業務上過失致死傷罪に問われた船長Xについて，禁錮刑よりも軽い罰金刑が選択されました。

Xは，雇用主に何度も意見したにもかかわらず，雇用主は聞き入れず，やむなく多数の乗客を乗せて出航せざるを得ませんでした。また，Xは貧困の状況にあり，乗務をせざるを得ませんでした。そういった点が考慮され，禁錮刑よりも軽い罰金刑が選択されました。

共　犯

第1節　共犯とは？

1　意義

共犯：複数人が1つの犯罪行為に関与すること

これまでは，基本的に行為者が1人で犯罪行為をした場合をみてきました。しかし，複数の者が犯罪行為をすることもよくあります。それが共犯です。

2　必要的共犯と任意的共犯

共犯は，大きく以下の2つに分かれます。

①必要的共犯：構成要件上，複数人が関与することが予定されている（1人ではできない）犯罪類型

ex. 収賄罪（刑法197条〜197条の4）と贈賄罪（刑法198条）が当たります。政治家が賄賂を受け取るのが収賄罪の典型例ですが，収賄罪には賄賂を渡す人も必要なので（賄賂を渡す人は贈賄罪になります），1人ではできない犯罪です。

②任意的共犯：法律上単独の行為者が予定されている（1人でできる）犯罪類型に複数人が関与した場合

ex. 殺人罪（刑法199条）が当たります。殺人罪は，1人でできますが，複数の者（共犯）で殺人をすることもできます。

必要的共犯は，どのような行為が犯罪となるかが，各論で犯罪ごとに条文で定められています。よって，解釈上あまり問題となることはありません。

それに対して，任意的共犯は，各論の条文では1人で犯罪をすることが想定されて規定されています。複数の者で犯罪を行った場合，各論の条文を総論の条文（刑法60条〜65条）によって修正して適用するので，多くの解釈の問題が生じます。よって，この第5章では，基本的に任意的共犯をみていきます。

任意的共犯には，以下の3つの種類があります。

①共同正犯　　　：2人以上が共同して犯罪を実行すること（刑法60条）
②教唆犯　　　　：犯罪を決意させ実行させること（刑法61条）
③従犯（幇助犯）：犯罪の実行を援助し容易にすること（刑法62条）
ex. 凶器を用意することが当たります。

3　正犯と共犯

　まだ共犯のイメージが湧かないですよね。共犯の位置づけを理解するには，正犯との関係性を考えることが有効です。「正犯」とは，自ら犯罪を実行するということです。正犯と共犯の関係性は，以下の図のようになっています。

　「単独正犯」は，行為者が1人で自ら犯罪を実行することです。「間接正犯」（P13（1））も，この点は同じです。間接正犯は，利用される他人はあくまで道具であり，利用する者が自ら犯罪を実行したとされます。

　「共同正犯」は，複数人が全員正犯とされます。それに対して，「教唆犯」「従犯（幇助犯）」は，共犯者は加担するだけであり，正犯とはなりません。

4　共犯の従属性

　共犯が成立するために，正犯の行為が現実に行われたことが必要でしょうか。

　必要です（共犯従属性説〔通説〕）。たとえば，Xが，Yを殺害するようZを唆しても，Zが殺害行為を行わなければ，Xは教唆犯とはなりません。

　共犯が処罰対象となるのは，正犯の実行行為を通じて間接的に法益を侵害するまたは危険にさらすからです。よって，正犯の実行行為が共犯の成立要件になるのです。

　では，正犯がどの犯罪成立要件まで充たす必要があるでしょうか。

　正犯が，構成要件に該当し，違法性を有する必要があります（制限従属性説〔通説〕）。これを「違法は連帯的に，責任は個別的に」といったりします。

ex1. Xが，Yを殺害するよう13歳のZを唆し，Zが殺意をもってYを殺害しました。Zの行為は，殺人罪の構成要件に該当し，違法性を有するので，Xは殺人罪の教唆犯となります。Xは，違法な行為に加担しています。13歳のZは責任能力がないので，Zの行為が個別的に犯罪にならないだけです。

ex2. ZがYにナイフで刺されそうになっていたところ，XはZにバットを渡し，ZはそのバットでYを殴り殺害しました。Zの行為は，殺人罪の構成要件に該当しますが，正当防衛に当たり違法性がないので，Xは殺人罪の従犯（幇助犯）とはなりません。Xは，正当防衛という適法な行為に加担しています。

第2節　共同正犯

> **刑法 60 条 (共同正犯)**
> 　2人以上共同して犯罪を実行した者は，すべて正犯とする。

1　意義

　共同正犯：2人以上が共同して犯罪を実行すること（刑法 60 条）

　共同正犯者は，すべて正犯とされます（刑法 60 条）。これは，共同正犯者とされると，犯罪の一部しか分担していない者も，犯罪の全体について責任を問われるということです。これを「一部実行全部責任の原則」といいます。

ex. W・X・Zの3人が銀行強盗を計画し，Xが見張りをし，Wが銀行員をナイフで脅し，Zがその間に現金を奪取しました。Xは，強盗罪の実行行為（暴行または脅迫を用いて財物を強取する行為。刑法 236 条1項）をしていません。しかし，Xも強盗罪の正犯とされます（最判昭 23.3.11）。

　犯罪行為がされることを防ぐために，厳しい扱いをしています。人は協力し合うと，物理的にはもちろん，精神的にも犯罪を行いやすくなります。「みんなで渡れば怖くない」というやつです。たとえると，中学生がタバコを吸うのと同じです。中学生がタバコを吸うとき，大体1人ではありません。みんなで吸います。

2　成立要件

　共同正犯が成立するには，以下の2つの要件を充たす必要があります。

①複数人に共同実行の意思が存在すること（主観的要件。下記1.）
②共同実行の事実が存在すること（客観的要件。下記2.）

　この2つの要件のうち，①の要件は厳格に要求されるのに対し，②の要件は緩和されることがあります。上記 1 で説明したとおり，共同正犯は協力し合うことで精神的に犯罪を行いやすくなる（みんなで渡れば怖くない）点に本質があるからです。

1．共同実行の意思（主観的要件）

　「共同実行の意思」とは，簡単にいうと，「一緒にやろうぜ」という意思です。共同実行の意思は，行為者の間に相互に存在する必要があります。共同実行の意思が認められる場合と認められない場合をみていきましょう。

共同実行の意思が認められる（○）	共同実行の意思が認められない（×）
①ホステスXは，生活費欲しさから，12歳の息子Zにエアガンを渡して強盗をしてくるよう指示しました。Zは，当初は嫌がっていましたが，Xの指示に従って強盗することを決意し，Xが勤めているスナックのママYから現金などを強奪し，Xに渡しました。この場合，Xには，強盗罪の共同正犯が成立します（最決平13.10.25）。 　XがZに犯行を指示し，ZはXの指示に従って強盗することを決意していますので，「一緒にやろうぜ」という意思があるからです。Zは，12歳ですので責任能力がなく（刑法41条．P62の4.）強盗罪とはなりませんが，共犯は正犯が違法性を有すれば成立します（P67 4）。間接正犯（P13（1））とならないのは，Zが自らの意思によって強盗することを決意しているため，道具とはいえないからです。Xが教唆犯とされず共同正犯とされたのは，犯行方法を教示したり，強取した現金などを領得するなど重要な役割を果たしているからです。	①Xは，強取の目的で，Yに暴行を加えて反抗不能状態にしましたが，財物は奪わずに立ち去りました。その後，たまたま通りかかったZが，Yが反抗不能状態になっているのに乗じて財物を奪いました。この場合，XとZには，強盗罪の共同正犯は成立しません。 　Xは立ち去り，Zはたまたま通りかかっただけですので，XZ間に「一緒にやろうぜ」という意思がないからです。Xは強盗未遂罪，Zは窃盗罪となります。
②Xは，Yの名誉を毀損する事実を文章にして，A新聞社に投稿しました。A新聞社の編集人Zは，Xの投稿文がYの名誉を毀損することになることを認識しながら，A新聞紙上に掲載しました。この場合，XおよびZには，名誉毀損罪の共同正犯が成立します。 　共同実行の意思は，必ずしも明示的方法によって発生したものである必要はありません。このように，行為者の間に暗黙の認識があるだけで足ります（最判昭23.11.30）。	②Xは，返済の意思も能力もないのに，Yに対して嘘を言って借金を申し込みました（返済の意思なく借金をするのは詐欺に当たります）。Yは，Xの嘘を真実と勘違いして，Xに金員を貸す約束をしました。YがXに欺罔されていることを知らないZは，Xからこの借入金の受取方を依頼され，Xの妻だと詐称して，Yから金員を受領しました。この場合，XおよびZには，詐欺罪の共同正犯は成立しません（広島高判昭29.4.21）。 　YがXに欺罔されていることをZは知らないので，Zには「一緒にやろうぜ」という意思がないからです。
	③Xは，路上でYと殴り合いのケンカを始めました。近くでこれを見物していたZは，Yが自分の顔面を誤って殴りつけたため，これに腹を立て，Yの腹部を足蹴りにして，Yに傷害を負わせました。この場合，XおよびZには，傷害罪の共同正犯は成立しません（東京高判昭35.10.4参照）。

共同実行の意思が認められる（○）	共同実行の意思が認められない（×）
③WおよびXは，Zを仲間に引き入れて強盗を実行しようと計画しました。しかし，その謀議にZが参加できなかったため，後日，謀議の結果をXがZに伝え，Zはこれを了承し，謀議どおり，3人の役割分担の下に強盗をしました。この場合，W，XおよびZには，強盗罪の共同正犯が成立します。 　共同実行の意思は，このように，共同者の中の特定人（X）を介して他の者（Z）に連絡された場合でも認められます（大判昭7.10.11）。	Zはたまたま自分が殴られたからYに傷害を負わせただけなので，ＸＺ間に「一緒にやろうぜ」という意思がないからです。
↑	④Xが友人Zと歩いていると，Zはたまたま通りかかった公園のベンチで眠っているYの上着のポケットから財布を抜き取ろうとしました。Xは，Zの行為を制止せずに終始傍観していました。この場合，XおよびZには，窃盗罪の共同正犯は成立しません。 　XはZの行為を制止せずに終始傍観していただけなので，「一緒にやろうぜ」という意思がないからです。

２．共同実行の事実（客観的要件）

　「共同実行の事実」とは，共同して構成要件を実現したということです。

　行為者がそれぞれ実行行為の一部を分担した場合でも当たります。

ex. XとZは銀行強盗を計画し，Xが銀行員をナイフで脅し，Zがその間に現金を奪取しました。「脅す行為」と「財物を奪取する行為」を分担しています。この場合，XとZには，強盗罪の共同正犯が成立します。

　さらにいうと，実行行為の一部でさえない見張りをしていたといった場合でも，共同実行の事実が認められます。この共同実行の事実の要件は緩和されるからです（P68）。

3　共同正犯の類型

　共同正犯が成立するかが問題となる様々な類型があります。1つ1つみていきましょう。

１．共謀共同正犯
（1）意義

　共謀共同正犯：2人以上の者が一定の犯罪を実現することを共謀し，共謀者の一部の者がその犯罪を実現する場合

　共謀共同正犯の場合，実行行為に関与しなかった者も共同正犯となります。

ex. W・X・Zの3人は，Xが見張りをし，Wが銀行員をナイフで脅し，Zがその間に現金を奪取する銀行強盗を計画しました。W・X・Zは自動車で銀行まで行きましたが，Xは，自動車から降りるのが遅れ，見張り行為をしない間に，WとZが現金を奪取しました。この場合，Xにも，強盗罪の共同正犯が成立します。

　最高裁判所は，共謀共同正犯によって実行行為に関与しなかった者も共同正犯としてきました（最大判昭33.5.28など）。

（2）趣旨

　それは，実行行為に関与しなかった，背後にいる指揮・監督する大物を共同正犯とするためです。たとえば，ヤクザの抗争で，組長が自ら実行行為を行うことはほとんどありません。しかし，指揮・監督している組長を正犯者として処罰したいのです。

（3）共謀の方法

　共謀は，事前に行われること（事前共謀）が必要でしょうか。

　不要です。犯行現場での共謀（現場共謀）でも構いません（最判昭 23.11.30，最判昭23.12.14，最決昭32.10.18）。

　謀議は，全員が一堂に会して行うことが必要でしょうか。

　これも不要です。たとえば，「W→X」「X→Z」など順次に共謀する場合（順次共謀）でも構いません（最大判昭33.5.28）。でなければ，ヤクザは3次団体に実行させればよいことになってしまいます。ヤクザはピラミッド型の組織になっていますが，「1次団体→2次団体」「2次団体→3次団体」と命令が下っていきます。

2. 片面的共同正犯

　片面的共同正犯：共同実行の事実（P68の成立要件②）は認められるが，共同実行の意思（P68の成立要件①）が一方にしかない場合

　片面的共同正犯は，共同正犯とはされません（大判大11.2.25）。

┐
P80

ex. Zが銀行強盗を計画していることを知ったXは，Zが銀行員をナイフで脅し現金を奪取している間，銀行の外で見張りをしていました。Xが見張りをしていることをZは知りませんでした。この場合，XとZには，強盗罪の共同正犯は成立しません。

　一部実行全部責任の原則（P68 1）が認められる主な理由は，協力し合うことで精神的に犯罪が行いやすくなるからです。よって，共同実行の意思は厳格に要求されるのです（P68）。

3．承継的共同正犯

　　承継的共同正犯：ある者が実行行為に着手し，これが終了しない間に，別の者が共
　　　　　　　　　　同実行の意思をもって実行行為に加担する場合

　承継的共同正犯についてはずっと判例がありませんでしたが，平成24年に最高裁
判所の判例が出ました。以下のような判例です。

> **判例** 最決平24.11.6
>
> 　ＺらがＹらに暴行を加え傷害を負わせた後に，ＸがＺらと共謀加担のうえ，さらにＹらに暴
> 行を加え，重い傷害の結果が生じました。Ｘは，「加担する前にＺらが生じさせた傷害結果」
> と「加担した後に生じさせた傷害結果」，いずれについても共同正犯としての責任を負うでし
> ょうか。
>
> 　Ｘは，「加担した後に生じさせた傷害結果」についてのみ共同正犯としての責任を負います。
> Ｘの行為と「加担する前にＺらが生じさせた傷害結果」に因果関係がないからです。

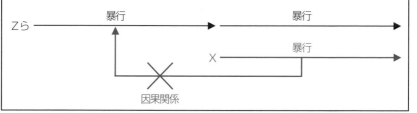

4．結果的加重犯の共同正犯

　結果によって刑が加重される結果的加重犯（ex. 傷害致死罪。P25）の基本犯（ex. 暴
行罪）を共同して実行し，1人の行為によって加重結果（ex. 死亡の結果）が生じた
場合，他の者も加重結果について責任を負うでしょうか。

P78＝　　負います（大判昭3.4.6，最判昭22.11.5）。

ex1. ＸおよびＺが共同でＹを暴行することを共謀し，ＺのみがＹを暴行したところ，
　　　Ｙが死亡しました。この場合，ＸおよびＺには，傷害致死罪の共同正犯が成立し
　　　ます（最判昭23.5.8）。

ex2. Ｘ，Ｚら4人が，強盗を共謀し強盗に着手しましたが，非常ベルを鳴らされたの
　　　で逃走しました。逃走の途中，Ｚが逮捕を免れるため警察官Ｙを切りつけ，Ｙが
　　　死亡しました。この場合，ＺだけでなくＸら4人全員に，強盗致死罪の共同正犯
　　　が成立します（最判昭26.3.27）。

基本犯の実行行為（暴行など）を行えば、状況により加重結果（死亡）が生じることは十分あり得るからです。

5．過失犯の共同正犯

過失犯も、共同正犯が成立するでしょうか。「過失」を心理状態の単なるうっかりと捉えると（旧過失論）、共同してうっかりするのは難しそうなので、成立しなそうに思います。

過失犯の共同正犯は成立します（最判昭28.1.23）。

過失は、心理状態の単なるうっかりではなく、結果予見義務と結果回避義務に違反することだと解されています（新過失論。P33の1.）。そのため、他人の結果回避義務にも責任を負う必要があるとされる場合があるんです。

ex. XとZが共同して経営する飲食店で、法定の除外量以上のメタノールを含む液体を、不注意にも必要な検査をすることなく、客に販売してしまいました。この場合、XおよびZが意思を連絡してメタノールを含む液体を販売したのなら、旧有毒飲食物等取締令4条1項後段の過失犯の共同正犯が成立します（最判昭28.1.23）。複数人で危険行為を行う場合には、他人の結果回避義務にも責任を負う必要があるからです。

6．予備罪の共同正犯

予備罪の共同正犯は成立するでしょうか。これは、以下の2つの条文の「実行」をどう捉えるかによります。刑法43条は未遂の、刑法60条は共同正犯の条文です。

刑法43条（未遂減免）

犯罪の実行に着手してこれを遂げなかった者は、その刑を減軽することができる。ただし、自己の意思により犯罪を中止したときは、その刑を減軽し、又は免除する。

刑法60条（共同正犯）

2人以上共同して犯罪を実行した者は、すべて正犯とする。

刑法43条の「実行」は、予備と未遂を分けるものです。実行に着手する前は予備ですが、

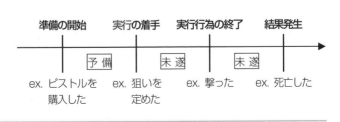

実行に着手すると未遂になります（P35の「犯罪実現までの5段階」）。よって，刑法43条の「実行」と刑法60条の「実行」が同じ意味だと解すると，予備罪の共同正犯は成立しないことになります。予備は「実行」の前のハナシだからです。

　しかし，判例は予備罪の共同正犯は成立するとしています（最決昭37.11.8）。

　刑法43条の「実行」と刑法60条の「実行」は，以下のように異なるものだと考えるのです（実行行為概念の相対性）。

・刑法43条の「実行」　→　予備と未遂を分ける概念

・刑法60条の「実行」　→　予備罪などの修正された構成要件該当行為も含む概念

第3節　教唆犯

> **刑法61条（教唆）**
> 1　人を教唆して犯罪を実行させた者には，正犯の刑を科する。

1　意義

教唆犯：他人を唆（そそのか）して犯罪の決意を生じさせて犯罪を実行させること（刑法 61
　　　　条1項）

ex. XがYを殺害するようZを唆し，ZがYを殺害した場合，Xは殺人罪の教唆犯と
　　なります。

共同正犯・従犯（幇助犯）との違いは，以下のとおりです。

・共同正犯との違い　　　→　　自ら実行行為を分担しない（正犯ではない）
・従犯（幇助犯）との違い　→　他人の実行を単に助けるのではなく誘発する

2　成立要件

教唆犯が成立するには，以下の3つの要件を充たす必要があります。

①教唆行為（客観的要件。下記1.）
②教唆犯の故意（主観的要件。下記2.）
③正犯の実行行為（客観的要件。下記3.）

1．教唆行為（客観的要件）

「教唆行為」とは，他人を唆して犯罪の決意を生じさせる行為です。

教唆行為は，黙示的なものでも OK です（最判昭 26.12.6 参照）。民法と同じく，刑
法でも黙示については以下のように考えてください。—— **民法Ⅰのテキスト第2編第5章第
2節5 3.②「沈黙・黙示についてのテクニック」**

黙示についてのテクニック

刑法において，「黙示」が要件に該当し得るかが問題となったときは，ほとんど該
当し得ます。
→　テクニック　択一でまったくわからない肢が出たら，**該当し得る方向で正誤を判断**
　　　　　　　　してください。そちらのほうが，正解する確率が高いです。

　また，教唆行為は，利益の供与，誘導，強制，威嚇（いかく），哀願など，その手段・方法を問いません。

※すでに犯罪の実行を決意している者に対して教唆行為をした場合

　すでに犯罪の実行を決意している者に対して教唆行為をした場合，教唆犯となるでしょうか。

　なりません（大判大6.5.25）。

　教唆犯は，他人に犯罪の実行を決意させることにその本質があるからです。すでに犯罪の実行を決意している者に対して教唆行為をしても，従犯（幇助犯）にしかなりません。心理的に助けることも，従犯（幇助犯）となります（P79 1 ）。

2. 教唆犯の故意（主観的要件）

　教唆犯の故意は，どこまでの認識・認容が必要かで以下の表のとおり争いがあります。この見解の違いは，未遂の教唆で問題となります。「未遂の教唆」とは，教唆者が正犯の実行行為を初めから未遂に終わらせる意思で教唆することです。

ex. Xが，Yの金庫が空なのを知りつつ，金庫をこじ開けて金品を奪うようZを唆す場合が当たります。

	実行認識説 　→←　 結果認識説	
内容	正犯が実行行為をすることの認識・認容で足ります。	結果発生の認識・認容まで必要です。
未遂の教唆	教唆犯は成立します。	教唆犯は成立しません。

3. 正犯の実行行為（客観的要件）

　正犯が違法性を有する実行行為を行うことが必要です。教唆者が教唆犯の故意をもって教唆行為をしても，正犯が犯罪を実行しなければ教唆犯は成立しません。これを「教唆の未遂」といいます。共犯が成立するには，正犯が，構成要件に該当し，違法性を有する必要があるからです（P67 4 ）。

　なお，正犯者が実行行為を行ったがその犯罪が未遂に終わった場合には，その犯罪に未遂犯の処罰規定があるのであれば，教唆者は未遂犯の教唆として処罰されます。

　また，教唆行為と正犯の犯意の形成・実行行為との間には，因果関係がある必要があります。

> **判例**　最判昭25.7.11
>
> 　Xが，Zに対してA方への侵入窃盗を教唆しました。Zは，WらとともにA方に行きましたが，A方への侵入方法を見つけられずに窃盗を断念しました。しかし，Zは，Wらの強硬な主張により隣のY方に侵入し強盗を行いました。この場合，Zらの強盗などの行為がXの住居侵入窃盗の教唆に基づいてなされたと認められるときは，Xは住居侵入窃盗の教唆犯となります。この事案は，因果関係の存在に疑問があるとして原審に差し戻されました。

　試験では，因果関係が切れているかをみてください。たとえば，Y方に侵入し強盗を行ったことについて「新たに思いつき」という記載があれば，因果関係は切れている（教唆犯は成立しない）と判断してください。

3　教唆犯の類型
　教唆犯が成立するかが問題となる様々な類型があります。1つ1つみていきましょう。

1．間接教唆・再間接教唆
　間接教唆　：教唆者を教唆すること
　再間接教唆：間接教唆者をさらに教唆すること
　間接教唆や再間接教唆は，教唆犯として処罰されるでしょうか。
　教唆犯として処罰されます（刑法61条2項。大判大11.3.1）。
ex. XはYを殺害するようZを唆しましたが，Zは，自ら実行せず，Yを殺害するようVを唆しました。しかし，Vも自ら実行せず，Yを殺害するようWを唆し，WがYを殺害する決意をしてYを殺害しました。この場合，Vが教唆者，Zが間接教唆者，Xが再間接教唆者です。教唆者Vだけでなく，間接教唆者Z，再間接教唆者Xも，殺人罪の教唆犯となります。

```
       教唆         教唆        教唆        実行
  X ────────▶ Z ────────▶ V ────────▶ W ────────▶ ⧸Y
再間接教唆者    間接教唆者      教唆者       正犯者
```

2．従犯（幇助犯）の教唆
　従犯（幇助犯）の教唆：正犯を幇助する決意を生じさせ，幇助行為を行わせること
ex. Xが，「Aの殺人を手助けしてやれよ」とZを唆す行為が当たります。
　従犯（幇助犯）の教唆には，正犯の刑を減軽した従犯（幇助犯）の刑が科されます（刑法62条2項）。

3．結果的加重犯の教唆犯

　結果によって刑が加重される結果的加重犯（ex. 傷害致死罪。P25）の基本犯（ex. 暴行罪）を教唆し，正犯の行為によって加重結果（ex. 死亡の結果）が生じた場合，教唆者は加重結果について責任を負うでしょうか。

P72＝　負います（大判大13.4.29）。

　ex. Xが強盗をするようZを唆したところ，Zが強盗致死罪を犯しました。この場合，
　　　Xには，強盗致死罪の教唆犯が成立します。

　基本犯の実行行為（暴行など）を教唆すれば，状況により加重結果（死亡）が生じることは十分あり得るからです。

4　処分

P81　教唆犯は，正犯の刑を科されます（刑法61条1項）。正犯の行為に適用すべき法定刑の範囲内で処罰されるということです（最判昭25.12.19）。

　なお，正犯者が，現実に処罰されることは必要ではありません（大判明44.12.18）。
　ex. Xが，Yを殺害するよう13歳のZを唆し，Zが殺意をもってYを殺害しました。
　　　13歳のZは犯罪とはなりませんが，Xは教唆犯となります（P67 4 ）。
　また，教唆犯に，正犯よりも重い刑を科すこともできます。
　ex. XがYを殺害するようZを唆し，ZがYを殺害した場合に，Zに対して懲役7年，
　　　Xに対して懲役15年の刑を科すことができます。Zは初犯でXは再犯であった場
　　　合，このような刑罰となることがあります。
　これらは，刑罰に以下の考え方があるからです。

P81＝

刑罰の考え方

　「刑罰は個別的に」が刑罰の考え方です。

　なお，拘留または科料のみに処すべき罪（刑法典には侮辱罪〔刑法231条〕しかありません）の教唆者は，特別の規定（ex. 軽犯罪法3条）がなければ処罰されません（刑法64条）。法定刑に拘留または科料しかない罪は，軽い罪だからです。

― Realistic 6　共謀共同正犯は教唆犯にしてもよかった？ ―

　教唆犯は正犯の刑を科されるので，共謀共同正犯（P70～71の1.）は教唆犯にしてもよかったかもしれません。しかし，ヤクザの組長などを正犯にしたい，実際には教唆犯よりも正犯のほうが重い刑罰を科されることが多いことから，共同正犯とされています。

第4節　従犯（幇助犯）

> **刑法62条（幇助）**
> 1　正犯を幇助した者は，従犯とする。

1 意義

従犯（幇助犯）：自らは実行行為を行わないで，正犯者を物理的または心理的に助けること（刑法62条1項）

ex. Xが，Yを殺害することを決意しているZに，凶器を与えたり（物理的に助ける），激励し助言を与えたり（心理的に助ける）して，ZがYを殺害した場合，Xは殺人罪の従犯（幇助犯）となります。

従犯（幇助犯）の本質

従犯（幇助犯）の本質は，正犯の実行行為を容易にすることです。

共同正犯・教唆犯との違いは，以下のとおりです。
・共同正犯との違い　→　自ら実行行為を分担しない（正犯ではない）
・教唆犯との違い　→　すでに犯罪の実行を決意している者の実行を助ける

2 成立要件

従犯（幇助犯）が成立するには，以下の3つの要件を充たす必要があります。

①幇助行為（客観的要件。下記1.）
②従犯（幇助犯）の故意（主観的要件。下記2.）
③正犯の実行行為（客観的要件。下記3.）

1．幇助行為（客観的要件）

「幇助行為」とは，実行行為以外の行為によって正犯を補助し，実行行為を容易にする行為です（最判昭24.10.1）。正犯者に凶器を与えたり，激励し助言を与えたりすることが当たります。

※事後従犯

正犯の実行行為の終了後にその犯罪に加功する場合（事後従犯）も，幇助行為に当たるでしょうか。

　当たりません。幇助行為は，正犯の実行行為の前に行われるか同時に行われる必要があります。

　実行行為の終了後に正犯の実行行為を容易にすることはできないからです（上記 1 の「従犯（幇助犯）の本質」）。

2．従犯（幇助犯）の故意（主観的要件）

　従犯（幇助犯）の故意は，どこまでの認識・認容が必要か，教唆犯の故意と同じ学説の対立と未遂の問題点（P76 の 2．）があります。

3．正犯の実行行為（客観的要件）

　やはり従犯（幇助犯）も，正犯者が違法性を有する実行行為を行うことが必要です。理由は，教唆犯（P76〜77 の 3．）と同じです。

3 従犯（幇助犯）の類型

　従犯（幇助犯）が成立するかが問題となる類型があります。1つ1つみていきましょう。

1．間接幇助犯

　間接幇助犯：幇助者を幇助すること

　間接幇助犯は，従犯（幇助犯）として処罰されるでしょうか。

　従犯（幇助犯）として処罰されます。

ex. Xは，Zまたはその得意先の者が不特定の多数人に観覧させるであろうことを知りながら，わいせつ映画フイルムをZに貸与しました。そして，Zからその得意先であるWに映画フイルムが貸与され，Wがこれを映写し10数名の者に観覧させました。この場合，Zだけでなく Xも，わいせつ図画公然陳列罪の従犯（幇助犯）となります（最決昭44.7.17）。

$$X \xrightarrow{\text{幇助}} Z \xrightarrow{\text{幇助}} W$$

間接幇助犯　　　　　　　幇助者　　　　　　　正犯者

2．片面的従犯

　片面的従犯：幇助者が幇助行為を行ったが，正犯者は幇助行為があることを知らなかった場合

P71

　片面的従犯は，従犯（幇助犯）として処罰されるでしょうか。

　従犯（幇助犯）として処罰されます（大判大14.1.22）。

ex. 博徒の親分Zが賭博場を開張した際に，これを知った子分XがZには伝えずに顧
　　客を誘って賭博をさせました。この場合，Xは，賭博場開張図利罪の従犯（幇助
　　犯）となります。

　上記 ex.のように，正犯者が幇助行為があることを知らなくても，正犯の実行行為
を容易にすることは可能だからです。従犯（幇助犯）の本質は，正犯の実行行為を容
易にすることです（P79の「従犯（幇助犯）の本質」）。

4　処分

P78
↲

　従犯（幇助犯）は，正犯の刑を減軽した刑が科されます（刑法63条）。正犯の行為
に適用すべき法定刑に減軽を加えた刑の範囲内で処罰されるということです（大判昭
13.7.19）。

　なお，正犯者が，現実に処罰されることは必要ではありません。
　また，従犯（幇助犯）に，正犯よりも重い刑を科すこともできます（大判昭8.7.
1）。

＝P78

　そして，拘留または科料のみに処すべき罪の幇助者は，特別の規定がなければ処罰
されません（刑法64条）。
　これらは，教唆犯（P78 4）と同じです。理由も同じです。

第5節　共犯の応用

　前節までで，「共同正犯」「教唆犯」「従犯（幇助犯）」と共犯の3つの種類をみてきました。共犯の最後にこの第5節で，共犯の応用といえる類型をみていきます。

1　共犯と身分

1．身分犯とは？

　身分犯：行為者に一定の身分のあることが構成要件要素になっている犯罪

　典型例は，収賄罪です。収賄罪は，公務員という身分がなければ成立しない犯罪です（刑法197条〜197条の4）。民間人が賄賂を受け取っても，収賄罪になりません。

　では，身分を有する者（身分者）に身分を有しない者（非身分者）が加功した場合，どのような扱いがされるでしょうか。これが「共犯と身分」の問題です。

2．身分犯の共犯

　身分犯は，以下の①と②に分かれます。

①真正身分犯：一定の身分を有することによって初めて犯罪を構成するもの（刑法65条1項）

　「真正」とは，「まさに」という意味です。

ex. 収賄罪が当たります。収賄罪は，公務員でなければ犯罪とはなりません（刑法197条〜197条の4）。

②不真正身分犯：身分がなくても犯罪を構成するが，一定の身分を有することによって法定刑が加重減軽されるもの（刑法65条2項）

ex. 常習賭博罪が当たります。賭博の常習者でなければ単純賭博罪ですが（刑法185条），賭博の常習者だと常習賭博罪となります（刑法186条1項）。

　身分犯の共犯については，刑法65条で規定されています。

刑法65条（身分犯の共犯）

1　犯人の身分によって構成すべき犯罪行為に加功したときは，身分のない者であっても，共犯とする。

2　身分によって特に刑の軽重があるときは，身分のない者には通常の刑を科する。

刑法65条1項が真正身分犯の，刑法65条2項が不真正身分犯の規定であると解されています。

（1）真正身分犯と共犯

真正身分犯について，非身分者が身分者の行為に加功した場合，非身分者も共犯として処罰されます（刑法65条1項）。これは，教唆犯や従犯（幇助犯）だけでなく，共同正犯も含みます（大判大3.6.24，最決昭40.3.30）。

ex. 公務員ではないXが，公務員Zと共謀してその公務員の職務に関し賄賂を収受しました。この場合，ZだけでなくXも，収賄罪の共同正犯となります（大判大3.6.24）。

非身分者も，身分者の行為を利用することによって，真正身分犯の法益を侵害するまたは危険にさらすことができるからです。上記ex.でいうと，公務員ではないXも，公務員Zと組めば，収賄罪の法益である公務員の職務行為の公正およびそれに対する社会の信頼を害することができるということです。

（2）不真正身分犯と共犯

不真正身分犯について，非身分者が身分者の行為に加功した場合，非身分者には通常の刑が科されます（刑法65条2項）。

ex. 賭博の非常習者Xが，賭博の常習者Zの賭博行為を幇助しました。この場合，Xは，単純賭博罪の従犯（幇助犯）となります（大判大2.3.18）。

不真正身分犯は身分者を重く罰する趣旨なので，非身分者には通常の刑を科せばよいからです。

（3）業務上横領罪

1つやっかいな犯罪があります。それが「業務上横領罪」です。やっかいなのは，業務上横領罪は，真正身分犯であると同時に，不真正身分犯でもあるからです。

・横領罪は占有者でなければ犯し得ない（刑法252条1項）　→　真正身分犯
　　　　　　　　　　　　　　　　　　　　　　　　　　　　　　（最判昭27.9.19）
・業務者という身分によって刑が加重される（刑法253条）　→　不真正身分犯

判例　最判昭32.11.19

非占有者Xと業務上占有者Zが，共同して金銭を横領しました。

ZだけでなくXにも刑法65条1項により業務上横領罪の共同正犯が成立しますが，Xは刑法65条2項により単純横領罪の刑で処断されます。

　Xには「占有者」という身分がないので，刑法65条1項により業務上横領罪の共同正犯となります。しかし，業務上横領罪の刑（10年以下の懲役）で処断されるとなると，それはあまりに厳しいです。もしXが単純占有者であった場合には，占有者という身分があるため，刑法65条1項は適用されず，刑法65条2項により単純横領罪の刑（5年以下の懲役）で処断されます。にもかかわらず，非占有者が，業務上横領罪の刑で処断されるのはおかしいので，処断される刑は単純横領罪とされたのです。

2　共犯と錯誤

1．共犯と錯誤とは？

　「共犯と錯誤」とは，共犯者が主観的に認識した事実と実行行為者が実行した事実とが食い違う場合です。

　複数の者が関与する共犯においては，行為者によっては自分の意図した犯罪と異なる結果が生じることがあります。

ex. 教唆者Xが窃盗を教唆したところ，実行行為者Zが強盗を実行した，といったことがあります。

　共犯と錯誤も，P27〜33の2.で説明した事実の錯誤と同じように考えることができます。よって，法定的符合説から考えます。法定的符合説は，構成要件の範囲内で符合していれば故意が認められる考え方です。「人を殺そうとして人が死んだか」を判断基準として考えます（P28の「法定的符合説（判例）」）。

2．共同正犯の錯誤

（1）具体的事実の錯誤

　具体的事実の錯誤は，同じ構成要件内で共犯者の認識と実行行為者が実行した事実の食い違いがある場合です。

　客体の錯誤（行為者が客体を間違えた場合）でも，方法の錯誤（行為者が客体は間違えていないが，別の客体に結果が生じてしまった場合）でも，共同者の全員について，発生した結果の共同正犯が成立します。

ex. XとZはYの殺害を共謀しましたが，実行担当者ZがYと勘違いしてAを殺害しました。この場合，Zだけでなく X にも，殺人既遂罪の共同正犯が成立します（大判昭6.7.8）。XはYを殺そうとしていましたが，人を殺そうとして人が死んだことに変わりはないからです。

（2）抽象的事実の錯誤

　抽象的事実の錯誤は，異なる構成要件間で共犯者の認識と実行行為者が実行した事実の食い違いがある場合です。

　抽象的事実の錯誤は，重なり合いが認められる場合には，軽い罪について共同正犯が成立します。

ex. XらとZが暴行・傷害を共謀し交番を襲撃しましたが，Xらは暴行・傷害の故意しかなかったのに対して，Zは殺意をもって小刀でY巡査を突き刺し死亡させました。この場合，Zは殺人罪の共同正犯，殺意のなかったXらは傷害致死罪の共同正犯となります（最決昭54.4.13）。殺人罪と傷害致死罪は，人の身体に対する攻撃という点で重なり合いが認められるからです（P33①）。

3．教唆犯の錯誤
（1）具体的事実の錯誤

　客体の錯誤でも，方法の錯誤でも，教唆犯の故意は阻却されず，教唆犯が成立します。

ex. XはY方への侵入窃盗をするようZを唆しましたが，ZはY方と隣のA方を勘違いしてA方に侵入し窃盗を行いました。この場合，Xに，住居侵入窃盗の教唆犯が成立します。XはY方への侵入窃盗をさせようとしていましたが，住居に侵入し財物を窃取させようとして住居に侵入し財物を窃取させたことに変わりはないからです。

（2）抽象的事実の錯誤

　抽象的事実の錯誤は，重なり合いが認められる場合には，軽い罪について教唆犯が成立します。

ex. XはYに対する窃盗をするようZを唆しましたが，ZはYへの強盗をしました。この場合，Xに，窃盗罪の教唆犯が成立します。窃盗罪と強盗罪は，他人の財物を奪うという点で重なり合いが認められるからです（P33②）。

4．従犯（幇助犯）の錯誤

　従犯（幇助犯）の錯誤についても，上記2.の共同正犯の錯誤と上記3.の教唆犯の錯誤と同じように考えます（最判昭25.10.10）。

3 共犯関係からの離脱

1．意義

　　共犯関係からの離脱：共犯関係にある者の一部の者が犯罪の完成に至るまでの間に
　　　　　　　　　　　　　犯意を放棄し，自分の行為を中止してその後の犯罪行為に関
　　　　　　　　　　　　　与しないこと
　　共犯関係からの離脱とは，要は，「共犯から抜けられるか？」という問題です。

共犯関係から離脱するには？

　　共犯関係から離脱するには，自分の行為と他の者との行為・結果との因果関係を切
る必要があります。この視点を意識してください。

　　共犯関係からの離脱は主に共同正犯で問題となるため，このテキストでは，以下，
共同正犯に絞ってみていきます。

　　離脱には，以下の2つの段階での離脱があります。

①着手前の離脱：共謀者の一部の者が実行に着手する前の離脱
②着手後の離脱：共謀者の一部の者が実行に着手した以後の離脱

2．離脱の要件

　　着手前の離脱（下記（1））と着手後の離脱（下記（2））で要件が異なります。

（1）着手前の離脱

　　着手前の離脱であれば，基本的に以下の①②の要件を充たせば離脱できます。

①他の共謀者に対して共謀関係から離脱する旨の意思表示をすること（ex. 抜けたい
　者が「おれはもう抜けたい」と言う）
　　この離脱の意思表示は，黙示的でも構いません（P75の「黙示についてのテクニッ
ク」）。
②他の共謀者が上記①を了承すること（ex. 他の共謀者が「いいよ」と言う）
ex. W・X・Zは，Wを首謀者・凶器提供者として，強盗を共謀しました。しかし，
　　出発の直前になって，Xは急に怖くなり「おれは止める」と言い出し，W・Zが
　　仕方なくこれを了承し，Xはその場から立ち去りました。WとZは，そのまま強
　　盗を実行しました。この場合，Xは共犯関係からの離脱が認められます。

　着手前ですので，因果関係を切るのが簡単なのです（上記の「共犯関係から離脱するには？」）。

　ただし，離脱者が首謀者や凶器提供者である場合には，相互に利用・補充し合って犯罪を実現するという共犯関係を解消しないと，離脱が認められません。
ex. 上記ex.において，首謀者・凶器提供者であるWが共犯関係から離脱するには，「おれは止める」と言うこととXとZの了承を得るだけでは足りません。凶器を回収したりする必要があります。
　首謀者や凶器提供者なので，こういったことをしなければ因果関係を切れないのです（上記の「共犯関係から離脱するには？」）。

（2）着手後の離脱
　着手後の離脱は，以下の①～③の要件を充たす必要があります。

①他の共謀者に対して共謀関係から離脱する旨の意思表示をすること
②他の共謀者が上記①を了承すること
③積極的な結果防止行為によって他の共謀者の実行行為を阻止して，当初の共謀に基づく実行行為が行われることのないようにすること
ex. XはZと共謀のうえ，代わる代わるYに暴行を加えました。その後，ZがYに対してさらに暴行を加えるおそれが消滅していなかったのにもかかわらず，Xは，これを防止する措置を講じずに，「おれ帰る」と言って現場から立ち去りました。その後，ZがYにさらに暴行を加え，Yが死亡しました。この場合，Zだけでなく Xも，傷害致死罪となります（最決平元.6.26）。Xは，立ち去る際にZのさらなる暴行を防止する措置を講じていません（上記③の要件を充たしていません）ので，XZ間の当初の共犯関係がXの立ち去った時点で解消したとはいえないからです。この判例の事案は離脱を認めませんでしたが，この判例は着手後においても離脱があり得ることを認めたということです。

3．離脱の効果
（1）着手前の離脱
　離脱した者は，他の共謀者が実行した結果について，共同正犯としての罪責を負いません（東京高判昭25.9.14）。
　着手前に離脱しているため，未遂犯ともならないのです（P35）。

（2）着手後の離脱

離脱した者は，基本的に未遂犯となります。

着手しているため，基本的に未遂犯とはなります。しかし，離脱によって因果関係が遮断されるので，他の共謀者が既遂犯となっても，他の共謀者が起こした結果については責任を負わず，基本的に未遂犯となるのです。

4　共同正犯の中止

1．意義

共同正犯にも，中止未遂（中止犯。刑法43条ただし書。P38（1））の規定は適用されます。では，どのような場合に，誰が中止未遂となるでしょうか。

2．共謀者の全員が任意にその犯罪を中止した場合

実行に着手した後，共謀者の全員が任意にその犯罪を中止した場合，全員が中止未遂となります。これは当たり前ですね。みんなで「止めようぜ」と言って止めたのであれば，全員が中止未遂となります。

3．共謀者の一部の者が任意にその犯罪を中止した場合

実行に着手した後，共謀者の一部の者が，任意にその犯罪を中止した場合，その一部の者に中止未遂が成立するには，以下の①②の要件を充たす必要があります。

①共謀者の一部の者が自己の意思により中止を決意したこと

この①は，中止未遂のハナシだからです（P38（3）①）。

②共謀者の一部の者が上記①の決意に基づいて以下のいずれかの行為をしたこと

・着手未遂（P40①）の場合　→　他の共謀者の実行行為の阻止（最判昭24.12.17）

・実行未遂（P40②）の場合　→　結果の発生を防止したこと

共同正犯には，一部実行全部責任の原則があります（P68 1 ）。よって，他の共謀者が犯罪を実現してしまうと，中止未遂とはならないんです（最判昭24.12.17）。

なお，上記①②の要件を充たした者は中止未遂となりますが，他の共謀者は障害未遂となります。他の共謀者は自己の意思により犯罪を中止していないからです（P39（a））。

罪　数

1　罪数とは？

　実際の犯罪は，1つの罪だけでなく，2つ以上の罪が成立することも多いです。

　これまでも，例は出てきています。たとえば，Xが空き巣に入った場合，住居侵入罪（刑法130条）と窃盗罪（刑法235条）が成立することになります。

　こういった場合に，犯罪はいくつ成立するのか，どのような刑罰が科されるのかというのが罪数論です。この第6章では，この罪数論をみていきます。

2　罪数の考え方

　罪数の数え方は，判例は構成要件に該当する回数を標準とします（構成要件標準説。最大判昭24.5.18）。構成要件に1回該当すれば一罪，2回該当すれば二罪となるということです。

ex1. Xは，殺意をもってYをナイフで刺して殺した後，殺意をもってZをナイフで刺して殺しました。この場合，殺人罪の構成要件である「人を殺した」に2回該当しましたので，Xには2つの殺人罪が成立します。

ex2. Xは，殺意をもってYをナイフで10回刺して殺しました。この場合，殺人罪の構成要件である「人を殺した」に1回該当しましたので，Xには1つの殺人罪が成立します。10回刺したからといって10個の殺人罪にはなりません。

3　罪数の分類

　罪数は，以下のように分類することができます。

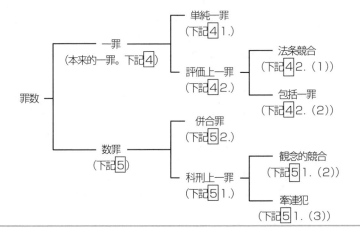

＊罪数の分類方法は，いくつも見解があるので，上記と異なる分類方法もあります。

4　一罪（本来的一罪）

1．単純一罪

　　単純一罪：構成要件に1回該当することが単純かつ明確に認められる場合

ex. Xが，殺意をもってYをナイフで1回刺して殺しました。これは，殺人罪の構成
　　要件である「人を殺した」に1回該当することが単純かつ明確です。この場合，
　　1つの殺人罪が成立します。

2．評価上一罪

　　評価上一罪：一見して構成要件に複数回該当しているようにみえるが，構成要件に
　　　　　　　　1回該当すると評価される場合

　　評価上一罪には，「法条競合」（下記（1））と「包括一罪」（下記（2））がありま
す。

（1）法条競合

　　法条競合：条文上複数の構成要件に該当しているようにみえるが，構成要件相互の
　　　　　　　関係で構成要件に1回該当すると評価される場合

　　法条競合は，以下の①②などの場合があると解されています。

①特別関係：一般法と特別法の関係にある場合

ex. 銀行員Xが顧客の預金を不正に引き出した場合，業務上横領罪（刑法253条）と
　　なります。この行為は，単純横領罪（刑法252条1項）の構成要件にも該当する
　　ようにみえます。しかし，業務上横領罪は単純横領罪（一般法）の特別法という
　　関係なので，業務上横領罪しか成立しません。

②補充関係：基本法と補充法の関係にある場合

ex. Xが，殺意をもってYを殺した場合，実行に着手した段階で殺人未遂罪（刑法203
　　条）となり，Yが死亡した段階で殺人既遂罪（刑法199条）となります。しかし，
　　殺人未遂罪は殺人既遂罪（基本法）が成立しない場合のみ成立する補充法なので，
　　殺人既遂罪しか成立しません。

（2）包括一罪

　　包括一罪：複数の行為がそれぞれ別々の構成要件に該当しているようにみえるが，
　　　　　　　その複数の行為が1個の構成要件に包括して評価される場合

　包括一罪は，定義が曖昧であるといわれているのですが，以下の①〜③などの場合
があると解されています。

①狭義の包括一罪：1つの条文が同じ法益に向けられた複数の行為を規定している場
　　　　　　　　　合
ex1. 罰金以上の刑に当たる罪を犯した者などを蔵匿する（隠れる場所を提供する）と
　　犯人蔵匿罪，隠避させる（蔵匿以外の方法で発見・逮捕を免れさせる）と犯人隠
　　避罪となります。これらは，いずれも刑法103条で規定されています。よって，
　　罰金以上の刑に当たる罪を犯した者を蔵匿し，隠避させたときは，一罪が成立し
　　ます（大判明43.4.25，最判昭35.3.17）。
ex2. 不法に人を逮捕する（ex. 何の理由もなくはがい絞めにする）と逮捕罪，監禁す
　　ると監禁罪となります。これらは，いずれも刑法220条で規定されています。よ
　　って，不法に人を逮捕し，引き続き監禁したときは，一罪が成立します（大判大
　　6.10.25，最大判昭28.6.17）。

②接続犯：数個の行為が，時間的・場所的に極めて接近した状況で同一の法益に向け
　　　　　て行われ，かつ，行為者の1つの人格態度の発現とみられる場合
ex. Xは，ある晩の約2時間で，Yの倉庫から米俵を3俵ずつ3回にわたって計9
　　俵盗み出しました。この場合，窃盗罪一罪が成立します（最判昭24.7.23）。約2
　　時間で同じ倉庫から盗み出していますので，「3往復したから窃盗罪が3つ成立す
　　る」というのはおかしいでしょう。

③不可罰的事前行為：基本的犯罪に対する準備的行為に当たるため，基本的犯罪が成
　　　　　　　　　　立するときはそれに吸収評価される行為
ex. Xが，ナイフを準備して，殺意をもってYを殺した場合，ナイフを準備した段階
　　で殺人予備罪（刑法201条）となり，Yが死亡した段階で殺人既遂罪（刑法199
　　条）となります。しかし，殺人予備罪は殺人既遂罪（基本的犯罪）の準備の行為
　　に当たるため，殺人既遂罪のみが成立し，殺人予備罪はこれに吸収評価されます。
　　不可罰的事後行為：犯罪完成後，その犯罪に伴う違法状態が継続する状態において，
　　　　　　　　　　　その違法状態の中に通常含まれている行為のため，すでにその
　　　　　　　　　　　構成要件によって評価し尽くされている行為

ex. Xは，Yの時計を盗みましたが，自分が欲しかった時計ではなかったことに気づき，ハンマーで叩いて粉々にしたうえで山中に投棄しました。この場合，Xには，窃盗罪のみが成立し，器物損壊罪は成立しません（大判大11.7.12参照）。

— Realistic 7　共罰的事前行為・共罰的事後行為というべき？ —

不可罰的事前行為・不可罰的事後行為は，独立に一罪とはなりませんが，それが考慮されないわけではなく，量刑で考慮されます。よって，「共罰的事前行為・共罰的事後行為」という呼び方が正確なのではないかともいわれています。

5　数罪

4では，成立するのは一罪でした。この5では，数罪が成立する場合をみていきます。

1．科刑上一罪

刑法54条（1個の行為が2個以上の罪名に触れる場合等の処理）

1　1個の行為が2個以上の罪名に触れ，又は犯罪の手段若しくは結果である行為が他の罪名に触れるときは，その最も重い刑により処断する。

（1）意義

科刑上一罪：数個成立した犯罪について，刑罰規定の適用（科刑）を1回にとどめる場合

科刑上一罪は，犯罪は数個成立します。しかし，その数個の犯罪に重なるところがあるので，別々に刑罰を科すと二重処罰になってしまいます。よって，刑罰規定の適用（科刑）は1回にとどめます。成立した数個の犯罪のうち，最も重い刑で処断されます（刑法54条1項）。

科刑上一罪は，観念的競合（下記（2））と牽連犯（下記（3））があります。

（2）観念的競合
（a）意義

観念的競合：1個の行為が2個以上の罪名に触れる場合（刑法54条1項）

　観念的競合となるかは，1個の行為といえるかがポイントです。1個の行為といえるのは，以下の①または②の場合です。

①線でイコール
②点でイコール
※線の行為と点の行
　為は，イコールと
　はなりません。

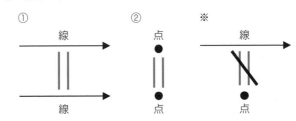

（b）具体例

　観念的競合となるのは，以下の表のような場合です。上記（a）の「観念的競合となるかの判断基準」で考えていきます。

同種の犯罪の観念的競合	異種の犯罪の観念的競合
①**殺人罪**（大判大6.11.9参照） 　これは，1個の殺害行為により複数人を殺害した場合です。点（殺害行為）でイコールの行為です。	①**酒酔い運転罪と無免許運転罪**（最大判昭49.5.29） 　これは，酒を飲んで無免許運転をした場合です。線（運転）でイコールの行為です。運転をしている間はずっと，酒酔い運転であり無免許運転です。
②**殺人未遂罪**（大判大6.11.9参照） 　これは，1個の毒殺手段により数人を殺害しようとした場合です。点（毒殺）でイコールの行為です。	②**傷害罪と公務執行妨害罪**（大判明42.7.1，大判昭8.6.17） 　これは，職務執行中の公務員に暴行を加えて負傷させた場合です。点（暴行）でイコールの行為です。
③**過失運転致傷罪**（大判大2.11.24） 　これは，1つの事故で数名の者に傷害を負わせた場合です。点（事故）でイコールの行為です。	③**監禁罪と公務執行妨害罪**（大判明42.7.1参照） 　これは，公務の執行を妨害する意図で，公務執行中の公務員を監禁した場合です。線（監禁）でイコールの行為です。

同種の犯罪の観念的競合	異種の犯罪の観念的競合
④監禁罪（最大判昭28.6.17） 　これは，同一の室内にいる複数の者を同時に監禁した場合です。線（監禁）でイコールの行為です。	④盗品等無償譲受罪と収賄罪（最判昭 23.3.16） 　これは，盗品等であるという事情を知りながら，賄賂として収受した場合です。点（収受）でイコールの行為です。 　なお，「盗品等無償譲受罪」とは，盗品等であることを知りながら譲り受ける犯罪です。被害者が盗品等を取り戻しにくくなるので，盗品等であることを知って譲り受けることは犯罪となります（刑法256条1項）。
⑤強盗罪（最判昭22.11.29） 　これは，1個の脅迫行為によって数人から同時に財物を強取した場合です。点（強取）でイコールの行為です。	
⑥器物損壊罪 　これは，たとえば，1個の焼却行為により複数の人の複数の物を損壊した場合です。点（焼却）でイコールの行為です。	

（3）牽連犯

（a）意義

牽連犯：犯罪の手段または結果である行為が他の罪名に触れる場合（刑法54条1項）

牽連犯となるかの判断基準

　ある犯罪とその手段または結果がその犯罪の性質上通常の関係にある場合に牽連犯となります。「その犯罪の性質上通常の関係」とは，たまたまではないということです。

（b）具体例

　牽連犯となるのは，以下の表のような場合です。

牽連犯の具体例
①住居侵入罪と殺人罪（最決昭29.5.27）
②住居侵入罪と強盗罪（最判昭23.12.24）
③通貨偽造罪と偽造通貨行使罪（東京高判昭53.3.22）
④有価証券偽造罪と偽造有価証券行使罪（大連判明42.2.23）
⑤私文書偽造罪と偽造私文書行使罪（大判明42.3.11）

牽連犯の具体例は，思い出し方があります。以下の2点を押さえてください。

・**住居侵入罪 → その直後にする犯罪と牽連犯となる**（上記①②）
　住居内で犯罪（殺人，強盗など）をするには，通常は住居侵入が手段となるからです。
・**「○○偽造罪」と「○○行使罪」 → 牽連犯となる**（上記③～⑤）
　○○行使罪をするには，通常はその○○を偽造することが手段となるからです。

（c）かすがい現象

　たとえば，Xが住居に侵入し，順次3人を殺害した場合，全体が牽連犯となります（最決昭29.5.27）。

　1個の住居侵入罪が3個の殺人罪を結び付ける「かすがい」となって，全体が牽連犯となるのです。これを「かすがい現象」といいます。「かすがい」とは，2つの材木をつなぎとめるために打ち込む「コ」の字の形をした釘のことです。

かすがい

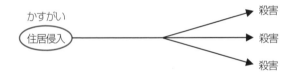

2. 併合罪

刑法45条（併合罪）

　確定裁判を経ていない2個以上の罪を併合罪とする。ある罪について禁錮以上の刑に処する確定裁判があったときは，その罪とその裁判が確定する前に犯した罪とに限り，併合罪とする。

（1）併合罪とは？

（a）意義

　併合罪：数個成立した犯罪について，観念的競合でも牽連犯でもなく，裁判所に同時に審判される可能性がある場合

　併合罪も，犯罪は数個成立しますが，観念的競合にも牽連犯にも当たりません。併合罪は，基本的に刑が併科されます（刑法46条～49条）。たとえば，2つ以上の罪に

ついて有期の懲役または禁錮に処する場合，2つ以上の罪のうち最も重く定められている長期にその2分の1を加えたものが長期とされます（刑法47条本文）。

ex. 2つの傷害罪（長期15年の懲役。刑法204条）が併合罪の関係にある場合，15年の1.5倍である22年半が長期とされます。

　ただし，それぞれの罪の長期の合計を超えることはできません（刑法47条ただし書）。

ex. 暴行罪（長期2年の懲役。刑法208条）と傷害罪（長期15年の懲役。刑法204条）が併合罪の関係にある場合，15年の1.5倍である22年半が長期とはされず，2年＋15年＝17年が長期とされます。暴行罪は長期2年の懲役，傷害罪は長期15年の懲役なわけですから，長期が17年を超えるのはおかしいからです。

（b）種類

併合罪には，以下の2つの種類があります。

①同時的併合罪：確定裁判を経ない数罪が，そのまま併合罪とされる場合（刑法45条前段）

ex. Xが観念的競合でも牽連犯でもないA罪とB罪を犯し，XについてA罪とB罪の裁判をする場合が当たります。

②事後的併合罪：禁錮以上の刑に処する確定裁判があったときに，その確定裁判のあった罪とその裁判の確定前に犯した罪が併合罪とされる場合（刑法45条後段）

ex. Xが観念的競合でも牽連犯でもないA罪とB罪を犯し，B罪のみ発覚しB罪について禁錮刑の確定裁判がされました。その後，Xは，観念的競合でも牽連犯でもないC罪とD罪を犯しました。その後，A罪，C罪およびD罪が発覚した場合，A罪とB罪は事後的に併合罪とされます（事後的併合罪）。A罪とB罪は，同時審判の可能性があったからです。しかし，C罪やD罪は，A罪やB罪と併合罪とすることはできません。C罪とD罪は，併合罪とされます（同時的併合罪。刑法45条前段）。

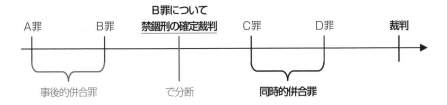

禁錮刑の確定裁判によって，併合罪とされるグループが分断されるイメージです。

併合罪となるかの判断基準

　ある犯罪とある犯罪が1個の行為とはいえず，その犯罪の性質上通常の関係にある
わけでもない場合に併合罪になります。P93 の「観念的競合となるかの判断基準」，
P94 の「牽連犯となるかの判断基準」から考えて，観念的競合にも牽連犯にもならな
いということです。

（2）具体例

　併合罪となるのは，以下の表のような場合です。上記の「併合罪となるかの判断基
準」で考えていきます。

併合罪の具体例
①**殺人罪と死体遺棄罪**（大判明43.11.1，大判明44.7.6） 　これは，人を殺害し，その死体を遺棄した場合です。殺害と死体の遺棄は1個の行為ではな く，「殺害→死体の遺棄」は通常の関係ではありません。殺害した場合，通常は死体をその場 に放置します。
②**酒酔い運転の罪と過失運転致死罪**（最大判昭49.5.29） 　これは，酒酔い運転中に事故を起こし，人を死亡させた場合です。酒酔い運転と事故を起こ す行為は，1個の行為ではありません。酒酔い運転は線であり，事故を起こす行為は点だから です（P93 の「観念的競合となるかの判断基準」）。また，「酒酔い運転→事故を起こす行為」 は通常の関係ではありません。酒酔い運転をしても，事故を起こさない人もいます。
③**監禁罪と傷害罪や恐喝罪**（最判平17.4.14） 　これは，被害者を監禁し，監禁中に暴行を加えて被害者を負傷させたり被害者から財物を 喝取したりした場合です。監禁と傷害や恐喝は，1個の行為ではありません。監禁は線であ り，傷害や恐喝は点だからです（P93 の「観念的競合となるかの判断基準」）。また，「監禁 →傷害や恐喝」は通常の関係ではありません。

併合罪の具体例

④窃盗罪と詐欺罪

これは，財物を盗んだ後にその財物を利用して詐欺を行った場合（最決昭38.5.17）や，盗んだ預金通帳を用いて窓口で預金を引き出した場合（最判昭25.2.24）です。窃盗と詐欺は1個の行為ではなく，「窃盗→詐欺」は通常の関係ではありません。

⑤窃盗罪の教唆と詐欺罪（大判昭3.4.16）

これは，窃盗を教唆した者が，正犯者が盗んできたものを詐取した場合です。窃盗の教唆と詐欺は1個の行為ではなく，「窃盗の教唆→詐欺」は通常の関係ではありません。

⑥窃盗罪の教唆と盗品等有償譲受け罪（大判明42.3.16）

これは，窃盗を教唆した者が，正犯者が盗んできたものを買い受けた場合です。窃盗の教唆と盗品の有償譲受けは1個の行為ではなく，「窃盗の教唆→盗品の有償譲受け」は通常の関係ではありません。

⑦窃盗罪と贈賄罪

これは，他人から盗んできた金銭を，公務員に賄賂として渡した場合です。窃盗と贈賄は1個の行為ではなく，「窃盗→贈賄」は通常の関係ではありません。

⑧窃盗罪と銃砲刀剣類所持等取締法違反の罪（広島高判昭30.6.4）

これは，日本刀を盗んできた者が，日本刀を所持していた場合です。窃盗と銃砲刀剣類所持は1個の行為ではなく，「窃盗→銃砲刀剣類所持」は通常の関係ではありません。なお，銃砲刀剣類所持は，不可罰的事後行為（P91〜92③）にはなりませんので，ご注意ください。

⑨横領罪と有価証券偽造罪（東京高判昭38.7.25）

これは，手形用紙を横領し，それを利用して手形を偽造した場合です。横領と有価証券偽造は1個の行為ではなく，「横領→有価証券偽造」は通常の関係ではありません。

⑩業務上横領罪と偽造公文書行使罪（大判大11.9.19）

これは，業務上横領罪を犯した者が，その犯跡を隠ぺいするために公文書を偽造・行使した場合です。業務上横領と偽造公文書行使は1個の行為ではなく，「業務上横領→偽造公文書行使」は通常の関係ではありません。

⑪放火罪と詐欺罪（大判昭5.12.12）

これは，放火し，放火した物について保険会社から保険金をだまし取った場合です。放火と詐欺は1個の行為ではなく，「放火→詐欺」は通常の関係ではありません。

| 第7章 | 刑　罰 |

前章までは，犯罪をみてきました。この第7章では，刑罰をみていきます。

1　刑罰の種類

刑罰は，大きく主刑（下記1.）と付加刑（下記2.）に分けられます。

1．主刑

主刑：それ自体を独立して科すことができる刑罰

主刑には，以下の6つがあります（刑法9条）。

重
①死刑：刑事施設内において絞首刑（刑法11条）
②懲役：1月以上，刑事施設に拘置して所定の作業を行わせる（刑法12条）
③禁錮：1月以上，刑事施設に拘置する（刑法13条）
④罰金：1万円以上，支払わせる（刑法15条）
⑤拘留：1日以上30日未満，刑事施設に拘置する（刑法16条）
軽
⑥科料：1000円以上1万円未満，支払わせる（刑法17条）

　①～⑥の順序は，重い順です。この順番は，記憶する必要があります。他の法令で「禁錮以上の刑に処せられ」といった規定があるからです（会社法331条1項4号，司書法5条1号など）。そこで，ふりがなをふっているところを取って，「死地にきばっていこか」と記憶しましょう。また「懲役」と「禁錮」は，しりとりになっています。

　③の禁錮と⑤の拘留がわかりにくいと思いますので，補足します。

　「禁錮」は，刑事施設（刑務所など）に入れられる点は懲役と同じです（刑法13条2項）。しかし，懲役と違って，刑務作業がありません（刑法12条2項，13条2項参照）。これは，名誉の尊重のためといわれています。禁錮は，内乱罪（国の統治機構を破壊することなどを目的として暴動をすること。刑法77条）などの政治犯・確信犯的な犯罪や過失犯で科されるためです。ただ，批判も多いです。なお，希望すると刑務作業が許可され，実際にはほとんどの人が刑務作業をしています。禁錮が言い渡されることは少ないです。

　「拘留」も，刑事施設に入れられる点は懲役と同じです（刑法16条）。しかし，1日以上30日未満と期間が短いです。刑務作業もありません（刑法12条2項，16条参照）。拘留が言い渡されることはほとんどありません。

2．付加刑

付加刑：主刑を言い渡すときだけ科し得る刑罰

付加刑のみを言い渡すことはできず，主刑にプラスアルファとして言い渡すことができるのが付加刑です。

付加刑は，今の刑法では，没収が規定されています（刑法9条）。没収とは，犯罪に関係ある特定の物の所有権を所有者から剥奪して，国庫に帰属させる刑罰です。

ex. 殺人のために使用した拳銃の弾倉とサックを没収することができます（刑法19条1項2号）。

※利息の没収の可否

賭博などの犯罪行為で得た金銭を預金して得られた利息は，没収の対象とはなりません。没収できるのは，賭博などの犯罪行為で得た金銭であり（刑法19条1項3号），利息は没収の対象とはなりません。

2 刑の加重・減軽

　刑は，基本的には法定刑（刑法各論の条文に規定されている「5年以上の懲役」など）の範囲内で言い渡されます（宣告刑）。しかし，法定刑が修正されることがあります（処断刑）。それが，「刑の加重・減軽」です。

　・法定刑：刑法各論の条文に規定されている刑罰
　　　↓
（・処断刑：刑の加重・減軽をした刑罰）
　　　↓
　・宣告刑：刑の加重・減軽をした刑罰

　刑の加重・減軽には，以下の表の4つがあります。加重・減軽の順序は，以下の表の順序によります（刑法72条）。

	内容
①再犯加重 （刑法72条1号）	「再犯」とは，懲役に処せられた者がその執行を終わった日またはその執行の免除（＊）を得た日から5年以内に更に罪を犯した場合に，その者を有期懲役に処するときのことです（刑法56条1項）。再犯に当たるときは，必ず刑が加重されます。 ＊「免除」とは，有罪判決で確定した刑について，執行のみを免除することです。恩赦の一種として認められたり，刑の時効が完成したりした場合に，執行が免除されます。この「刑の時効」とは，有名な「○年逃げきれば，捕まらなくなる」のハナシ（刑事訴訟法の公訴時効）ではありません。刑の言渡しが確定した後，一定期間執行を受けなかった場合に，執行（刑務所に入ることなど）が免除されることです（刑法31条，32条）。
②法律上の減軽 （刑法72条2号）	これまで出てきた，未遂犯（刑法43条本文），過剰防衛（刑法36条2項。P55の4.（1）），過剰避難（刑法37条1項ただし書。P58〜59の5.）などが当たります。
③併合罪の加重 （刑法72条3号）	P95〜96（a）で説明した刑の併科のことです（刑法46条〜49条）。
④酌量減軽 （刑法72条4号）	いわゆる情状酌量というやつです（刑法66条）。被告人が反省している，初犯であるといった理由で酌量減軽がされることがあります。

3　自首・首服

　刑の減軽事由として，自首（下記1.）と首服（下記2.）があります。

1．自首
（1）意義

　　自首：罪を犯した者が，捜査機関に発覚する前に，自発的に自分の犯罪事実を捜査
　　　　　機関に申告し，その処分を求めること（刑法42条1項）

　「捜査機関」とは，司法警察職員（ex. 警察官）または検察官のことです。区役所
の職員や犯行現場の目撃者などは含みません。

　「発覚する前」とは，以下の①または②の場合をいいます。

①犯罪事実が捜査機関にまったく認知されていない場合
②犯罪事実は捜査機関に認知されているが，犯人が誰であるかは認知されていない場合

　犯人の所在だけがわからない場合は当たりません（最判昭24.5.14）。よって，指名
手配された者が，自首をすることはできません。指名手配された者が警察に行って「私
がやりました」と言っても，それは自首ではなく，出頭です。

　上記①②は，要は犯人が誰であるか認知されていない場合ということです。これを
記憶してください。

（2）方法

　代理人による自首は認められません（刑訴法240条，245条参照）。しかし，本人が
いつでも捜査機関の支配内に入る状態を具備していれば，他人を介して捜査機関に申
告して自首をすることができます（最判昭23.2.18）。

　なお，すでに逮捕，勾留され，取り調べを受けている被疑者が，余罪の嫌疑を持っ
て取り調べをしている取調官に余罪について自ら供述しても，それは自首にはなりま
せん（東京高判昭55.12.8）。

（3）効果

　自首をすると，刑が任意的に減軽されます（刑法42条1項）。なお，未遂罪や予備
罪も，自首をすれば刑が任意的に減軽されます。「減軽」ですので，ご注意ください。
刑が「免除」されるというひっかけが出題されることがありますが，自首しただけで
免除はおかしいでしょう。

※共犯において共犯者の1人が自首をした場合

共犯者の1人が自首をしたことにより，他の共犯者の刑を減軽することはできません。「刑罰は個別的に」が刑罰の考え方だからです（P78の「刑罰の考え方」）。

2．首服

首服：親告罪を犯した者が，自発的に自分の犯罪事実を告訴権者に申告し，その措置に委ねること（刑法42条2項）

「親告罪」とは，告訴権者の告訴がなければ公訴を提起することができない罪です。検察官の判断だけで起訴することができないんです。よって，警察官や検察官に申告しても仕方ないので，告訴権者（被害者など）に申告することとされているんです。

※親告罪に当たる犯罪

親告罪は，純粋な個人的法益に対する罪の一部のみが当たります。

ex. 名誉毀損罪は親告罪です（刑法230条）。公訴を提起されると，名誉毀損の表現が広く知れ渡り，さらに名誉が害されてしまうことがあるからです。

個人的法益に対する罪でも，その一部のみが親告罪に当たります。社会的法益に対する罪はみんなが暮らしている社会を保護することが目的であり，国家的法益に対する罪は国家（とその仕事）を保護することが目的です。いずれも公益性がありますので，特定の者が告訴するかどうかによって起訴されるかが変わる事態はマズイです。

4 刑の執行猶予

1．意義

刑の執行猶予：情状によって一定期間内は刑の執行を猶予し，再犯などをせずにその期間を経過したときは，刑の言渡しが効力を失う制度

執行猶予は，聞いたことがありますよね。「有罪だけど刑務所に入らなくていいよ」などというものです。ただ，これは「刑の全部の執行猶予」（下記2．）のハナシであり，「刑の一部の執行猶予」（下記3．）という制度も新設され，平成28年からスタートしています。これは，「刑の一部の期間は刑務所に入ってね」という制度です。

― Realistic 8　本試験前日に暗記 ―

司法書士試験では，刑の執行猶予は「数字」がよく問われます。「50万円以下」と規定されている場合に「100万円以下」と記載されて誤り，といった出題がよくされます。数字を記憶しているかが勝負になりますので，本試験前日に，この4の数字を暗記してください。スケジュール帳の本試験前日に，「刑の執行猶予の数字を暗記」と書いておきましょう。

2．刑の全部の執行猶予

（1）意義

　刑の全部の執行猶予は，再犯などをせずに執行猶予期間を経過すれば，懲役刑・禁錮刑であれば刑務所に入る必要がなくなり，罰金刑であれば支払う必要がなくなるというものです。

（2）要件

　刑の全部の執行猶予には，「初度の執行猶予」（下記（a））と「再度の執行猶予」（下記（b））があり，要件が異なります。

　要件は，「過去要件」と「今回要件」に分けて整理していきます。過去要件とは，「過去に○○に処せられたことがない」といった要件です。今回要件とは，「今回言い渡される刑罰が○○である」といった要件です。

（a）初度の執行猶予

過去要件

①以下のⅰまたはⅱのいずれかに当たる者

P108＝　ⅰ　前に禁錮以上の刑に処せられたことがない者（刑法 25 条 1 項 1 号）

　　　これは，いわゆる初犯です。

P109＝　ⅱ　前に禁錮以上の刑に処せられたことがあっても，その執行を終わった日またはその執行の免除（P101＊）を得た日から5年以内に禁錮以上の刑に処せられたことがない者（刑法 25 条 1 項 2 号）

　　　※上記ⅰ・ⅱは，いずれも禁錮以上の刑なので，過去に罰金以下（罰金・拘留・科料）の刑を科されていても執行猶予が可能です（P99 の 1.）。

今回要件

P109≒　②言い渡される刑罰が3年以下の懲役・禁錮または50万円以下の罰金（刑法 25 条 1 項柱書）

　　　※言い渡す刑が拘留・科料だと，執行猶予をすることができません。拘留・科料は軽い刑罰なので，執行猶予をするほどではないということです。

　これらの数字は，「死期に誤差あり。世が恐い。」と記憶しましょう。

（b）再度の執行猶予

　実は，執行猶予期間中に罪を犯しても，再度，執行を猶予してもらえることがあります。

過去要件

①前に禁錮以上の刑につき全部の執行を猶予された者（刑法25条2項本文）
②初度の執行猶予の際に保護観察（下記（4））に付されていないこと（刑法25条2項ただし書）

今回要件

③言い渡される刑罰が1年以下の懲役・禁錮（刑法25条2項本文）
　執行猶予期間中に罪を犯して言い渡される刑が1年以下の懲役・禁錮であることはほとんどありませんので，再度の執行猶予はほとんどありません。まれにある例としては，認知症で万引きをして執行猶予判決を受け，執行猶予期間中にまた万引きをしてしまった場合に，「刑務所に入れるよりも，家族の元で更生したほうがよい」という判断のもと，あえて1年以下の懲役を言い渡し，再度の執行猶予をすることがあります。
※言い渡す刑が罰金だと，執行猶予をすることができません。2回目は金くらいは払えということです。
④情状に特に酌量すべきものがあること（刑法25条2項本文）

※刑の全部の執行を猶予された罪と余罪とが併合罪の関係にある場合

たとえば，Xが，併合罪の関係にあるA罪とB罪を犯しました。しかし，当初はA罪しか判明しなかったので，A罪についてのみ刑の全部の執行猶予付の判決が確定しました。その後，B罪（余罪）が判明し，B罪について判決をする場合，さらに刑の全部の執行猶予付の判決をすることができるでしょうか。

できます（最大判昭32.2.6）。

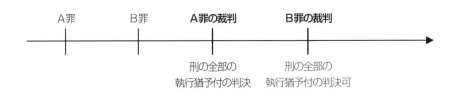

（3）執行猶予の期間

P109＝　執行が猶予される期間は，1年以上5年以下です（刑法25条1項柱書）。

（4）保護観察

　保護観察：対象者を指導監督し補導援護することによって，一般社会の中で改善更生を図ることを目的とする制度

　保護観察に付されていると，たとえば，7日以上の旅行をするときは保護観察所の長の許可を受ける必要があります（更生保護法50条1項5号）。

　保護観察に付す必要があるかは，以下のとおりです（刑法25条の2第1項）。

・初度の執行猶予
　→　裁判所の裁量
　初度の執行猶予の場合，保護観察に付されるのは7％程度です。
・再度の執行猶予
　→　必要的

（5）執行猶予の取消し

　これは聞いたことがあると思いますが，執行猶予期間中に罪を犯したりすると，執行猶予が取り消され，「やっぱり刑務所に入れ」などとなります。執行猶予の取消しには，問答無用で取り消される「必要的取消し」と，裁判所の判断によって取り消される「裁量的取消し」があります。

必要的取消しとなるか裁量的取消しとなるかは，以下の判断基準で考えてください。

執行猶予期間の経過前に禁錮以上の実刑	左記以外
必要的取消し	**裁量的取消し**
①執行猶予の期間内に更に罪を犯して禁錮以上の刑に処せられ，その刑の全部について執行猶予の言渡しがない場合（刑法26条1号） ②執行猶予の言渡し前に犯した他の罪について禁錮以上の刑に処せられ，その刑の全部について執行猶予の言渡しがない場合（刑法26条2号） ③執行猶予の言渡し前に他の罪について禁錮以上の刑に処せられたことが発覚した場合（刑法26条3号） 　これは，執行猶予の言渡し前に，他の罪の禁錮以上の実刑判決が確定していたが，検察がそれに気づいていなかったという場合です。	①執行猶予の期間内に更に罪を犯し，罰金に処せられた場合（刑法26条の2第1号） ②保護観察に付せられた者が遵守すべき事項を遵守せず，その情状が重い場合（刑法26条の2第2号） ③執行猶予の言渡し前に他の罪について禁錮以上の刑に処せられ，その刑の全部の執行を猶予されたことが発覚した場合（刑法26条の2第3号） 　これは，執行猶予の言渡し前に，他の罪の判決が確定していたが，検察がそれに気づいていなかったという場合です。

≒P110

（6）猶予期間経過の効果

　刑の全部の執行猶予が取り消されることなく猶予期間を経過したときは，刑の言渡しはその効力を失います（刑法27条）。刑の言渡しの効果が，将来に向かって消滅します。

　よって，猶予期間を経過した後に罪を犯した場合，「刑に処せられたことがない者」（刑法25条1項1号。P104のi），いわゆる初犯として扱われます。また，猶予期間が経過すれば，司法書士の欠格事由には該当しなくなります。── **供託法・司法書士法のテキスト第2編第3章**1①

3．刑の一部の執行猶予
（1）意義・趣旨
　刑の一部の執行猶予は，平成25年の改正で新設された制度です（施行は平成28年です）。簡単にいうと，「刑の一部の期間は刑務所に入ってね」という制度です。刑の一部の執行を受けた後，残りの刑の執行が一定期間猶予されます。

ex. 懲役2年の刑を言い渡す場合，そのうち8か月の執行を3年間猶予するといった判決をすることができます。この判決がされた場合，1年4か月は懲役刑が執行されます（刑務所に入れられます）が，1年4か月で刑務所から出ることができ，残りの刑期である8か月は執行が猶予されます。

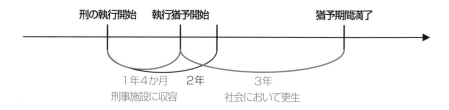

　刑の一部の執行猶予は，再犯防止のためにできた制度です。再犯防止に有効とされているのが，保護観察です。ですが，保護観察は刑期が満了すると付することができません。そのため，刑務所から出てすぐに再犯を犯してしまう人が多いのが実情です。しかし，刑の一部の執行猶予であれば，猶予の期間中，保護観察に付することができます（刑法27条の3第1項）。上記ex.であれば，1年4か月で刑務所から出ますが，そこから3年間，保護観察に付することができるのです。要は，2年間刑務所に入れて2年経過後は野放しよりも，1年4か月で刑務所から出して保護観察付きで社会で更生させたほうがよい場合があるよねということで導入された制度です。

（2）要件
　刑の一部の執行猶予の要件は，以下の①～③です。

過去要件
①以下のi～iiiのいずれかに当たる者

P104＝
　i　前に禁錮以上の刑に処せられたことがない者（刑法27条の2第1項1号）
　　これは，いわゆる初犯です。
　ii　前に禁錮以上の刑に処せられたことがあっても，その刑の全部の執行を猶予された者（刑法27条の2第1項2号）

iii 前に禁錮以上の刑に処せられたことがあっても，その執行を終わった日またはそ ＝P104
の執行の免除（P101＊）を得た日から5年以内に禁錮以上の刑に処せられたことが
ない者（刑法27条の2第1項3号）
ii以外の要件は，刑の全部の執行猶予の初度の執行猶予の過去要件（P104①）と同
じです。

今回要件

②言い渡される刑罰が3年以下の懲役・禁錮（刑法27条の2第1項柱書） ≒P104
刑の全部の執行猶予の初度の執行猶予の今回要件（P104②）と似ていますが，50
万円以下の罰金がありません。罰金は，刑務所から出てすぐに再犯を犯してしまうと
いうハナシ（上記（1）の趣旨）と関係ないからです。
③犯情の軽重および犯人の境遇その他の情状を考慮して，再び犯罪をすることを防ぐ
ために必要であり，かつ，相当であると認められること（刑法27条の2第1項柱
書）
更生プログラムの効果があるか，更生プログラムを受ける意思があるかなどが考慮
されます。

（3）執行猶予の期間

執行が猶予される期間は，1年以上5年以下です（刑法27条の2第1項柱書）。 ＝P106
これは，刑の全部の執行猶予と同じです。

（4）保護観察

保護観察に付するかは，刑法上は裁判所の裁量です（刑法27条の3第1項）。しか
し，実際には付することが多いです。刑の一部の執行猶予の制度は，少し早めに刑務
所から出して，刑務所から出した後も一定期間は野放しにしないためにできた制度だ
からです（上記（1））。
なお，薬物使用等の罪を犯した者は，必ず保護観察に付されます。薬物使用等の罪
を犯した者に関しては，「薬物使用等の罪を犯した者に対する刑の一部の執行猶予に
関する法律」という刑法の特別法があり，この法律の4条1項で保護観察が必要的と
されています。刑の一部の執行猶予の制度は，実は，薬物使用者が再び薬物に手を染
めないことを主目的として作られました。聞いたことがあると思いますが，薬物使用
者の再犯率はかなり高いです。たとえば，覚醒剤で検挙された者の約60％は再犯です。
よって，刑の一部の執行猶予は，ほとんどが薬物使用者に使われており，上記の特別
法が適用される場合がほとんどです。

（5）執行猶予の取消し

　刑の一部の執行猶予にも，必要的取消しと裁量的取消しがあります。取消事由は，刑の全部の執行猶予（P106〜107（5））と似ています。

P107≒

必要的取消し	裁量的取消し
①執行猶予の言渡し後に更に罪を犯し，禁錮以上の刑に処せられた場合（刑法27条の4第1号） ②執行猶予の言渡し前に犯した他の罪について禁錮以上の刑に処せられた場合（刑法27条の4第2号） ③執行猶予の言渡し前に他の罪について禁錮以上の刑に処せられ，その刑の全部について執行猶予の言渡しがないことが発覚した場合（刑法27条の4第3号）	①猶予の言渡し後に更に罪を犯し，罰金に処せられた場合（刑法27条の5第1号） ②保護観察に付せられた者が遵守すべき事項を遵守しなかった場合（刑法27条の5第2号）

（6）猶予期間経過の効果

　刑の一部の執行猶予が取り消されることなく猶予期間を経過したときは，言い渡された懲役刑・禁錮刑は，執行が猶予されなかった部分の期間を刑期とする懲役刑・禁錮刑に減軽されます（刑法27条の7前段）。そして，猶予されなかった部分の期間の執行を終わった日またはその執行を受けることがなくなった日において，刑の執行を受け終わったものとされます（刑法27条の7後段）。

　……といわれて「なるほど！」となる方は，あまりいないでしょう。わかりにくいですよね。具体例で確認しましょう。

ex. 懲役2年の刑が言い渡され，そのうち8か月の執行が3年間猶予されました。1年4か月後に刑務所から出て，そこから3年間，上記（5）の取消事由がありませんでした。この場合，懲役2年の刑は1年4か月に減軽されます。そして，1年4か月の期間の執行を終わった日に刑の執行を受け終わったものとされます。

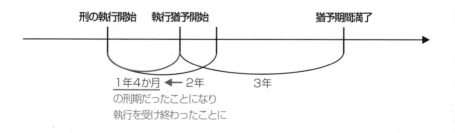

第8章

刑法の適用範囲

「刑法の適用範囲」とは，日本の刑法がどこまで適用されるかという問題です。時間的な適用範囲（下記1）と，場所的な適用範囲（下記2）が問題となります。

1 時間的適用範囲

1. 不遡及の原則（事後法の禁止）

これは，P6②で説明したハナシです。行為の時において犯罪でなかった行為を事後立法によって処罰したり，行為の時において規定されていた刑を法改正によって変更してより重い刑で処罰したりすることは許されません（憲法39条前段）。

2. 刑の変更

では，刑の変更があった場合，刑法がどのように適用されるでしょうか。

刑法6条（刑の変更）

犯罪後の法律によって刑の変更があったときは，その軽いものによる。

（1）意義

上記1.で説明したとおり，行為の後で刑を変更してより重い刑で処罰することは許されません。しかし，行為の後で刑が変更された場合には，軽い刑で処罰されます（刑法6条）。これは，刑法の大原則である罪刑法定主義に反しません。罪刑法定主義は，被告人（となり得る者）のための基本原則なので（P5の2.），被告人に有利な法改正がされた場合に変更後の刑を適用することは問題ないのです。

（2）「犯罪後」とは？

「犯罪後」とは，犯罪の実行行為が行われた後という意味です。

（a）結果犯

結果犯（P18）においては，単純に実行行為が行われた後であるかを考えればOKです。結果発生時が基準にならない点だけご注意ください。

ex. XがピストルでYを撃ち，Yが3日後に死亡しました。しかし，Yが死亡する前日に刑法が改正され，殺人罪の法定刑が重くなりました。この場合，Xには，実行行為時の軽いほうの法定刑が適用されます。実行行為である殺害行為をする時に，殺害してよいかを考えるからです。

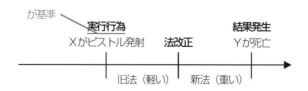

（b）継続犯

では，継続犯の場合はどうでしょうか。

☞ **「継続犯」とは？**

継続犯：法益の侵害または危険の継続が構成要件となっている犯罪
典型例は，監禁罪です。監禁罪は，監禁の状態が継続していることが構成要件です。

継続犯の場合，実行行為の終了時が基準となります（最決昭27.9.25）。

ex. XがYを監禁していたところ，その間に刑法が改正されて，監禁罪の法定刑が重くなりました。その後，XはYを解放しました。この場合，Xには，重いほうの法定刑が適用されます。監禁が継続している間は，実行行為が継続しています。よって，監禁の継続中に改正がされた場合，「犯罪後」に刑の変更があったとはならないのです。

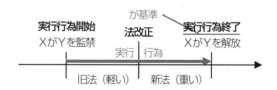

2 場所的適用範囲

1. 考え方

　「場所的適用範囲」とは，どこで犯された罪に対して日本の刑法が適用されるかという問題です。

場所的適用範囲は広く

　場所的適用範囲は，かなり広く及ぶように規定されています。犯罪者を野放しにしないようにするためです。

― Realistic 10　実際に処罰できるの？ ―

　以下，刑法の及ぶ場所的適用範囲をみていきますが，「日本の刑法が及ぶ＝実際に日本の裁判所が裁ける」ではありません。日本の警察が他国（ex. 北朝鮮，シリア，レバノン）に入って勝手に捜査をするといったことはできませんし，その国と犯罪人引渡条約を締結しているかなど様々な問題があります。

---

2. 国内犯 ―― 属地主義

刑法1条（国内犯）

1　この法律は，日本国内において罪を犯したすべての者に適用する。
2　日本国外にある日本船舶又は日本航空機内において罪を犯した者についても，前項と同様とする。

（1）意義

　日本の刑法は，日本国内において罪を犯したすべての者に適用されます（刑法1条1項）。これは，当たり前ですね。これを「属地主義」といいます。

　「日本国内」には，領空，領海内も含まれます。たとえば，日本の領空を飛んでいるアメリカ航空機内で起きた犯罪にも，日本の刑法が適用されます。

　また，「日本国内」には，日本にある外国の大使館や

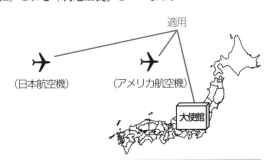

公使館も含まれます（大判大7.12.16）。大使館などが犯人を引き渡すかどうかという問題はありますが，日本にある大使館などにも日本の刑法が適用されるのです。

　国外にある日本船舶や日本航空機内も，日本国内と同様に扱われ，日本の刑法が適用されます（刑法1条2項）。

（2）犯罪地
　犯罪を構成する事実の一部分でも日本国内であれば，日本の刑法が適用されます（遍在説）。一部分が日本国内であれば，日本国内に証拠が存在する確率が高いからです。

ex1. 日本国内で毒を飲ませ，毒がまわって死亡したのがアメリカである場合，日本の刑法が適用されます（大判明44.6.16参照）。

ex2. アメリカで毒を飲ませ，毒がまわって死亡したのが日本国内である場合，日本の刑法が適用されます。

　このように，実行行為または結果の一部が日本国内であれば，日本の刑法が適用されるのです。

（3）共犯
　よって，共犯においては，以下の①や②の場合に，共犯者全員に日本の刑法が適用されます。

①正犯行為が国内で行われた場合（最決平6.12.9）
②結果が国内で発生した場合

　なお，正犯行為が国外で行われ結果も国外で発生した場合に，正犯を国内で教唆または幇助したときは，教唆者または幇助者に日本の刑法が適用されます。

3．国外犯

基準となる犯罪を記憶する

　この3.では，どういう場合にどの犯罪に日本の刑法が適用されるのかを押さえないといけません。しかし，多くの犯罪が規定されており，すべてを記憶することは困難です。よって，基準となる犯罪を記憶してください。たとえば，下記（1）の属人主義は比較的重大な犯罪が対象となっています。殺人罪が入るかは迷わないと思います

ので，傷害罪など対象となるかどうか迷う犯罪を記憶してください。基準としたほうがよい犯罪に下線を引いておきました。ただ，お一人お一人多少感覚が違いますので，必要があれば下線を足したり引いたりしてください。

（1）属人主義

　以下の①〜⑰の犯罪を日本国民が国外で犯したときは，日本の刑法が適用されます（刑法3条）。日本国民が犯した場合に適用されるので，「属人主義」といいます。以下の①〜⑰の犯罪は，比較的重大な犯罪です。

①現住建造物等放火罪（刑法108条），非現住建造物等放火罪（刑法109条1項）など
②現住建造物等浸害罪（刑法119条）
③私文書偽造罪（刑法159条）など
④私印偽造・不正使用罪（刑法167条）など
⑤強制わいせつ罪（刑法176条），強制性交等罪（刑法177条），準強制わいせつ罪・準強制性交等罪（刑法178条）など
⑥贈賄罪（刑法198条）
⑦殺人罪（刑法199条）など
⑧傷害罪（刑法204条），傷害致死罪（刑法205条）
⑨業務上堕胎罪・業務上堕胎致死傷罪（刑法214条）など
⑩保護責任者遺棄罪（刑法218条）など
⑪逮捕罪・監禁罪（刑法220条）など
⑫未成年者略取罪・未成年者誘拐罪（刑法224条）など
⑬名誉毀損罪（刑法230条）
⑭窃盗罪（刑法235条），不動産侵奪罪（刑法235条の2），強盗罪（刑法236条），事後強盗罪（刑法238条）など
⑮詐欺罪（刑法246条），背任罪（刑法247条），恐喝罪（刑法249条）など
⑯業務上横領罪（刑法253条）
⑰盗品譲受け等の罪（刑法256条2項）

（2）消極的属人主義

　以下の①〜⑥の犯罪を日本国民以外の者が日本国民に対して国外で犯したときは，日本の刑法が適用されます（刑法3条の2）。日本国民が被害者の場合に適用されるので，「消極的属人主義」といいます。国外に行く日本国民も増え，外国で日本国民

が日本国民以外の者から被害を受けることが増えたために規定されました。以下の①〜⑥の犯罪は，上記（1）の犯罪をさらに絞ったものです。日本国民以外の者に適用されるからです。また，すべて個人的法益に対する罪です。個人的法益（個人）を守るための規定だからです。

①強制わいせつ罪（刑法176条），強制性交等罪（刑法177条）など
②殺人罪（刑法199条）など
③傷害罪（刑法204条），傷害致死罪（刑法205条）
④逮捕罪・監禁罪（刑法220条）など
⑤未成年者略取罪・未成年者誘拐罪（刑法224条）など
⑥強盗罪（刑法236条），事後強盗罪（刑法238条），強盗・強制性交等罪（刑法241条1項），強盗・強制性交等致死罪（刑法241条3項）など

（3）保護主義

「保護主義」とは，保護法益に着目して日本の刑法を適用する考え方です。

（a）すべての者の国外犯

以下の①〜⑦の犯罪を国外で犯したときは，すべての者（日本国民以外の者も含みます）に日本の刑法が適用されます（刑法2条）。以下の①〜⑦の犯罪は，重大な国家的法益・社会的法益に対する罪なので，国外で行われたものであっても，日本国民以外の者であっても，日本の刑法が適用されるのです。

①内乱罪（刑法77条）など
②外患誘致罪（刑法81条）など
③通貨偽造罪（刑法148条1項），偽造通貨行使罪（刑法148条2項）など
④公文書偽造罪（刑法155条），公正証書原本不実記載等罪（刑法157条）など
⑤有価証券偽造罪（刑法162条），偽造有価証券行使罪（刑法163条）
⑥支払用カード電磁的記録不正作出等罪（刑法163条の2）など
⑦公印偽造罪・公印不正使用等罪（刑法165条）など

（b）公務員の国外犯

以下の①〜③の犯罪を日本の公務員が国外で犯したときは，日本の刑法が適用されます（刑法4条）。日本の公務と公務への信頼を保護するためです。

①看守者等逃走援助罪（刑法101条）など
②虚偽公文書作成罪（刑法156条）
③公務員職権濫用罪（刑法193条），収賄罪（刑法197条1項前段）など

（4）世界主義

　「世界主義」とは，いかなる国でいかなる者（日本国民以外の者も含みます）が行った犯罪に対しても，各国の刑罰法規を適用する考え方です。日本の刑法では，条約により処罰すべきものとされた犯罪に日本の刑法が適用されるとされています（刑法4条の2）。国際的なテロ対策のため，日本の刑法がとにかく広く適用されるようにしようという考え方によります。
ex. 国外で，日本国民以外の者が外国航空機をハイジャックした場合，日本の刑法が適用されます（航空機の強取等の処罰に関する法律5条）。
　国外で，日本国民以外の者が犯したハイジャックですから，日本とほとんど関係はないのですが，犯人が万が一日本に逃げ込んだときに捕まえられるよう，このような規定があるんです。

4．外国判決の効力

　外国において確定裁判を受けた者であっても，日本において同一の行為についてさらに処罰することもできます（刑法5条本文）。実は，憲法には，「同一の犯罪について，重ねて刑事上の責任を問はれない」という規定があります（一事不再理の原則。憲法39条後段）。しかし，この憲法の規定は，日本の国内法上の原則であると解されています。よって，外国において確定裁判を受けた者を日本でさらに処罰しても構わないのです。

― Realistic 11　日本に帰ってこない犯罪者 ―

　この規定があるため，日本に帰ってこない犯罪者がいます。1970年代，日本の若者の過激派の一部の者が国外で多数のテロ行為を行いました。外国で逮捕され，その国で懲役20年などの判決を受けて出所している者もいます。しかし，日本に帰ってくると，逮捕されて日本でも処罰を受けることがあるので，帰ってこないのです。

　ただし，すでに外国において言い渡された刑の全部または一部の執行を受けているときは，刑の執行が減軽または免除されます（刑法5条ただし書）。

─ 第3編 ─

各 論
Specific Offences

第1章　個人的法益に対する罪

　総論が終わりましたので，ここから各論に入ります。各論とは，殺人罪，窃盗罪など各犯罪ごとのハナシです。各論は，以下の3つの法益に分けてみていきます。

①個人的法益（個人の生命，身体，自由，名誉，信用，財産などの法益）に対する罪
　（第1章）
②社会的法益（公共の安全などの法益）に対する罪（第2章）
③国家的法益（国家の作用などの法益）に対する罪（第3章）

― Realistic 12　各論の学習のコツ ―

　試験では，「このような事例の場合，○○罪は成立するか？」という形で問われることが最も多いです。その犯罪が成立するかは，その犯罪の法益から決まります。刑法は法益を保護するためにあり，法益を侵害したり危険にさらしたりする行為が犯罪だからです（P2の1.）。よって，まずは法益をきちんと記憶し，法益から思考するようにしてください。

第1節　生命・身体に対する罪

1　殺人の罪

　殺人の罪には，以下のような犯罪があります。

①殺人罪　　：殺意をもって人を殺す犯罪（刑法199条）
②自殺関与罪：人を教唆しまたは幇助して自殺させる犯罪（刑法202条）
③同意殺人罪：嘱託を受けまたは承諾を得て人を殺す犯罪（刑法202条）

　このうち，殺人罪が最も大事です。しかし，殺人罪の論点は，総論でほとんどみてしまいました。よって，各論では，殺人罪の実行の着手時期（下記2.）に絞ってみていきます。

1. 法益

殺人の罪の法益は，人の生命です。

2. 殺人罪の実行の着手時期

実行の着手時期は，法益が「あっ！危ない！」となった時です（P37の「実行の着手時期の判断基準」）。よって，殺人罪の実行の着手時期は，人の生命が「あっ！危ない！」となった時です。

ex1. XがYをピストルで殺そうと考えた場合，Xがピストルで狙いを定めた時点で実行の着手があったとされます。狙いを定められたYの生命が，「あっ！危ない！」となるためです。

ex2. XがYを殺そうと考え，気絶しているYのほうに歩いて行き，金槌を振り下ろして殺害しようとした場合，金槌を振り下ろした時点で実行の着手があったとされます。金槌を振り下ろされそうになったYの生命が，「あっ！危ない！」となるためです。

なお，実行に着手しても，以下の①または②の場合には殺人未遂となります。

①結果（被害者の死）が発生しなかった場合
②殺人の実行行為と被害者の死の結果との間に因果関係がない場合

ex. Xは，殺意をもってYに重傷を負わせましたが，後悔してYを病院に搬送して一命を取り留めさせました。しかし，落雷により病院が火事になり，Yが焼死しました。この場合，Xは殺人未遂罪となります。Xの殺人行為とYの死の結果との間に因果関係がないからです。落雷による火事が原因の死亡ですから。

2　傷害の罪

傷害の罪には，「暴行罪」（下記1.），「傷害罪」（下記2.），「傷害致死罪」（下記3.）があります。

1. 暴行罪

刑法208条（暴行）

暴行を加えた者が人を傷害するに至らなかったときは，2年以下の懲役若しくは30万円以下の罰金又は拘留若しくは科料に処する。

（1）法益

暴行罪の法益は，人の身体の安全です。

（2）行為

＊各論では，「行為」という項目が頻繁に出てきますが，これは構成要件の実行行為（P12 の 1.）のことです。

　暴行罪の実行行為は，「暴行」です（刑法 208 条）。暴行とは，人の身体に対する不法な有形力の行使です。

（a）不法

　「不法」である必要があるのは，たとえば，道を歩いていたところ前を歩いている人が財布を落とした場合に，「財布，落としましたよ！」と腕をつかんで呼び止めるといった行為が暴行罪の実行行為にならないようにするためです。

（b）有形力の行使

　「有形力の行使」とは，以下のようなものが当たります。

・物理的な力を加えること

　殴ったり，石を投げたりすることが当たります。相手の身体に接触することは，必ずしも必要ではなく，人の身体に向けられたものであれば当たります。

ex1. 石を投げたが，相手をかすめただけで相手に当たらなくても，暴行に当たります（東京高判昭 25.6.10）。

ex2. 狭い 4 畳半の部屋で，相手を脅かすために日本刀の抜き身を振り回す行為は，暴行に当たります（最決昭 39.1.28）。

・エネルギー（音・光・電気など）の作用（最判昭 29.8.20，大阪地判昭 42.5.13）

ex. 被害者の近くで太鼓を連打し，被害者の頭脳の感覚を鈍らせ意識もうろうの状態にする行為は，暴行に当たります（最判昭 29.8.20）。

　音などでも暴行になるので，ご近所トラブルが悪化し，ご近所への嫌がらせで騒音を出し続け，暴行罪や傷害罪で捕まる人がたまにいます。

【暴行の概念の整理】

多くの犯罪で，「暴行」が実行行為となっています。しかし，犯罪によって暴行の意味が異なります。暴行には，以下の表の4つの意味があります。

暴行の概念	意義			該当する犯罪の例
	内容	対象	程度	
最広義の暴行	不法な有形力の行使	・人 ・物 （＊1）		・内乱罪（刑法77条） ・騒乱罪（刑法106条）
広義の暴行	不法な有形力の行使	・人 （＊2）		・恐喝罪（刑法249条） ・強要罪（刑法223条） ・公務執行妨害罪（刑法95条1項）
狭義の暴行	不法な有形力の行使	・人の身体		・暴行罪（刑法208条）
最狭義の暴行	不法な有形力の行使	・人の身体	反抗を抑圧するに足りる程度または被害者の抗拒（こうきょ）を著しく困難ならしめる程度（＊3）	・強制性交等罪（刑法177条）（＊4） ・強盗罪（刑法236条） ・事後強盗罪（刑法238条）

＊1　たとえば，内乱罪は，憲法の定める統治の基本秩序を壊乱することを目的として暴動を起こす犯罪ですが，国会議事堂の破壊など物に向けられた暴行も実行行為に当たります。

＊2　たとえば，公務執行妨害罪では，警察官が現行犯人から適法に押収した証拠物を逮捕現場で整理している最中に，その証拠品を踏みつけて損壊する行為も実行行為に当たります。警察官の身体ではなく，証拠品に向けられた暴行ですが，警察官に物理的な影響があり，公務に支障をきたすからです。

＊3　たとえば，強制わいせつ罪や強制性交等罪は，暴行罪の暴行よりも強い程度の暴行が要求されるため，成立しにくいという問題点があります。「反抗できたでしょ」ということで，強制わいせつ罪や強制性交等罪が成立しないという判決がされることがあります。

＊4　強制性交等罪の暴行は，強盗罪や事後強盗罪の暴行よりは認められやすいと解されています。

※　「脅迫」が実行行為になっている犯罪も多いです。脅迫も，基本的に上記の表と同じように分類することができます。ただし，最広義の脅迫があるかについては，見解が分かれています。

２．傷害罪

> ### 刑法２０４条（傷害）
> 人の身体を傷害した者は，15年以下の懲役又は50万円以下の罰金に処する。

（１）法益

傷害罪の法益も，人の身体の安全です。

（２）行為

傷害罪の実行行為は，「傷害」です（刑法204条）。

（ａ）「傷害」とは？

ケガをさせたりすることが傷害に当たることは明らかです。しかし，それだけではありません。「傷害」とは，人の生理的機能に，障害を加えることです（生理的機能障害説。最判昭 27.6.6）。「生理的機能」とは，身体の活動・機能です。よって，健康状態を不良にすることも，傷害に当たります（最決昭 32.4.23）。たとえば，下記の表の左の③～⑦も，傷害に当たります。

傷害に当たる行為（○）	傷害に当たらない行為（×）
①髪の毛や陰毛を毛根の部分から抜く行為（大阪高判昭 29.5.31）	①髪の毛を根元から切る行為（大判明 45.6.20）
②皮膚の表皮を剥離する行為（大判大 11.12.16）	左の①は，毛根に傷をつけるので，生理的機能に障害を加えたといえます。それに対して，この①は，髪の毛を切っているだけなので，生理的機能に障害を加えたとはいえません。髪の毛は，死んだ細胞です（だから，切っても痛くないんです）。
③下痢を起こさせる行為	
④中毒症状を起こさせ，めまい，嘔吐させる行為（大判昭 8.6.5）	
⑤故意に風邪薬を大量に服用させ，肝機能障害に陥らせる行為	
⑥監禁し，心的外傷後ストレス障害（PTSD）を発症させる行為（最決平 24.7.24）	
⑦病毒を感染させる行為（最判昭 27.6.6）　自分が新型コロナウイルスに感染したことをわかっていながら，他人に感染させることを意図して感染させると傷害罪になり得ます。	

（b）傷害の方法

　傷害は，殴ったりするなど有形的方法によるのが通常です。しかし，傷害の結果が生じたのであれば，無形的方法による場合も当たります。

ex. 嫌がらせの電話で精神衰弱となった場合にも，傷害罪が成立します（東京地判昭54.8.10）。精神障害は脳の機能障害なので，傷害の結果が生じたといえます。

（3）故意

　傷害罪が成立するには，暴行の故意（暴行についての認識）があれば足ります（最判昭25.11.9）。傷害罪は，暴行罪の結果的加重犯だからです（P25）。結果的加重犯は，結果によって刑が加重される犯罪です。結果によって刑が決まるので，逆に，傷害の故意があっても傷害の結果が生じなければ，暴行罪にしかなりません。

ex. Xは，Yにケガをさせようと背後から木刀で殴りかかりましたが，Yが身をかがめたため，Yの背中を軽くたたいたにとどまり，Yはケガをしませんでした。この場合，Xは，暴行罪にしかなりません。

　「傷害未遂罪」というものはないんです。結果的加重犯は，結果によって刑が決まるので，未遂はないのです（最判昭24.7.9）。

　なお，無形的方法による傷害は，傷害の故意が必要であると解されています。

（4）同時傷害の特例

　たとえば，XとZが共同してYに暴行を加え，Yがケガをしたとします。XとZに共同実行の意思があれば，傷害罪の共同正犯となり，Yのケガが，Xの暴行によるものか，Zの暴行によるものかの因果関係の証明がされなくても，XとZの双方ともYのケガについて責任を負います（刑法60条。P68）。

　それに対して，共同実行の意思がなければ（単なる同時犯であれば），Yのケガが，Xの暴行によるものか，Zの暴行によるものかの因果関係の証明がされなければ，XもZも暴行罪にしかならないことになってしまいます。しかし，複数人 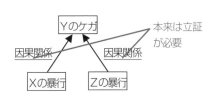 が暴行を加えて傷害の結果が生じた場合，因果関係の証明が難しい場合が多いです。リンチの場面をイメージしてください。そこで，2人以上で暴行を加えて人を傷害した場合において，それぞれの暴行による傷害の軽重を知ることができず，または，そ

の傷害を生じさせた者を知ることができないときは，共同して実行した者でなくても，共犯の例によるとされています（刑法207条）。「共犯の例による」とは，暴行者のそれぞれの暴行と傷害の結果との因果関係を推定するということだと解されています。よって，上記の例では，XやZは，自分の暴行とYのケガとの間に因果関係がないことを立証しない限り，傷害罪となります。

3．傷害致死罪

> **刑法205条（傷害致死）**
> 　身体を傷害し，よって人を死亡させた者は，3年以上の有期懲役に処する。

（1）法益

　傷害致死罪の法益は，人の身体の安全と生命です。

（2）行為

　暴行または傷害と死亡の結果との間に，因果関係がある必要があります。

　殺意はないのが，傷害致死罪です。殺意があれば，殺人罪となります。殺意はないが，暴行または傷害の故意があり，相手方が死亡したときに，傷害致死罪が成立します（最判昭22.12.15，最判昭32.2.26）。

3　過失傷害の罪

暴行や傷害の故意はないが，傷害や死亡の結果を生じさせてしまう犯罪が，この 3 の「過失傷害の罪」です。法益は，人の身体の安全や生命です。

1．過失傷害罪・過失致死罪

> **刑法 209 条（過失傷害）**
> 1　過失により人を傷害した者は，30 万円以下の罰金又は科料に処する。
> **刑法 210 条（過失致死）**
> 　過失により人を死亡させた者は，50 万円以下の罰金に処する。

過失により人を傷害した者は，30 万円以下の罰金または科料に（刑法 209 条 1 項），過失により人を死亡させた者は 50 万円以下の罰金に処せられます（刑法 210 条）。
ex. Xが駅のホームを歩いていたところ，誤ってYと肩がぶつかり，Yが線路に落ちてしまいました。Xは，線路に落ちたことによってYがケガをすれば過失傷害罪，電車にはねられて死亡してしまえば過失致死罪となります。

ただ，刑罰は罰金や科料であり，かなり軽いです。これは，刑法が基本的に故意による行為のみを罰したいことの現れです（P24）。
しかし，傷害や死亡の結果が生じた場合に常に罰金や科料で済むというのは，軽すぎますよね。そこで，業務上必要な注意を怠ったり重大な過失があったりした場合には，より重い犯罪となります。それが，下記 2．の犯罪です。

2．業務上過失致死傷罪・重過失致死傷罪

> **刑法 211 条（業務上過失致死傷等）**
> 　業務上必要な注意を怠り，よって人を死傷させた者は，5 年以下の懲役若しくは禁錮又は 100 万円以下の罰金に処する。重大な過失により人を死傷させた者も，同様とする。

（1）業務上過失致死傷罪

（a）より重い犯罪となる理由

　業務者は，通常人よりも傷害や死亡の結果を生じさせやすい業務をしています。そのため，業務者は，通常人と比べて特に重い注意義務が課されています（最判昭26. 6. 7）。簡単にいうと，「危険なことをしているから特に気をつけさせよう」ということです。

（b）主体

　業務上過失致死傷罪の主体は，業務者です（不真正身分犯。P82②）。

「業務」は広い

　この「業務」は，広く解されています。それは，自動車の運転を業務に含めるため，という理由があったからです。自動車の運転を業務に含めないと，過失による自動車事故が上記1.の過失傷害罪や過失致死罪となり，自動車による死亡事故を起こした場合に，罰金しか科せられない事態になりかねなかったのです。そこで，かつては，過失による自動車事故を業務上過失致死傷罪で処罰していました。

─ Realistic 13　自動車事故の処罰の歴史 ─

　「かつては」としたのは，自動車事故を処罰する規定は以下のように変遷しているからです。

（平成13年まで）業務上過失致死傷罪
　　　↓
（平成13年から）危険運転致死傷罪（危険運転のみ業務上過失致死傷罪よりも重い罪）新設
　　　↓
（平成19年から）自動車運転過失致死傷罪（業務上過失致死傷罪よりも重い罪）新設
　　　↓
（平成26年から）刑法の特別法として「自動車の運転により人を死傷させる行為等の処罰に関する法律」が制定され，危険運転致死傷罪と自動車運転過失致死傷罪はこの特別法に移動（自動車運転過失致死傷罪は「過失運転致死傷罪」などに改正）

　よって，今は，自動車事故は基本的に，特別法で規定されている危険運転致死傷罪（2条）と過失運転致死傷罪（5条）で処罰されます。

「業務」とは，以下の①②のいずれにも当たる行為をいいます（最判昭33.4.18）。

①人が社会生活上の地位に基づいて反復継続して行う行為

　「社会生活上の地位」ですが，たとえば，家事，育児は，業務に当たりません。家事，育児は，通常人が誰でも行うことだからです。

　ただ，その目的が娯楽のためであっても，銃器を使用する狩猟行為など，他人の生命・身体などに危害を及ぼすおそれがある行為を免許を受けて反復継続して行うときは，業務に当たります（最判昭33.4.18）。狩猟行為などは，他人の生命・身体などに危害を及ぼすおそれが強いので，娯楽でも気をつけさせようということです。

　「反復継続」ですが，反復継続して行う意思があるのであれば，最初の1回目の行為でも当たります。最初の1回目から気をつけさせようということです。

ex. 医師免許を有しないXが診療所を開いて，最初に診療したYを誤って死亡させました。この場合，Xは，業務上過失致死罪となります。診療所を開いている以上，反復継続して行う意思があると考えられます。

②他人の生命・身体などに危害を加えるおそれがある行為

　業務の適法性は問わないので，違法な業務も当たります。
ex. 上記①のex.（医師免許を有しない者の医療行為）も，業務に当たります。

　人の生命・身体の危険を防止することを義務内容とする業務も当たります（最決昭60.10.21）。
ex. ホテル側の過失で宿泊客がケガをしたり死亡したりした場合，ホテルを経営している会社の代表取締役は，業務上過失致死傷罪になり得ます。

（2）重過失致死傷罪

　「重過失致死傷」とは，注意義務違反の程度が著しい過失（重過失）によって，傷害や死亡の結果を生じさせてしまった場合です（東京高判昭57.8.10）。注意義務違反の程度が著しいため，過失傷害罪・過失致死罪よりも重い犯罪となります。

第2節　自由に対する罪

1 脅迫の罪

脅迫の罪には，「脅迫罪」（下記1.），「強要罪」（下記2.）があります。

1．脅迫罪

> **刑法222条（脅迫）**
> 1　生命，身体，自由，名誉又は財産に対し害を加える旨を告知して人を脅迫した者は，2年以下の懲役又は30万円以下の罰金に処する。
> 2　親族の生命，身体，自由，名誉又は財産に対し害を加える旨を告知して人を脅迫した者も，前項と同様とする。

（1）法益

脅迫罪の法益は，自然人の意思決定の自由です。「自然人の」とされているのは，意思決定の自由が保護されるのは刑法上は自然人だけであると考えられているからです。よって，法人に対する脅迫罪は成立しません（大阪高判昭61.12.16）。

（2）行為

本人または親族の生命，身体，自由，名誉または財産に対して害を加える旨を告知して脅迫することです（刑法222条）。「お前のことを殺すぞ！」などと言えば，それだけで成立し，脅迫によって何かをさせようとする必要はありません。

P132

（a）加害の対象

脅迫の内容である害を加える対象は，本人または親族の生命，身体，自由，名誉または財産です。

※恋人，友人，内縁の配偶者などの生命，身体，自由，名誉または財産は対象にはなりません。脅迫行為は社会の中でありふれたものです（好ましいことではありませんが）。ぶっそうな言葉が飛び交うコミュニティーもありますよね……。よって，刑法による処罰範囲が広がりすぎないように（刑法の謙抑性。P24），本人または親族に限定しているんです。

（b）害を加える旨の告知

　告知される害の内容は，一般に人を畏怖させるに足りる程度のものである必要があります。

ex1. 「出火お見舞い申し上げます」と記載したハガキを送る行為が当たります（最判昭35.3.18）。こんなハガキを送られたら，「放火されるのでは……」と怖くなりますよね。

ex2. 「貴様を恨んでいる者は俺だけじゃない。何人居るか分からない。駐在所にダイナマイトを仕掛けて殺すと云うておる者もある。」と告げる行為が当たります（最判昭27.7.25）。こんなことを言われたら，怖くなりますよね。

ex3. 「○○をぶっ殺す」とインターネット上の掲示板に書き込んだり，メールを送信したりする行為が当たります。こんなことを書かれたら，「殺されるかも……」と怖くなりますよね。最近は，この手の書き込みで捕まる人が増えてきました。

　一般に人を畏怖させるに足りる程度のものであれば，実際に相手方が畏怖しなくても当たりますし（大判明43.11.15，大判昭8.11.20），具体的な加害の方法や手段の告知までは必要ではありません。

ex. Xが「Yをぶっ殺す」とインターネット上の掲示板に書き込んだ場合，Yが「どうせネット上に書いただけで殺す気なんかないんだろ」と思っても，Xは脅迫罪になります。「Yをぶっ殺す」のみで，具体的にどのような方法でどのように殺すかは書かれていませんが，Xは脅迫罪になります。

　脅迫罪は，抽象的危険犯だからです。

☞「危険犯」とは？

　危険犯：法益の実際の侵害が構成要件となっておらず，法益の侵害の危険が構成要件となっている犯罪

　対立する概念が「侵害犯」です。侵害犯とは，法益の実際の侵害が構成要件となっている犯罪です。たとえば，殺人罪や窃盗罪が当たります。

　危険犯は，さらに以下の2つに分かれます。

　抽象的危険犯：その行為を行うだけで，法益が危険にさらされると考えられ，実際に法益の危険が発生していなくても危険の発生が擬制される犯罪

　具体的危険犯：その行為により，実際に法益の危険が発生して初めて成立する犯罪

```
          ┌─ 侵害犯
          │          ┌─ 抽象的危険犯
          └─ 危険犯 ─┤
                     └─ 具体的危険犯
```

　ただし，告知される害の内容は，行為者自身によって実現可能なものである必要があります。

ex.「お前の家に地震がくるぞ」と言っても，脅迫罪になりません。地震を起こせる人はいません。

（3）故意

　故意の内容は，害を加える旨の告知の認識です。害を加える旨の告知の認識があれば，害悪を現実化する意思があるかは問いません（大判大6.11.12）。

ex. Xは，真に告訴をする意思がないのに，Yに告訴をする旨の通知をしました。この場合，Xは脅迫罪となります（大判大3.12.1）。

2．強要罪

刑法223条（強要）

1　生命，身体，自由，名誉若しくは財産に対し害を加える旨を告知して脅迫し，又は暴行を用いて，人に義務のないことを行わせ，又は権利の行使を妨害した者は，3年以下の懲役に処する。

2　親族の生命，身体，自由，名誉又は財産に対し害を加える旨を告知して脅迫し，人に義務のないことを行わせ，又は権利の行使を妨害した者も，前項と同様とする。

3　前2項の罪の未遂は，罰する。

（1）法益

　強要罪の法益は，意思決定の自由と意思実現の自由です。

（2）行為

P130
└

　本人または親族の生命，身体，自由，名誉または財産に対して害を加える旨を告知して脅迫しまたは暴行を用いて，人に義務のないことを行わせまたは権利の行使を妨害することです（刑法223条1項，2項）。「義務のないことを行わせ」る，または，「権利の行使を妨害」するという具体的な侵害が必要です。「殴るぞ！」などと言っただけでは成立せず，「土下座をしないと殴るぞ！」などと言って土下座をさせたりした場合に成立します。相手が土下座をしなかった場合には，強要未遂罪となります（刑法223条3項）。

（a）義務のないことを行わせる

「義務のないことを行わせ」るとは，行為者が相手方にそのことを行わせる権利や権限がないにもかかわらず，強制することです。

ex1. 謝罪文を要求する権利がないのに，謝罪文を作成し交付させる行為が当たります（大判大15.3.24）。

ex2. 従業員に水入りのバケツを数時間頭の上に支持させる行為が当たります（大判大8.6.30）。雇用している者に，このようなことをさせる権限はありません。

ex3. クレーム客が店員に土下座をさせる行為が当たります。クレーム客が，たまにこれで逮捕されます。客に，店員に土下座をさせる権限はありません。

（b）権利の行使を妨害する

「権利の行使を妨害」するとは，私法上または公法上の権利行使を妨害することです。公法上の権利行使の妨害も含むので，たとえば，以下のような場合も当たります。

ex. 告訴権者の告訴を中止させる行為が当たります（大判昭7.7.20）。

2　逮捕・監禁の罪

逮捕・監禁の罪には，「逮捕罪」「監禁罪」などがあります。

刑法220条（逮捕及び監禁）

不法に人を逮捕し，又は監禁した者は，3月以上7年以下の懲役に処する。

1．法益

逮捕罪・監禁罪の法益は，身体活動（移動）の自由です。この「自由」とは何か，以下の表のとおり争いがあります。

	可能的自由説 (最決昭33.3.19) → ←	現実的自由説 (有力説)
被害者の逮捕・監禁 の認識の要否	**不要**	**必要**
	ex1. Xは，睡眠中のYがいる部屋のドアの鍵を閉め，Yを閉じ込めました。 ex2. Xは，強制性交の意図を秘して自宅まで送ると欺き，Yを自動車に乗せて走行しました。 上記ex.はいずれも，Yに監禁されている認識はありません。それでも，可能的自由説であれば，Xに監禁罪が成立します。それに対して現実的自由説であれば，Xに監禁罪は成立しません。	
理由	身体活動の自由とは，移動したいときに移動できる状態をいいます。簡単にいうと，「移動したいときに自由に移動できる状態が自由でしょ」ということです。	身体活動の自由とは，現実に移動しようと思ったときに移動し得る自由をいいます。自由を可能的自由と捉えると，処罰範囲が広くなりすぎます。よって，移動しようと思っていない時点では逮捕罪・監禁罪は成立しません。

　可能的自由説とは言い切れない判例もあります。しかし，上記の表のex2.と同種の事案で監禁罪の成立を認めた判例があります（最決昭33.3.19）。

2. 行為
　不法に人を逮捕したら逮捕罪，監禁したら監禁罪となります（刑法220条）。

（1）「不法」
　「不法」である必要があるのは，たとえば，現行犯人を逮捕する行為（刑訴法213条）が実行行為にならないようにするためです。

（2）「逮捕」
　「逮捕」とは，人の身体を直接的に拘束して，身体活動の自由を奪うことです。暴行よりは少し時間の長い行為です。
ex1. 手足を縛り数分間引きずり回すことが当たります（大判昭7.2.29）。
ex2. 後ろからはがい絞めにすることが当たります。

（3）「監禁」

「監禁」とは，人の身体を間接的に（場所的に）拘束して，身体活動の自由を奪うことです。

ex1. カギをかけた部屋に閉じ込める行為が当たります。

ex2. 自動車やバイクに乗せて自動車やバイクで走行する行為が当たります（最決昭30.9.29, 最決昭38.4.18）。走行中の自動車やバイクから逃げるのは難しいです。

３ 性的自由に対する罪

性的自由に対する罪には，「強制わいせつ罪」（下記1.），「強制性交等罪」（下記2.）などがあります。

1．強制わいせつ罪

> **刑法176条（強制わいせつ）**
> 13歳以上の者に対し，暴行又は脅迫を用いてわいせつな行為をした者は，6月以上10年以下の懲役に処する。13歳未満の者に対し，わいせつな行為をした者も，同様とする。

（1）法益

強制わいせつ罪の法益は，人の性的自由です。「人」とありますとおり，男性の性的自由も法益となります。刑法176条でも「者」と規定されており，男女の区別をしていません。よって，被害者が男性である場合も強制わいせつ罪が成立します。

強制わいせつ罪の未遂は，罰せられます（刑法180条）。重い犯罪ですから，当たり前ですね。

（2）主体

男性だけでなく，女性も強制わいせつ罪の主体となります。

（3）行為

相手方が13歳以上か13歳未満かで，実行行為が変わります。

13歳以上の者	13歳未満の者
①**わいせつな行為をすること**（刑法176条） 　「わいせつな行為」とは，被害者の性的羞恥心を害する行為です。 ex. 無理やりキスをする行為が当たります（東京高判昭32.1.22）。	
②**暴行または脅迫を用いること**（刑法176条前段） 　13歳以上であれば，性的なことについて判断する能力があるため，暴行または脅迫が用いられた場合に強制わいせつ罪が成立します。	※暴行または脅迫を用いることは要件ではありません（刑法176条後段参照）。 　よって，13歳未満の者の事実上の同意を得てわいせつな行為をした場合でも，強制わいせつ罪が成立します。13歳未満だと，性的なことについて判断できないので，同意能力がないからです。

P137＝

※わいせつ傾向（性的意図）の要否

　強制わいせつ罪が成立するために，主観的要件として故意は必要ですが，さらに性欲を興奮・刺激させまたは満足させるというわいせつ傾向（性的意図）が必要でしょうか。

　不要です（最大判平29.11.29）。

　かつては，わいせつ傾向が必要とされていました。よって，女性を脅迫して全裸にして撮影したが，わいせつ傾向がなく復讐目的であった事案において，強制わいせつ罪は成立せず，強要罪が成立するにすぎないとされました（最判昭45.1.29）。しかし，被害者の受けた性的な被害から考えるべきだとされ，平成29年に判例変更がされ，わいせつ傾向は不要とされました。常識的な扱いになったかと思います。

2. 強制性交等罪

> **刑法 177 条（強制性交等）**
> 　13 歳以上の者に対し，暴行又は脅迫を用いて性交，肛門性交又は口腔性交（以下「性交等」という。）をした者は，強制性交等の罪とし，5 年以上の有期懲役に処する。13 歳未満の者に対し，性交等をした者も，同様とする。

（1）法益

　強制性交等罪の法益も，人の性的自由です。「人」とありますとおり，男性の性的自由も法益となります。刑法 177 条でも「者」と規定されており，男女の区別をしていません。よって，被害者が男性である場合も強制性交等罪が成立します。

　かつては，強制性交等罪は女性が被害者である場合しか成立しませんでした。しかし，男性が被害者となる性犯罪もあります。そこで，平成 29 年の改正で，被害者が男性である場合も強制性交等罪が成立するとされました。また，かつては「強姦罪」という名称でしたが，平成 29 年の改正で，「強制性交等罪」に名称が変わりました。

（2）主体

　男性だけでなく，女性も強制性交等罪の主体となります。女性が男性を襲う場合もあるからです。

（3）行為

　強制性交等罪も，相手方が 13 歳以上か 13 歳未満かで，実行行為が変わります。

13 歳以上の者	13 歳未満の者
①性交，肛門性交または口腔性交（これらを「性交等」といいます）をすること（刑法 177 条）	
「肛門性交」「口腔性交」とは，男性器を肛門または口腔（口の中）に入れることです。これらは，平成 29 年の改正で追加された実行行為です。肛門性交や口腔性交でも，性交と同程度の苦痛があるからです。肛門性交は，男性が男性を襲う場合も想定した規定です。	
②暴行または脅迫を用いること（刑法 177 条前段）	※暴行または脅迫を用いることは要件ではありません（刑法 177 条後段参照）。
13 歳以上の者に対しては暴行または脅迫を用いることが要件になるのに対して，13 歳未満の者に対しては暴行または脅迫を用いることが要件にならない（同意を得て性交等をしても成立する）のは強制わいせつ罪（P136）と同じです。理由も同じです。	

=P136

（4）実行の着手時期

　強制性交等罪の未遂は，罰せられます（刑法 180 条）。重い犯罪ですから，当たり前ですね。

　では，実行の着手時期がいつかですが，実行の着手時期も，相手方が 13 歳以上か 13 歳未満かで変わります。

13 歳以上の者	13 歳未満の者
手段である暴行・脅迫の開始時点（最判昭28.3.13） 暴行または脅迫を用いることが要件なので，暴行・脅迫の開始時点となります。暴行・脅迫を開始した時に，法益である人の性的自由が「あっ！危ない！」となります。	**性交等の開始時点** 暴行または脅迫を用いることが要件ではないからです。性交等を開始した時に，法益である人の性的自由が「あっ！危ない！」となります。

> **判例**　最決昭 45.7.28
>
> 　XとZが，性交の目的で，必死に抵抗するY女をダンプカーの運転席に引きずり込み，その場から約 5800m 離れた場所まで移動して性交をしました。この場合，いつの時点で実行の着手があったとされるでしょうか。
>
> 　ダンプカーの運転席に引きずり込もうとした時点です。
> 　ダンプカーの中に入れば，性交の障害がなくなるため，法益である人の性的自由が「あっ！危ない！」となります。また，引きずり込む行為と性交は連続性があるといえます。

※親告罪か非親告罪か？

　かつては，強制わいせつ罪と強制性交等罪は親告罪でした。性犯罪に遭ったことを知られたくない人もおり，プライバシーの問題もあるからです。

　しかし，平成 29 年の改正で，非親告罪とされました。

　改正されたのは，以下の①〜③のような理由によります。

①告訴するかの選択を被害者が迫られていると感じる場合があった

②被害者が告訴を選択したことによって加害者から報復を受ける不安を持つ場合があった

③親告罪であるために公訴提起されない（野放しになる）加害者がいた

　プライバシーの問題はあるのですが，それは捜査や公判の進め方を工夫することや被害者の支援を充実させることで対応していくとされました。

4　住居を侵す罪

　住居を侵す罪には，「住居等侵入罪」（下記2.），「不退去罪」（下記3.）があります。

刑法130条（住居侵入等）

　　正当な理由がないのに，人の住居若しくは人の看守する邸宅，建造物若しくは艦船に侵入し，又は要求を受けたにもかかわらずこれらの場所から退去しなかった者は，3年以下の懲役又は10万円以下の罰金に処する。

1．法益

　住居等侵入罪・不退去罪の法益は，居住者などが誰を立ち入らせるか誰がとどまることを許すか否かを決める自由です（新住居権説。最判昭58.4.8）。よって，住居等侵入罪・不退去罪が成立するかは，**居住者などが立ち入ること・とどまることを認めているかという視点から考えていくことになります。**

2．住居等侵入罪

（1）客体

　住居等侵入罪の客体は，「人の住居若しくは人の看守する邸宅，建造物若しくは艦船」です（刑法130条）。「艦船」は出題確率が低いので，艦船以外をみていきます。

（a）「人の住居」

ⅰ　「人の」

　「人の」住居とは，居住者以外の他人の住居であるということです。よって，居住者は住居侵入罪の主体とはなりません。これは当たり前ですね。

　ただし，居住を離脱した者は，住居侵入罪の主体となり得ます。

ex. 家出をしたXが，Zらと共謀して強盗の目的で実父Yが居住している家宅に侵入しました。この場合，Xにも住居侵入罪が成立します（最判昭23.11.25）。Xは居住を離脱しており，Yが強盗の目的で侵入することを認めているとは考えられないからです。

ⅱ　「住居」

　「住居」とは，人の起臥寝食に使用される場所です。起臥寝食とは，日々の生活ということです。

使用が一時的なものでも構いません。

ex. 旅館やホテルの客室に侵入した場合も，住居侵入罪が成立します（名古屋高判昭
　　26.3.3）。

　　iii　囲繞地

　囲繞地とは，垣根，塀，門のような建物の周囲を囲む土地の境界を画する設備が施
され，建物の付属地として建物利用に供することが明示されている土地のことです
（最判昭51.3.4）。簡単にいうと，庭などのことです。囲繞地も，住居侵入罪の客体
となるでしょうか。

　なります。

　居住者が，囲繞地に侵入することを認めているとは考えられないからです。庭に侵
入されてもイヤですよね。

（b）「邸宅」

　「邸宅」とは，居住用の建造物で住居以外の物とこれに付属する囲繞地であり，現
在使用されていないものです。

ex. 空き家やシーズンオフの別荘などが当たります。

（c）「建造物」

　「建造物」とは，住居・邸宅以外の建造物です。

ex. 官公署，学校，事務所，工場などが当たります。

　囲繞地も含まれます（最大判昭25.9.27，最判昭51.3.4）。やはり管理権者が，囲
繞地に侵入することを認めているとは考えられないからです。

　また，建造物を囲うコンクリート塀も，構造により建造物の一部とされる場合があ
ります。

ex. Xは，交通違反等の取締りに当たる捜査車両の車種やナンバーを把握するため，
　　警察署の高さ約2.4mのコンクリート塀の上によじ上り，塀の上部に立って，警
　　察署の中庭を見ていました。この場合，Xは建造物侵入罪（＊）となります（最
　　決平21.7.13）。警察署のコンクリート塀は，庁舎建物の利用のために供されてい
　　る工作物であり，建造物の一部を構成するからです。
＊建造物に侵入した場合は，建造物侵入罪といわれます。

（2）行為

　住居等侵入罪の実行行為は，「正当な理由がないのに」「侵入」することです（刑法130条）。

（a）「正当な理由がないのに」

　「正当な理由がないのに」とは，違法にという意味であり（最判昭23.5.20），たとえば，窃盗などの目的で侵入することが当たります。

　正当な理由がないことが要件となるのは，住居などへの訪問行為は一般に広く行われているからです。みなさんの家にも，訪問販売の人が来たりしますよね。そういった行為が住居等侵入罪にならないための要件です。

（b）「侵入」

　「侵入」とは，居住者などの意思に反して人の住居などに立ち入ることです（新住居権説）。平穏に入ったとしても，居住者などの意思に反する立入りであれば当たります。居住者などが拒否を明示していなくても，拒否していることがわかれば当たります（最判昭58.4.8）。

ex1. Xは，勤務先の同僚Yと飲酒した後，YとともにYの家に行って泊めてもらいました。翌朝，Xは，Yの財布がテーブルの上に置かれているのを見つけ現金を盗むことを思いつき，Yの財布から2万円を盗みました。この場合，Xには，窃盗罪が成立しますが，住居侵入罪は成立しません。Xは，「翌朝」「現金を盗むことを思いつ」いていますので，前の日の晩にYが泊めた時点では，Yの意思に反する立入りではないからです。

ex2. XがYの家屋の前を通りかかったところ，その窓越しに家屋内で炎が上がっているのを発見しました。Xは，火を消そうと考え，Yの承諾を得ることなく家屋内に立ち入りました。この場合，Xには住居侵入罪は成立しません。消火のための立入りですので，Yの同意（推定的同意）があると考えられ，Yの意思に反する立入りではないと考えられるからです。

　一般的に立入りが認められている場所に立ち入っても，原則として侵入には当たりません。

ex. スーパー，役所などに立ち入っても，侵入には当たりません。

　ただし，一般的に立入りが認められている場所でも，違法な目的で立ち入った場合は，侵入に当たります。

ex. Xは，ATM利用客の暗証番号などを盗撮するための隠しカメラなどを設置する目的で，営業時間中のY銀行の支店の出張所に立ち入りました。この場合，Xには，建造物侵入罪が成立します（最決平19.7.2）。銀行の支店の出張所は，一般的には立入りが認められています。しかし，隠しカメラなどを設置する目的で立ち入ることは銀行は認めていないと考えられ，銀行の意思に反することが明らかだからです。

3．不退去罪
（1）主体
　不退去罪の主体は，適法にまたは過失により他人の住居に立ち入り，退去の要求を受けた者であり，違法に侵入した者は含みません。違法に侵入した者については，住居侵入罪が成立するだけです（最決昭31.8.22）。つまり，住居侵入罪と不退去罪は，どちらかしか成立しないんです。

重ならない

（2）行為
　不退去罪の実行行為は，「正当な理由がないのに」「要求を受けたにもかかわらず」「退去しなかった」ことです（真正不作為犯。刑法130条）。

ex. 試験において，受験生Xは，マスクから鼻を出しており，鼻をマスクで覆うよう指示を受けたにもかかわらず，従いませんでした。そのため，Xは，受験会場からの退場を求められました。しかし，Xは，トイレの個室に数時間こもって出てきませんでした。この場合，Xは不退去罪となります。

5 名誉に対する罪
　名誉に対する罪には，「名誉毀損罪」（下記2.）と「侮辱罪」（下記3.）があります。

1．法益
　名誉毀損罪と侮辱罪の法益は，外部的名誉です（大判大15.7.5，大判昭8.9.6）。「外部的名誉」とは，名誉感情ではなく，社会的評価（評判）ということです。社会的評価（評判）を落とす（可能性のある）行為をしたことが犯罪となるのです。名誉感情が法益ではないのは，名誉感情を法益とすると，名誉感情をもたない幼児や法人に対する名誉毀損罪・侮辱罪が成立しないことになってしまうからです。幼児や法人に対する名誉毀損罪・侮辱罪も成立します（大判大15.3.24）。

2. 名誉毀損罪

> **刑法230条（名誉毀損）**
> 1　公然と事実を摘示し，人の名誉を毀損した者は，その事実の有無にかかわらず，3年以下
> の懲役若しくは禁錮又は50万円以下の罰金に処する。

（1）行為

名誉毀損罪の実行行為は，「公然と」「事実を摘示し」「人の名誉を毀損」すること
です（刑法230条1項）。

（a）「公然と」

「公然と」とは，不特定または多数人が認識し得る状態であるということです（大
判昭3.12.13）。「不特定」とは，相手方が限定されていないということです。「多数人」
とは，相手方が特定されてはいるが多数であるということです。「認識し得る状態」
ですので，実際に誰かが認識する必要はありません（大判昭3.12.13，大判昭6.6.19）。
ex. フォロワー0人のTwitterアカウントを有するXが，Yの名誉を毀損するツイー
　　トをした場合，実際に誰もそのツイートを見ていなくても名誉毀損罪が成立しま
　　す。なお，Webサイト上で名誉毀損の表現をすることは，「公然と」に当たりま
　　す（最決平22.3.15参照）。

（b）「事実を摘示し」

「事実」は，人の社会的評価を低下させ得る具体的なものである必要があります。
ex. Xが，「Yはバカだ」とWebサイト上に書き込んでも，名誉毀損罪にはなりませ
　　ん（侮辱罪にはなります）。「バカだ」は，具体的ではないからです。「Yの英語の
　　点数は2点だった」といった書き込みであれば，名誉毀損罪になり得ます。
　行為者にどの程度の認識がある必要があるかですが，人の社会的評価を低下させ得
る事実を摘示することの認識で足り，積極的に人の名誉を毀損する目的・意図がなく
ても名誉毀損罪は成立します（大判大6.7.3）。

　摘示された事実が虚偽か真実かは，関係ありません（大判昭3.12.13）。本当のこと
を言った場合でも，名誉毀損罪が成立するということです。たとえば，本当のことで
あっても，「○○は精神病だ」と言っていいわけがありません。

　ただし，死者に対する名誉毀損罪は，虚偽の事実を摘示した場合のみ罰せられ，真実を摘示した場合には罰せられません（刑法 230 条 2 項）。死者の保護は弱くなるからです。また，死者は，歴史的批判の対象となるからという理由もあります。

（c）「人の名誉を毀損」

　「人の名誉を毀損した」と規定されていますが（刑法 230 条 1 項），現実に人の社会的評価を低下させなくても名誉毀損罪は成立します（大判昭 13.2.28）。名誉毀損罪は，抽象的危険犯（P131）なのです。

（2）公共の利害に関する場合の特例

　上記（1）（b）で本当のことを言った場合でも，（死者に対する表現を除き）名誉毀損罪が成立すると説明しました。それを読んで「じゃあ政治家の不正について発信したりすると名誉毀損罪で罰せられるの？」と思われたかもしれません。しかし，ご安心ください。以下の①〜③の要件を充たせば，罰せられません。

①公共の利害に関する事実の摘示である（事実の公共性。刑法 230 条の 2 第 1 項）
　公訴提起前の犯罪行為に関する事実は，この①の公共の利害に関する事実とみなされます（刑法 230 条の 2 第 2 項）。そのため，「○○が逮捕されました」という報道が許されるのです。
　なお，芸能人の不倫が報道されることがありますが，芸能人の不倫が公共の利害に関する事実であるかは疑わしいです。報道された芸能人がマスコミを告訴すれば，マスコミは名誉毀損罪になる可能性もあります。

② 専 ら公益を図る目的である（目的の公益性。刑法 230 条の 2 第 1 項）

　公務員または公選による公務員の候補者（ex. 選挙に立候補している者）に関する事実は，上記①②に当たるとみなされます（刑法 230 条の 2 第 3 項）。公務員は全体の奉仕者であり，公務員の選定・罷免は国民固有の権利です（憲法 15 条 1 項，2 項）。よって，公務員または公選による公務員の候補者に関する事実は広く国民に知らしめる必要があるからです。

③真実であることの証明がある（事実の真実性。刑法 230 条の 2 第 1 項）
　真実であることの証明があることが要件なら，「誤報を報じたマスコミは名誉毀損罪になるの？」と疑問が生じるかもしれません。しかし，真実でなかったとしても，

真実であると誤信したことが相当の資料に基づいたものであったのならば，罰せられません（最大判昭44.6.25など）。マスコミに書かれた者はたまったものではありませんが，即座に「誤報＝名誉毀損罪」となってしまうと，表現の自由を過度に抑圧することになってしまいます。

3. 侮辱罪

> **刑法231条（侮辱）**
> 事実を摘示しなくても，公然と人を侮辱した者は，拘留又は科料に処する。

　侮辱罪の実行行為は，事実を摘示する方法ではなく，公然と人を侮辱することです。
ex. Xが，「Yはバカだ」「Yはブスだ」などとWebサイト上に書き込む行為が当たります。「バカ」や「ブス」は，評価であり，事実ではありません。

※親告罪か非親告罪か？

　名誉毀損罪と侮辱罪は，親告罪です（刑法232条1項）。
　公訴を提起されると，名誉毀損や侮辱の表現が広く知れ渡り，さらに名誉が害されてしまうことがあるからです。たとえば，芸能人がフォロワーの少ないTwitterアカウントから名誉を毀損するツイートをされた場合，公訴を提起されたほうがニュースになり，名誉が害されてしまいます。よって，その芸能人の「許せない表現だが，放置しておこう」という選択を認める必要があるわけです。

6 業務に対する罪

　業務に対する罪には，「偽計業務妨害罪」「威力業務妨害罪」などがあります。

> **刑法233条（信用毀損及び業務妨害）**
> 虚偽の風説を流布し，又は偽計を用いて，人の信用を毀損し，又はその業務を妨害した者は，3年以下の懲役又は50万円以下の罰金に処する。
>
> **刑法234条（威力業務妨害）**
> 威力を用いて人の業務を妨害した者も，前条の例による。

1. 法益

　偽計業務妨害罪・威力業務妨害罪の法益は，経済的信用と業務活動です。

2.「業務」
（1）意義

　「業務」とは，自然人または法人その他の団体が，社会生活上の地位に基づいて継続して行う事務または事業をいいます（大判大 10.10.24，大判大 15.2.15，東京高判平 21.3.12）。ざっくり言うと，「仕事」のことです。よって，営業活動に限定されず，無報酬であっても業務となり得ます。ボランティア団体が行うボランティアも業務に当たります。睡眠，娯楽，趣味は，業務に当たりません。睡眠，娯楽，趣味は，仕事ではないですよね。

　違法なものであっても，業務になり得ます。

ex. 知事の許可を得ていない違法な湯屋営業（銭湯のことです）に対して行われた妨害行為にも，偽計業務妨害罪・威力業務妨害罪が成立します（東京高判昭 27.7.3）。

> **刑法独自の観点**
>
> 　違法なものに対しても，基本的に犯罪は成立します。違法なものだからといって，それに対して犯罪行為をしていいわけではないからです。これを「刑法独自の観点」といいます。これは，刑法の一貫した考え方になっています。

（2）公務

　警察官の職務や県議会議員の職務（公務）は，公務執行妨害罪（刑法 95 条1項）で保護されています。公務執行妨害罪は，暴行または脅迫から公務を守るための罪です。たとえば，逮捕しようとしている警察官に暴行を加え，警察官が「公務執行妨害罪で逮捕する！」と言うシーンは，映画やドラマでご覧になったことがあると思います。では，公務を偽計や威力で妨害した場合に，威力業務妨害罪で保護されるでしょうか。

　公務を以下の2つに分けて考えます（公務振り分け説。最決昭 62.3.12，最決平 12.2.17）。

・権力的公務（強制力を行使する公務）
ex. 警察
　→　威力業務妨害罪では保護されません（公務執行妨害罪で保護されます）。
　権力的公務は強いので（たとえば警察官はピストルを持っています），威力による妨害から保護するまでもないからです。

・非権力的公務（強制力を行使しない公務）

ex. 国立大学，県議会の委員会（最決昭 62.3.12）

→　偽計業務妨害罪・威力業務妨害罪で保護されます（公務執行妨害罪でも保護されます）。

　非権力的公務は弱いので，民間企業などと同じく，偽計・威力による妨害から保護する必要があるからです。

3．行為

（1）偽計業務妨害罪

　偽計業務妨害罪の実行行為は，虚偽の風説を流布しまたは偽計を用いて業務を妨害することです（刑法 233 条）。

ex1. 中華そば屋に 3 か月で 970 回の無言電話をかける行為が当たります（東京高判昭 48.8.7）。

ex2. 虚偽の電話注文により商品を配達させる行為が当たります（大阪高判昭 39.10.5）。

（2）威力業務妨害罪

　威力業務妨害罪の実行行為は，威力を用いて業務を妨害することです（刑法 234 条）。

ex1. 競馬場に釘をまいて競馬の実施を困難にする行為が当たります（大判昭 12.2.27）。

ex2. 総会屋が株主総会で怒号を発する行為が当たります（東京地判昭 50.12.26）。

4．結果の発生の要否

　偽計業務妨害罪・威力業務妨害罪が成立するために，実際に妨害の結果が発生する必要はありません（大判昭 11.5.7，最判昭 28.1.30）。偽計業務妨害罪・威力業務妨害罪は，抽象的危険犯（P131）なのです。

　妨害行為によって結果が発生したのかは，かなりわかりにくいからです。たとえば，営業を妨害する行為が行われ，飲食店の売上が落ちたとしても，本当の理由は味が落ちたからかもしれませんし，近くに人気の飲食店ができたからかもしれません。

第3節　財産に対する罪

　この第3節では，試験で頻出の財産に対する罪（財産罪）をみていきます。

1 財産に対する罪とは？

　「財産に対する罪」は，財物（下記1.）または財産上の利益（下記2.）を客体とする犯罪です。

1. 財物
（1）意義

　「財物」とは，有体物のことであると解されています（有体性説。通説）。「有体物」とは，実際に物質として存在する物のことで，固体・液体・気体のことです。

ex. お金や宝石はもちろん，飲食店で出される料理も財物です。よって，飲食店で，飲食代を支払うつもりがないのに，締めの料理としておにぎりを注文する行為も，詐欺罪となります。

　財物とは有体物のことなので，情報自体は，財物ではありません。たとえば，情報を盗み取っても，窃盗罪にはなりません（不正競争防止法など別の法律で処罰されることはあります）。情報を盗み取る行為はわかりにくいからです。たとえば，予備校の窓口で，受付のスタッフの方のパソコンの画面に他の受講生の方の氏名や住所が表示されており，それを見て覚えた人がいたとします。この行為，すごくわかりにくいですよね。

　ただし，情報を記録した文書や磁気テープなどは財物です（東京地判昭59.6.28）。

ex. Xは，上司が保有している会社Yの企業秘密を競争相手の会社に売るため，上司の業務用パソコンから，会社備付けのプリンタと用紙を用いて，企業秘密を印字し，これを持ち出して競争相手の会社の従業員に渡しました。この場合，Xは，窃盗罪となります。企業秘密を用紙に印字してそれを盗んでいるからです。

　電気は，エネルギーなので，固体・液体・気体のいずれでもなく有体物ではありません。しかし，「電気は，財物とみなす」という規定があり（刑法245条，251条），電気は窃盗罪，強盗罪，詐欺罪，背任罪，恐喝罪などの対象になります。そのため，施設のコンセント（プラグの差し込み口）に，「携帯電話の充電をすることは窃盗に当たります」という注意書きがあることがあります。この注意書きは，刑法のこの規定を受けてのものなのです。

（2）無主物

　「無主物」とは，ノラ猫など誰の所有にも属していない物のことです。無主物に対しては，財産罪は成立しません。誰の財産権も侵害しないからです。

　ただし，元の所有者が所有を放棄しても，必ず無主物になるわけではありません。
ex. ゴルフ場内の池に落ちてしまったゴルファーが所有を放棄したゴルフボール（ロストボール）は，ゴルフ場側が回収と再利用を予定しているときは，ゴルフ場に所有と占有が認められます。よって，他の者がロストボールを拾い集める行為は，窃盗罪になります（最決昭62.4.10）。

（3）法禁物（禁制品）

　「法禁物（禁制品）」とは，法令上私人による所有・占有が禁止されている物です。麻薬や覚せい剤などが当たります。——民法Ⅰのテキスト第2編第1章2 2.②　法禁物（禁制品）に対する財産罪は成立するでしょうか。

　成立します。

　違法なものだからといって，侵害していいわけではないからです（P146の「刑法独自の観点」）。
ex1. 麻薬や覚せい剤を盗んだ場合でも，窃盗罪は成立します（最判昭24.2.15参照）。
　　たしかに，麻薬や覚せい剤などを盗まれても，盗まれた者は返還請求はできません。盗まれた者に，民法上，所有権や占有権が認められないからです。しかし，だからといって，盗んでいいわけではありません。
ex2. 「覚せい剤を買ってきてやる」と欺いて，その代金として金銭の交付を受けた場合でも，詐欺罪は成立します（最判昭25.7.4参照）。

2. 財産上の利益

　「財産上の利益」とは，財物以外の財産的価値のある利益のことです。たとえば，債務の免除，支払の猶予，サービスの提供を受けることなどが当たります。予備校の講義はサービスの提供なので，財産上の利益に当たります。

2 窃盗罪

> **刑法235条（窃盗）**
>
> 他人の財物を窃取した者は，窃盗の罪とし，10年以下の懲役又は50万円以下の罰金に処する。

1. 法益

　窃盗罪の法益が何か，以下の表のとおり争いがあります。この争いは，窃盗の被害者が，窃盗に遭ってから数日後に，盗まれた財物を犯人から奪い取った場合に，この被害者の行為が窃盗罪となるかという場面で最も問題となります。

P192

	占有説 （最判昭35.4.26） ——→　←——	本権説
法益	**占有それ自体**	**所有権その他の本権** **（賃借権など）**
理由	自救行為は禁止されているので，自分に所有権があっても他人が占有している物を奪ってはいけません。── 民法IIのテキスト第3編第2章第5節1 また，現代の複雑化した社会では，誰に本権があるかわかりづらく，占有そのものを保護する必要性があります。たとえば，オフィス内にある物も，リースのコピー機だったり従業員の私物だったり，所有者がバラバラですよね。	たしかに，窃盗罪は，他人の財物の占有を侵害する犯罪ですが，究極的には占有を正当化する根拠である本権を侵害する犯罪です。
窃盗の被害者が犯人から財物を取り戻した場合の窃盗罪の成否	**原則成立** 窃盗の被害者に所有権（本権）がありますが，犯人の占有を侵害したからです。	**不成立** 窃盗の犯人に本権（所有権など）がないからです。

2. 客体

窃盗罪の客体は,「他人の財物」です (刑法235条)。

(1)「他人」

自分に所有権のある財物でも, 以下の①または②のものは他人の財物とみなされ, 窃盗罪の客体となります (刑法242条)。

=P166

①他人の占有に属しているもの
ex. 賃貸している物
②公務所の命令によって他人が看守しているもの
ex. 差押えを受けたもの

この規定は, 上記1.の占有説からは, 当然のことを規定した注意的規定であるということになります。占有説は, 占有を侵害することが窃盗罪であると解するからです。

☞「公務所」とは？

公務所：官公庁その他公務員が職務を行う所 (刑法7条2項)
刑法では「公務所」といいますが, 要は役所などのことです。

(2)「財物」

財物 (P148〜149の1.) は, 窃盗罪の客体になります (刑法235条)。

※財産上の利益

財産上の利益 (P149の2.) は, 窃盗罪の客体にはなりません (利益窃盗は不可罰)。
ex. Xは, 1万円を持って代金を支払うつもりで (＊) 飲食店に入り, 店主Yに対して, 700円の定食を注文しました。しかし, 食べ終わった後,「不味かったな……。700円の価値もあったか？」と思い, 代金を支払うのが惜しくなり, Yのすきを見て走って逃走しました。この場合, Xに窃盗罪は成立せず不可罰となります。なお, これはあくまで机上のハナシです。実際にこれをすると, 食い逃げで捕まると思いますので, 絶対にしないでください……。

＊最初から代金を支払うつもりがなければ, 1項詐欺となります (P178)。人を欺いて (代金を支払うつもりがあると見せかけて) 財物 (定食) の交付を受けているからです (刑法246条1項)。

「○○利得罪（2項○○罪）」があるかどうかの判断基準

　財産上の利益に対しての財産罪は，「○○利得罪」といわれ，この処罰規定がある場合は条文の2項で規定されているため「2項○○罪」ともいわれます。この「○○利得罪（2項○○罪）」があるかどうかの判断基準は，**行為がわかりやすいかどうか**です。行為がわかりにくい場合にも認めてしまうと，処罰範囲が広がりすぎてしまうからです（刑法の謙抑性。P24）。行為がわかりやすいかどうかは，このテキストでは，予備校の講義で考えていきましょう。予備校の講義も，財産上の利益です（P149の2.）。たとえば，私の基礎講座の講義を，受講料を支払っていない受験生の方が教室に入り込んでこっそりと受けていたとします。これ，講義を盗むつもりだったのかわかりにくいですよね。予備校の講義は通常は無料体験も可能ですので，「無料体験のつもりでした」と言われたら，講義を盗むつもりだったのか判別が困難です。

3．行為

　窃盗罪の実行行為は，他人の財物を「窃取」することです（刑法235条）。

（1）「窃取」

　「窃取」とは，財物の占有者の意思に反して財物を自分または第三者の占有に移すことです（最決昭31.7.3）。

ex. 振り込め詐欺や振り込め恐喝の犯人から依頼を受けて，被害者が振り込みをした，口座の売買によって取得された第三者名義の銀行口座から事情を知ってATMで預金を引き出す行為は，窃取に当たり，銀行との関係で窃盗罪が成立します（東京高判平18.10.10，東京高判平17.12.15）。口座の名義人が承諾をしていても，銀行は口座の売買を認めておらず，銀行の意思に反して預金の引き出しがされたといえるからです。

（2）他人の占有

　窃盗罪の法益は占有なので（P150の1.），財物が他人の占有にある必要があります。他人の占有になければ，遺失物等横領罪（刑法254条。P198の4.）となります。

・他人に占有あり　→　窃盗罪（刑法235条）
・他人に占有なし　→　遺失物等横領罪（刑法254条）

ex. Xは，図書館に行って本を館内閲覧のために借り出して読んだ後，これを古本屋に売却しようと考え，図書館から持ち出しました。この場合，Xには窃盗罪が成立します（東京高判昭48.9.3）。館内閲覧のために本を借り出しただけでは，まだ図書館の管理者が本を支配し得る状態にあるので，占有は図書館の管理者にあ

り，Xが占有を取得したとはいえないからです。

（a）占有の要件
刑法上の占有が認められるには，以下の①②の要件を充たす必要があります。

①占有の事実（客観的要件。下記 i ）
②占有の意思（主観的要件。下記 ii ）

i　占有の事実（客観的要件）
「占有の事実」とは，財物に対する事実的支配をいいます。事実的支配が認められるかは，支配領域内にある場合（下記（ i ））と支配領域外にある場合（下記（ ii ））で変わります。

なお，「占有」とは，社会通念上，所持しているかどうかの問題ですから，財物を実際に手に持っている必要はありません。この点は，民法の占有と同じような考え方になります。── 民法Ⅱのテキスト第3編第2章第2節 2 1.

（ i ）支配領域内にある場合
現実の所持や監視がなくても，占有が認められます。

ex. みなさんの自宅に置いてある財物は，自宅に置いてあることを忘れている物でもみなさんの占有が認められます（大判大 15.10.8）。
　自宅など支配領域内にある物だからです。

（ ii ）支配領域外にある場合
他人の事実的支配を推認できるのであれば，占有が認められます。

ex. 自宅前の道路に置いてある自転車は，占有が認められます（福岡高判昭 30.4.25）。
　たしかに，道路なので，支配領域外です。しかし，前の道路に自転車を置いている家って，けっこうありますよね。よって，その家の住人の事実的支配を推認できます。

ii　占有の意思（主観的要件）
どのような場合に占有の意思が認められるかは，事実的支配が明確である場合（下記（ i ））と事実的支配が不明確である場合（下記（ ii ））で変わります。

（ⅰ）事実的支配が明確である場合

　この場合は，占有者が絶えず占有を意識していなくても，占有の意思が認められます。

ex. 自宅に置いてある財物は，自宅に置いてあることを忘れている物でも睡眠中でも，占有が認められます。よって，深夜，寝ている間にドロボウが入り，ドロボウに家にある物を盗まれた場合には，そのドロボウは窃盗罪となります。

（ⅱ）事実的支配が不明確である場合

　この場合は，以下の2点を充たすときに，占有の意思が認められます。

①占有者が事態を認識している積極的意思の存在（主観）
②他人の支配を推認できる状態（客観）

　事実的支配が不明確なので，①だけだと他の人から見て占有がわからないので，②も必要とされるのです。

ex1. 駅の待合室で休息していたYは，鞄（かばん）を置いたまま200mほど離れた食堂に約50分間入っていました。様子を窺っていたXは，そのすきに鞄を奪いました。この場合，Xには，窃盗罪が成立します（名古屋高判昭52.5.10）。Yは鞄を落としたりしたのではなく"置いた"ので，積極的意思（上記①）があります。また，Xは，様子を窺っていたので，遺失物でないことを十分知りながら盗んでおり，Yの支配を認識していました（上記②）。

ex2. Yは，大型スーパーマーケットの6階エスカレーター脇付近に札入れを置き忘れ，地下1階に移動してしまいました。この札入れをXが奪いました。この場合，Xには，遺失物等横領罪が成立します（東京高判平3.4.1）。Yは札入れを"置き忘れ"たので，積極的意思（上記①）がないからです。

　ただし，置き忘れでも，時間・距離が近ければ，占有の意思が認められます。

ex. Yは，公園のベンチにポシェットを置き忘れ，2分ほど歩き約200m離れた所で，ポシェットの置き忘れに気づきました。このポシェットを，Yがベンチから約27m離れた時点でXが奪いました。この場合，Xには，窃盗罪が成立します（最決平16.8.25）。Xが奪ったのはYがベンチから約27m離れた時点であり，時間的にも距離的にも近いからです。また，その後，Yがポシェットの置き忘れに気づいたことも考慮されたと考えられています。

(b) 第三者の占有

他人に占有があれば窃盗罪となりますが，この「他人」は財物の所有者に限られません。第三者であっても構いません。

第三者の占有が認められるかどうかの判断基準	
出入りが**自由でない**場所 → 第三者の占有が認められる	出入りが**自由である**場所 → 第三者の占有が認められない

第三者の占有を認めた例（○）	第三者の占有を認めなかった例（×）
①**旅館の客室，トイレまたは風呂場に置き忘れた財布**（大判大8.4.4） 　旅館の主人に占有が認められます。旅館は，出入りが自由ではないからです。	①**列車内に置き忘れた物**（遺失物等横領罪が成立。大判大10.6.8，大判大15.11.2） 　列車は，ほぼ出入りが自由だからです。
②**ゴルフ場の池の中のロストボール**（最決昭62.4.10） 　ゴルフ場の管理者に占有が認められます。ゴルフ場は，出入りが自由ではないからです。	②**スーパーマーケットに置き忘れた物**（遺失物等横領罪が成立。東京高判平3.4.1） 　スーパーマーケットは，出入りが自由だからです。

(c) 死者の占有

ⅰ 原則

死者に占有は認められません。

死者は，財物に対しての事実的支配（P153のⅰ）をすることができないからです。

ⅱ 例外

行為者が被害者を殺害した直後に財物を盗もうと思いついて（※）死亡した被害者の財物を盗んだ場合，窃盗罪が成立します（最判昭41.4.8）。

被害者の占有を奪ったのは行為者なので，一連の行為を全体的に考えると被害者の占有を侵害したといえるからです。簡単にいうと，「お前が占有をなくしたんだろ！」ということです。よって，殺害の直後に，殺害をした者とは別の者が被害者の財物を奪っても，遺失物等横領罪が成立するだけです。

※最初から財物を奪う意図で被害者を殺害した場合，殺人罪＋窃盗罪ではなく，強盗殺人罪（刑法240条。P173④）が成立します。

（d）占有の帰属

　財物の保管に複数の者が関与している場合，誰に占有が帰属しているのかが問題となります。窃盗罪の法益は占有なので（P150の1.），窃盗罪が成立するには占有が被害者にある必要があります。占有が行為者のみにあれば，横領罪（刑法252条～254条。P192～198⑧）となります。

- **占有が被害者にある**　　→　**窃盗罪**（刑法235条）
- **占有が行為者のみにある**　→　**横領罪**（刑法252条～254条）

ⅰ　共同保管者

　対等の地位にある者が財物を共同で占有している場合，全員に占有が認められます。よって，一方が他方の同意を得ないで単独の占有に移した場合，窃盗罪となります（大判大8.4.5，最判昭25.6.6）。

ex. Xは，Zの自動車をYと共同で借りていました。Xは，この自動車を1人で勝手に持ち出して，質に入れました。この場合，Xには，窃盗罪が成立します。Yの占有が認められるからです。

　それに対して，共有物を1人で保管している者が他方の同意を得ないで領得した場合，横領罪となります。

ex. Xは，Yと共有している自転車を1人で保管していました。Xは，この自転車を勝手に質に入れました。この場合，Xには，横領罪が成立します。Xにのみ占有が認められるからです。

ⅱ　上下関係・主従関係にある者

　「上下関係・主従関係」とは，たとえば，お店の店主と店員の関係です。上下関係・主従関係にある者の間では，上位者に占有が認められます。下位，従位にある者は，単なる占有補助者にすぎないからです。

ex. 店員Xが無断で商品を領得する行為は，窃盗罪に当たります（大判大7.2.6）。店主Yに占有が認められるからです。

　ただし，下位，従位にある者でも，与えられた権限によっては（ex. 支店長），占有が認められる場合もあります。

iii　委託された封緘物

「封緘物」とは，封筒や容器などに入れて封や施錠をした物のことです。封筒やカギのついたバッグなどが当たります。委託された封緘物の占有は，封緘物と内容物で分けて考えます（大判明44.12.15，大判明45.4.26，大判大7.11.19，最決昭32.4.25）。

・封緘物自体
　→　受託者
・内容物
　→　委託者

ex. 郵便局員Xは，Yから小切手入りの封筒を預かりました。
・Xが封筒ごと領得した場合
　→　横領罪となります。
・Xが封筒を開けて小切手のみを領得した場合
　→　窃盗罪となります。

　おかしな結論のように思えるかもしれません。しかし，Yは封筒はXに預けましたが（封筒の占有はXにある），封をして預けた以上，Xは封を開けることは許されていない（中身の小切手の占有はYにある）からです。

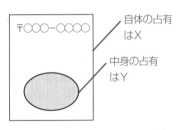

自体の占有
はX

中身の占有
はY

4. 実行の着手時期・既遂時期

　窃盗罪の未遂は，罰せられます（刑法243条）。未遂として処罰される実行の着手時期と既遂となる既遂時期は，以下の基準で考えます。

障害のない所まで 財物に近づいた時	占有を 取得した時
∵この時に, 法益である財物の占有が「あっ！危ない！」となるからです（最判昭23.4.17）。	∵財物の占有が法益だからです。試験では,「**行為者に占有がきているか**」をみてください（最判昭23.10.23）。

未遂時期	既遂時期
①住居での窃盗の場合, 住居に侵入した時点ではなく, 財物を物色するためにタンスや金庫に近づいた時点（大判昭9.10.19） 　住居に侵入しただけでは, まだ障害があるかもしれません。よって, タンスや金庫に近づいた時点が実行の着手時期となります。	①他人の家の浴室内で取得した指輪を後で取りに来る意思で浴室のすき間に隠した時点（大判大12.7.3） 　隠したことによって行為者にしか指輪の場所がわからなくなったため, 行為者に占有がきたといえます。
②土蔵での窃盗の場合, 外扉の錠や壁などの破壊を開始した時点（名古屋高判昭25.11.14） 　上記①の住居と違って, 土蔵の内部には普通は人がいません。よって, 土蔵に入ろうとした時点が実行の着手時期となります。	②お店で万引きをしようと商品である靴下を懐中に収めた時点（大判大12.4.9） 　お店を出ていませんが, 懐中に収めたので, 行為者に占有がきたといえます。
③車上荒らしの場合, 自動車のドアガラスの開披を開始した時点（東京地判平2.11.15） 　車上荒らしの場合も, 自動車の内部には普通は人がいません。よって, 自動車に入ろうとした時点が実行の着手時期となります。	③スーパーで万引きをしようと商品をスーパーの買い物かごに入れ, レジで代金を支払わずにレジの外側に商品を持ち出した時点（東京高判平4.10.28） 　スーパーの買い物かごに入れているため, レジを通過していない時点では行為者に占有がきたとはいえません。支払わずにレジを通過した時点で行為者に占有がきたといえます。
④深夜の店舗での窃盗の場合, レジのあるたばこ売場のほうに行きかけた時点（最決昭40.3.9） 　深夜の店舗であり, 店員などがいません。よって, レジのあるたばこ売場までは障害がないため, そこまで行きかけた時点が実行の着手時期となります。	④他人の住居に侵入し衣類を盗んで搬出しやすいように荷造りを終え, 勝手口まで運び出した時点（東京高判昭27.12.11） 　敷地から出ていませんが, 荷造りを終えて勝手口まで運び出していますので, 行為者に占有がきたといえます。

未遂時期	既遂時期
⑤すりの場合，金品の存在を知ってすり取ろうとしてポケットの外側に手を触れた時点（最決昭29.5.6） ただし，金品が存在するかを確かめるためのいわゆる当たり行為でポケットの外側に手を触れた場合は，実行の着手はありません。行為者の主観も考慮されるわけです。ただ，客観的にはわかりにくいので，鉄道警察が捕まえるときは，言い訳をされないよう，ポケットやバッグに手を入れた時に捕まえます。	⑤他人の家の前にカギをかけて置かれた自転車のカギを外し自転車の方向を変えた時点（大阪高判昭25.4.5） カギを外せば，いつでも自転車に乗っていけますので，行為者に占有がきたといえます。
	⑥宝石店において，万引きの意図でガラスケース内の指輪を取り出そうとして手にしたが，店員の気配を察して直ちにガラスケース内に指輪を落とした場合，既遂とはならない（大阪高判昭60.4.12） 指輪を手にしましたが，その時間があまりに短いこと，ガラスケース内に落としたことから，行為者に占有がきたとはいえません。
	⑦一般に自由に出入りすることができず，さらに門扉，障壁，守衛などの設備があり，その障害を排除しなければ目的物を構外に搬出できないような工場の資材小屋内から金属を取り出し運搬しても，工場の構外に出ないうちに発見され目的を遂げなかった場合は既遂とはならない（大阪高判昭29.5.4） 工場の構外に出るにはまだ障害がありますので，行為者に占有がきたとはいえません。

5．主観的要件

　窃盗罪が成立するために，主観的要件として故意は必要ですが，さらに不法領得の意思が必要です（大判大4.5.21）。「不法領得の意思」とは，以下の①②を充たす意思です（大判大4.5.21）。

①権利者を排除して他人の物を自分の所有物とする意思（振る舞う意思。下記（1））
②物の経済的用法に従って利用・処分する意思（利用処分意思。下記（2））

（1）権利者を排除して他人の物を自分の所有物とする意思（振る舞う意思）

　これは，窃盗罪を使用窃盗と区別するために要求されます。「使用窃盗」とは，以下のような行為であり，不可罰です。

ex. Xは，一時使用の目的でYの自転車を持ち去り，すぐに元の場所に戻しました。この場合，Xは不可罰です（大判大9.2.4）。

　他にも，居酒屋でトイレに行くときに他人のクツを無断で使ったり，近くのコンビニに行くときに他人のビニール傘を無断で使ったりしても，すぐに元の場所に戻せば不可罰となると思われます（実際に行うと捕まる可能性もありますので，行わないでください）。

　ただし，以下のような行為は，使用窃盗には当たらず，窃盗罪となります。

・一時使用であっても，使用後に廃棄するつもりであった場合（大判大9.2.4）
・実質的に一時使用とはいえない場合

ex. Xは，Yの自動車を4時間余り運転しましたが，元の場所に戻すつもりでした。この場合，Xは窃盗罪となります（最決昭55.10.30）。自転車と違って自動車は，常識的に「ちょっと借りる」というものではないからです。

・侵害が重大である場合

ex. Xらは，コピーをとってその内容を他に漏らす目的で持ち出しの禁止された秘密資料を持ち出しましたが，すぐに元の場所に戻しました。この場合，Xらは窃盗罪となります（東京地判昭59.6.28）。情報（秘密資料）は，内容が漏れたら盗まれたといえますよね。よって，その後に秘密資料を戻しても意味がないんです。

（2）物の経済的用法に従って利用・処分する意思（利用処分意思）

　これは，窃盗罪を毀棄・隠匿罪と区別するために要求されます。

領得罪と毀棄・隠匿罪との違い

　財産罪を以下のように分類することができます。
・領得罪　　　：窃盗罪，不動産侵奪罪，強盗罪，詐欺罪，恐喝罪，横領罪
・毀棄・隠匿罪：公用文書等毀棄罪，私用文書等毀棄罪，建造物等損壊罪，器物損壊
　　　　　　　　罪，境界損壊罪，信書隠匿罪

　この違いが，不法領得の意思があるか（領得罪）ないか（毀棄・隠匿罪）です。基本的に，領得罪のほうが重い罪であり，毀棄・隠匿罪のほうが軽い罪です。他人の物が欲しい人はいくらでもいますが，他人の物を壊したり隠したりしたい人はあまりいません。みなさんも，実際に盗んだりはしないとしても他人の物を「欲しいな～」と思ったことはあると思います。しかし，他人の物を「壊したいな～。隠したいな～。」と思ったことはないと思います。実際に，例年，警察に認知される犯罪の7割以上が窃盗罪です。よって，領得罪は，重い罪として防止する必要性が高いわけです。

　利用処分意思は，毀棄・隠匿以外はほとんど認められます。
ex1. Xは，友人Yの部屋に遊びに行った際，Yが席を外したすきに，Yのカメラを自分のかばんに入れて持ち帰りました。Xは，このカメラを自分で使うか売ることを考えていましたが，どちらにするか確たる考えはありませんでした。この場合，Xには，不法領得の意思が認められます。自分で使うことも売ることも，毀棄・隠匿ではありません。
ex2. Xは，返品を装って金銭を交付させるため，値札などを外したうえで衣類を店内のトイレに持ち出しました。この場合，Xには，不法領得の意思が認められます（大阪地判昭63.12.22）。返品を装って金銭を交付させる（金に替えようとする）ことは，毀棄・隠匿ではありません。
ex3. Xは，市議会議員選挙において水増し投票をする目的で投票用紙を持ち出しました。この場合，Xには，不法領得の意思が認められます（最判昭33.4.17）。水増し投票をすることは，毀棄・隠匿ではありません。
ex4. Xは，督促手続の制度を悪用してYの財産を差し押さえようと考えました。督促手続は，債務者が文句を言わなければ（督促異議の申立てをしなければ），債権者は債務名義を取得できます。── 民事訴訟法・民事執行法・民事保全法のテキスト第1編第14章第4節1　Xは，Yを債務者とする支払督促を申し立て，支払督促の正本などを送達してきた郵便配達員Zに対し，Y宅の近辺でYを装って応対し，廃棄

するために，XをYと誤信したZから支払督促の正本などを受け取りました。この場合，Xには，不法領得の意思が認められません（最決平16.11.30）。廃棄するためなので，毀棄目的だからです。なお，受領書を偽造していたため，私文書偽造罪にはなりました。

ex5. Xは，Yの家からチェーンソーを持ち出して，数百m離れた海中に投棄しました。この場合，Xには，不法領得の意思が認められません（仙台高判昭46.6.21）。投棄するためなので，毀棄目的だからです。

　また，利用処分意思は，本来の財物の使用方法とは異なる利用の仕方であっても，認められます。

ex. Xは，性欲を満たすため，隣の家に住むYがベランダに干していた下着を持ち去り，自宅に保管していました。この場合，Xには，不法領得の意思が認められます（最決昭37.6.26）。

③ 不動産侵奪罪

> **刑法235条の2（不動産侵奪）**
> 　他人の不動産を侵奪した者は，10年以下の懲役に処する。

1．法益
　不動産侵奪罪の法益は，不動産の占有です。

2．客体
　かつては，不動産の不法占拠などは，民法の規定で解決する扱いでした。しかし，第二次世界大戦の敗戦後，不動産の侵奪が相次ぎました。あの時代は，戦争で日本が焼け野原になり，どさくさに紛れて土地を奪うといったことが横行していたんです。そこで，不動産侵奪罪が規定されました。こういった経緯があるため，不動産は，不動産侵奪罪の客体となり，窃盗罪の客体とはなりません。
　なお，P151（1）の刑法242条の規定は，不動産侵奪罪にも適用されます。

3. 行為

　不動産侵奪罪の実行行為は，「不動産を侵奪」することです（刑法235条の2）。不動産侵奪罪は窃盗罪の不動産バージョンなので，「侵奪」は，窃盗罪の「窃取」に対応する行為です。「侵奪」とは，不動産の占有者の意思に反して占有を排除して，自己または第三者の占有を設定することです（最判平12.12.15）。

「侵奪」に当たるかどうかの判断基準

事実上の侵害　　　　　　　　　　　法律上の侵害
　→　「侵奪」に当たる　　　　　　→　「侵奪」に当たらない

「侵奪」に当たる（○）	「侵奪」に当たらない（×）
①他人が所有する土地を囲い込む行為（大阪高判昭41.8.19）	①他人の土地の登記名義を勝手に自分の名義とする行為
②他人が所有する土地上に建物を建てる行為（福岡高判昭62.12.8参照）	②家屋の賃貸借契約が終了したにもかかわらず賃借人が明渡しを拒否する行為（東京高判昭53.3.29） 　賃借人が占有しているため，賃貸人の占有を「排除」したとはいえないからです。
③自分が所有する家屋の2階部分を隣の家の庭の上に張り出して増築する行為（大阪地判昭43.11.15）	③建物の賃借人が賃貸人に無断で建物に接続して木造の物置小屋を庭に建てる行為（東京高判昭53.3.29） 　これも，賃借人が占有しているため，賃貸人の占有を「排除」したとはいえないからです。
④他人の土地を自分の土地と偽って売却して土地上に建物を建てさせる行為	④他人が所有する畑に生育している作物を抜き去って表土を持ち去る行為 　作物や表土は動産なので，これは窃盗罪となります。

4 親族間の特例（親族相盗例）

> **刑法244条（親族間の犯罪に関する特例）**
> 1　配偶者，直系血族又は同居の親族との間で第235条の罪〔窃盗罪〕，第235条の2の罪〔不動産侵奪罪〕又はこれらの罪の未遂罪を犯した者は，その刑を免除する。
> 2　前項に規定する親族以外の親族との間で犯した同項に規定する罪は，告訴がなければ公訴を提起することができない。

1．意義

　親族間での窃盗罪と不動産侵奪罪は，刑が免除される場合があります。これを「親族相盗例」といいます。「免除」とは，犯罪自体は成立するが，処罰阻却事由がある（刑務所に入れたりしないよ）ということです。P10の図でいうと，構成要件に該当し，違法性があり，責任がある行為ですが，処罰阻却事由があるということです。

2．趣旨

　おそらく聞いたことがあると思いますが，「法は家庭に入らず」が趣旨です。また，親族間では，所有・占有の関係が不明確であるという理由もあります。みなさんがご家族と同居しているのなら，家にある物で誰の物かわからない物が多くないですか。

3．要件
（1）意義

P207≒

　行為者と占有者および所有者が，配偶者，直系血族または同居の親族である場合に，刑が免除されます（刑法244条1項）。配偶者と直系血族は関係性が近いので，別居であっても当たります。それ以外の親族（ex. 兄弟姉妹）は，同居である必要があります。

　これらのいずれにも該当しない親族（ex. 別居の兄弟姉妹）である場合には，刑は免除されませんが，親告罪となります（刑法244条2項）。

　上記の「親族」は，民法の親族（民法725条）と同じ意味です。── **民法Ⅲのテキスト第9編第2章3**　よって，内縁の配偶者は含まれません（最決平18.8.30）。

（2）親族関係は誰と誰の間に必要か？

上記（1）の親族関係は，行為者と占有者および所有者の双方の間に必要です（大判昭12.4.8，最決平6.7.19）。

ex1. Xが，父Yが所有している腕時計をYから借りているYの友人Zから盗んだ場合，刑は免除されません（大判明43.6.7）。

ex2. Xが，父Yの友人Zが所有している腕時計をZから借りているYから盗んだ場合，刑は免除されません（大判昭12.4.8）。

親族相盗例は「法は家庭に入らず」という趣旨なので，行為者と占有者および所有者のすべての者が家庭内の者である必要があるからです。

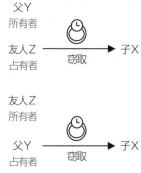

父Y　所有者
友人Z　占有者 ——窃取—→ 子X

友人Z　所有者
父Y　占有者 ——窃取—→ 子X

4．他の財産罪への準用

親族相盗例は，窃盗罪と不動産侵奪罪についての規定ですが，他の財産罪にも準用されています。「法は家庭に入らず」という趣旨が当てはまる財産罪には，準用されます。準用される財産罪と準用されない財産罪は，以下の表のとおりです。

親族相盗例の規定が準用される財産罪（○）	親族相盗例の規定が準用されない財産罪（×）
①**詐欺罪**（刑法251条） ②**恐喝罪**（刑法251条） ③**横領罪**（刑法255条） ④**背任罪**（刑法251条）	①**強盗罪** 　たとえば，息子がピストルをつきつけて親から現金を脅し取った場合，生命・身体が侵害され得るので，さすがに「法は家庭に入らず」というわけにはいきません。 ②**毀棄罪**

5　強盗罪

刑法236条（強盗）
1　暴行又は脅迫を用いて他人の財物を強取した者は，強盗の罪とし，5年以上の有期懲役に処する。
2　前項の方法により〔暴行又は脅迫を用いて〕，財産上不法の利益を得，又は他人にこれを得させた者も，同項と同様とする。

1．法益
　強盗罪の法益は，財産的利益と身体的利益です。
　強盗罪が窃盗罪と異なる点は，暴行または脅迫を用いることです。暴行または脅迫が用いられるため，身体的利益も法益となります。
ex. Xは，コンビニ強盗を計画し，深夜，ピストルを持ってコンビニに侵入しましたが，たまたま店員が不在であったため，暴行または脅迫をすることなくレジから売上金を奪いました。この場合，Xには，窃盗罪が成立し，強盗罪は成立しません。売上金を奪うに当たり，暴行または脅迫を用いていないからです。

2．客体
　強盗罪の客体は，「他人の財物」または「財産上不法の利益」です（刑法236条）。

（1）「他人」
　自分に所有権のある財物でも，以下の①または②のものは他人の財物とみなされ，強盗罪の客体となります（刑法242条）。

P151＝

①他人の占有に属しているもの
ex. 賃貸している物
②公務所の命令によって他人が看守しているもの
ex. 差押えを受けた物

（2）「財物」
（a）意義
　財物（P148〜149の1.）は，強盗罪の客体になります（刑法236条1項）。

（b）罪数・他罪との関連

　ある者が，同一の家屋内の一室で，まず金品を窃取しました（窃盗既遂）。引き続き，その隣室にいた家人（かじん）に暴行・脅迫を加えて反抗を抑圧して金品を強取しました（強盗既遂）。この場合，強盗罪のみが成立します（高松高判昭28.7.27）。窃盗の既遂は，強盗罪に吸収評価されます。これは，P91〜92（2）の包括一罪の一種です。窃盗罪と強盗罪は，同一の財産的利益を保護しています。被害者が同じであり，法益もほとんど同じだからです。また，時間的・場所的に近接していることも理由の1つです。

（3）「財産上不法の利益」

（a）意義

　財産上の利益（P149 の2.）は，強盗罪の客体になります（強盗利得罪。刑法 236 条2項）。

　このテキストでは，財産罪に◯◯利得罪（2項◯◯罪）があるかは，予備校の講義で考えていきます。たとえば，受講料を支払っていない受験生の方が教室に入ってきて，講師である私に対してピストルをつきつけ，「講義をしろ！」と言い，無理矢理に講義をさせたとします。ピストルをつきつけているので，強盗を行っているのがわかりやすいですよね。このように，強盗は暴行または脅迫を用いるため，わかりやすいので，強盗利得罪があるのです（P152 の「『◯◯利得罪（2項◯◯罪）』があるかどうかの判断基準」）。

（b）罪数・他罪との関連

　だまし取った（詐欺罪の実行行為）財物の代金支払を免れるために被害者に対して暴行・脅迫を加えて反抗を抑圧した（強盗利得罪の実行行為）場合，詐欺罪は強盗利得罪に吸収されます（最決昭61.11.18）。つまり，詐欺罪と強盗利得罪は同時に成立する余地はなく，強盗利得罪のみが成立するということです。これは，P91〜92（2）の包括一罪の一種です。

ex. Xは，Yが経営しているレストランで，代金を支払う意思なく料理を注文し，食事をしました。その後，Xは，Yから代金の支払を請求されましたが，代金の支払を免れるため，Yに暴行・脅迫を加えて反抗を抑圧し，その場から逃走しました。この場合，Xには，強盗利得罪のみが成立します。

　詐欺罪と強盗利得罪は，同一の財産的利益を保護しています。上記 ex.であれば，料理（その代金）です。よって，刑罰の重い強盗利得罪のみが成立すれば十分です。また，だまし取る行為と暴行・脅迫行為は，時間的・場所的に近接しています。

3. 行為

　強盗罪の実行行為は，「暴行又は脅迫」を用いて，反抗を抑圧し，「他人の財物」を「強取」する，または，「不法の利益を得」るもしくは「他人にこれを得させ」ることです（刑法236条）。強盗罪は，以下の流れをたどることになります。

（1）「暴行又は脅迫」
（a）意義

　強盗罪の暴行・脅迫とは，最狭義の暴行・脅迫（P123）をいい，相手方の反抗を抑圧するに足りる程度のものである必要があります（最判昭24.2.8）。

「
P189

※ひったくり

　ひったくりは，基本的には強盗罪ではなく窃盗罪となります。ひったくりの際の暴行は，通常は被害者の反抗を抑圧するに足りる程度のものではないからです。
　ただし，被害者が財物を離さないために暴行を継続したなど，暴行の程度によっては強盗罪となることもあります（最決昭45.12.22参照）。

（b）反抗抑圧の程度の判断

　反抗を抑圧するに足りる程度かどうかは，一般人の見地から判断されます（客観説。最判昭23.11.18）。一般人ならどうか，ということです。
ex. Xは，Yにナイフを突きつけて財布を渡すよう要求しましたが，Yは機動隊員であったので反抗を抑圧されませんでした。しかし，Yは万が一のケガをおそれ，Xに財布を差し出しました。この場合，Xには，強盗罪が成立します（最判昭23.6.26参照）。一般人なら，ナイフを突きつけられれば反抗を抑圧されるからです。ナイフを突きつけられて反抗できる人なんて，ほとんどいないですよね。

（2）「強取」

「
P189

　「強取」とは，暴行または脅迫を用いて，反抗を抑圧し，財物を奪取することです。

判断基準

P189＝

　強取したといえるには，暴行または脅迫が財物奪取の手段となっている（暴行・脅迫と財物奪取との間に因果関係がある）必要があります。強盗罪が重く処罰される（5年以上の有期懲役。刑法236条）のは，「財物欲しさに暴行または脅迫をするとは，

なんてことだ！」ということだからです。

ex1. Xは、Y宅に侵入し、Yにピストルを突きつけて脅迫し、金品を要求しましたが、Yが畏怖して身動きができなくなったので、自らY宅内を物色し、Yが気づかないうちに、Y所有の時計を奪いました。Yが気づいていませんが、気づいていないことが暴行または脅迫に基づく限り、「強取」となります（最判昭23.12.24）。

ex2. XがYにナイフを突きつけて金品を要求したところ、驚いたYは、逃げ出し、逃走の途中でポケットから財布を落としました。Yの姿が見えなくなった後、Xは、財布が路上に落ちているのに気づき、財布を奪いました。これは、「強取」には当たりません（名古屋高判昭30.5.4）。逃走の途中で財布を落としたのであり、脅迫したから財布を落としたわけではないからです。ただ、これは注意して記憶しないと間違えてしまう裁判例です。

　暴行または脅迫の後で、財物奪取の意思を生じて財物を奪った場合には、「強取」には当たりません。これは、暴行罪または脅迫罪と窃盗罪の併合罪となります。
　財物奪取のために暴行または脅迫をしたわけではないため、「財物欲しさに暴行または脅迫をするとは、なんてことだ！」とはならないからです。

4. 実行の着手時期・既遂時期

　強盗罪の未遂は、もちろん罰せられます（刑法243条）。未遂として処罰される実行の着手時期と既遂となる既遂時期は、以下の基準で考えます。

暴行・脅迫を 開始した時	占有を 取得した時
∵暴行または脅迫を用いて法益を害する犯罪だからです。	∵財物の占有を取得することで、強盗が完了するからです（最判昭24.6.14）。
未遂時期	既遂時期
窃盗の実行に着手した者が、住人に発見され、居直って財物奪取のために暴行または脅迫を行った場合（いわゆる居直り強盗）も、暴行または脅迫を開始した時が強盗罪の着手時期です。	強盗の故意で財物を奪取した後、その財物の確保のために暴行を行った場合、全体として強盗既遂罪となります（最判昭24.2.15）。

5．事後強盗罪

> ### 刑法238条（事後強盗）
> 　窃盗が，財物を得てこれを取り返されることを防ぎ，逮捕を免れ，又は罪跡を隠滅するために，暴行又は脅迫をしたときは，強盗として論ずる。

（1）趣旨

　窃盗の犯人が犯行後に被害者と鉢合せ（はちあわ）などした際に暴行または脅迫を加えることが多いため規定されたのが，この事後強盗罪です。「強盗として論ずる」（刑法238条）とは，強盗罪として扱うということです。

> ### ― Realistic 14　こそ泥はこれが怖くて暴行しない？ ―
> 　この規定があるため，プロのこそ泥は被害者と鉢合せなどしても，暴行をしたりはしないといわれています。強盗罪になってしまいますから。もちろん，こそ泥によるでしょうが。

（2）主体

　刑法238条に「窃盗が」とありますとおり，事後強盗罪の主体となるのは窃盗犯人です。事後強盗罪は，身分犯（P82の1.）です。窃盗の実行に着手している必要があります（東京高判昭24.12.10）。窃盗の実行に着手していれば，未遂犯でも構いません。ただ，財物を取り返されることを防ぐための暴行または脅迫の場合には，窃盗は既遂となります。これは当たり前ですね。

（3）行為

　事後強盗罪の実行行為は，窃盗の機会に，以下の①〜③のいずれかのために，「暴行又は脅迫」をすることです（刑法238条）。

① 「財物を得てこれを取り返されることを防」ぐため
② 「逮捕を免れ」るため
③ 「罪跡を隠滅するため」

（a）「暴行又は脅迫」

　事後強盗罪の暴行・脅迫も，最狭義の暴行・脅迫（P123）です。強盗として扱われるからです。

　暴行・脅迫の相手方は，窃盗の被害者に限られません。

ex. スーパーＺで万引きをしたＸは，警備員Ｙに見つかって追跡されたため，捕まえ
　　られるのを防ぐためにＹに暴行を加えました。Ｙは窃盗の被害者ではありません
　　が，Ｘに事後強盗罪が成立します。

（ｂ）窃盗の機会

　暴行または脅迫は，窃盗の機会に行われたものである必要があります。

窃盗の機会といえるかどうかの判断基準	
窃盗犯人に対する窃盗の 追及が継続している 　→　窃盗の機会といえる	窃盗犯人に対する窃盗の 追及が継続していない 　→　窃盗の機会といえない

窃盗の機会といえる（○）	窃盗の機会といえない（×）
①窃盗の現場から数十ｍ離れた地点で巡査に現行犯人として逮捕され，連行される途中に逃げ出し，逮捕を免れるためにその巡査に暴行を加えた場合（最決昭34.6.12） 　窃盗の現場から数十ｍしか離れていませんし，窃盗の現行犯人として逮捕されているため，窃盗の追及が継続しているといえるからです。	①窃盗の現場から200ｍ離れた場所で警ら中の巡査から犯行とは無関係に職務質問を受けた際に，逮捕を免れようとして暴行を加えた場合（東京高判昭27.6.26） 　窃盗の現場から200ｍしか離れていませんので，左の②よりも窃盗の現場からの距離は近いです。しかし，距離だけで決まるわけではありません。犯行とは無関係に職務質問を受けていますので，窃盗の追及が継続しているとはいえません。
②窃盗の後30分経過し，現場から1ｋｍ離れた場所で，窃盗の被害者に財物を取り返されそうになり暴行を加えた場合（広島高判昭28.5.27） 　窃盗から30分しか経過していませんし，窃盗の被害者に財物を取り返されそうになっているため，窃盗の追及が継続しているといえるからです。	②窃盗の犯人が，いったん被害者宅から離れて，容易に発見され財物を取り返される，または，逮捕される状況になくなった後，犯人がその数十分後に再び窃盗の目的で被害者宅に侵入し，その際に暴行・脅迫を行った場合（最判平16.12.10） 　いったん容易に発見され財物を取り返される，または，逮捕される状況ではなくなっていますので，窃盗の追及が継続しているとはいえません。

（4）実行の着手時期・既遂時期
（a）実行の着手時期

　事後強盗罪の未遂も，罰せられます（刑法 243 条）。未遂として処罰される実行の着手時期は，暴行・脅迫を開始した時です。強盗罪と同じく，事後強盗罪も暴行または脅迫を用いて法益を害する犯罪だからです。

（b）既遂時期

　事後強盗罪が既遂となるか既遂とならずに未遂となるかは，窃盗が既遂か未遂かが基準とされます（最判昭 24.7.9）。

①財物を得てこれを取り返されることを防ぐために暴行または脅迫がなされた場合
　→　事後強盗罪は直ちに既遂となります。財物を得ているため，窃盗は既遂だからです。

②逮捕を免れるために暴行または脅迫がなされた場合
③罪跡を隠滅するために暴行または脅迫がなされた場合
　→　窃盗が既遂である場合は事後強盗罪も既遂となります。
　→　窃盗が未遂である場合は事後強盗罪も未遂となります。

※事後強盗罪ではないのか？

　この後，テキストを読み直すと，「P169 の表の事例は，事後強盗罪ではないの？」という疑問が生じるかもしれません。P169 の表の左の居直り強盗の事例は，居直って強盗をしており，取り返されることを防いだり逮捕を免れたりするためではありません。P169 の表の右の事例も，取り返されることを防いだり逮捕を免れたりするためではないとされました。これは，ギリギリで事後強盗罪ではないとされた事例です。しかし，財物の確保のために暴行を行ったので，事後強盗罪とするべきだという批判もあります。

6. 強盗致死傷罪

> **刑法240条（強盗致死傷）**
>
> 　強盗が，人を負傷させたときは無期又は6年以上の懲役に処し，死亡させたときは死刑又は無期懲役に処する。

（1）趣旨

　強盗は暴行または脅迫を用いるので，強盗の犯人が犯行時に死傷の結果を生じさせることが多いです。そこで規定されたのが，この強盗致死傷罪です。人を負傷させたときは無期懲役または6年以上の懲役，人を死亡させたときは死刑または無期懲役と，強盗罪よりも重い刑罰が定められています（刑法240条）。

（2）主体

　刑法240条に「強盗が」とありますとおり，強盗致死傷罪の主体となるのは強盗犯人です。強盗致死傷罪も身分犯（P82の1.）です。事後強盗罪の犯人も含まれます。

（3）行為

　強盗致死傷罪の実行行為は，強盗の機会に，人を「負傷させ」るまたは「死亡させ」ることです（刑法240条）。

（a）4つの類型

　条文では明記されていませんが，この刑法240条は以下の①～④の4つの犯罪を規定したものです（大連判大11.12.22）。

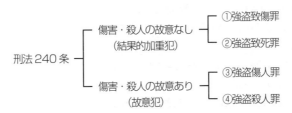

（b）強盗の機会

　死傷の結果は，強盗の手段としての暴行または脅迫から生じた場合に限られるわけではありません。"強盗の機会"に生じたことで足ります（機会説。最判昭25.12.14）。

強盗の機会といえるかの判断方法

　強盗の機会といえるかは，常識的に考えれば判断可能です。

強盗の機会といえる（○）	強盗の機会といえない（×）
①強盗犯人が小刀を突きつけて脅迫したところ，被害者が出刃包丁で抵抗したので，格闘中，その小刀で被害者の腕に傷害を加えた場合（大判昭6.10.29） 　被害者が抵抗した際の格闘中ですので，強盗の機会といえます。	①強盗を行った犯人が，自分の犯行であることを隠ぺいするために，犯行の翌日に被害者を殺害した場合（最判昭23.3.9） 　「翌日」ですので，強盗の機会とはいえません。
②強盗目的で住宅に侵入し，日本刀で脅迫したが，被害者の一部の者が騒ぎ出したために，犯行を諦めて逃走したところ，別の被害者が追跡してきたので，逮捕を免れるために住宅を出た入り口付近で追ってきた被害者を日本刀で殺害した場合（最判昭24.5.28） 　追跡してきた被害者を殺害していますので，強盗の機会といえます。	②前夜，強盗を行って得た財物を，翌晩他県で陸揚げしようとして巡査に発見され，逮捕を免れるために傷害を加えた場合（最判昭32.7.18） 　「翌晩」「他県」ですので，強盗の機会とはいえません。
③路上で被害者を脅迫してその反抗を抑圧し，その財物を強取したが，すぐに被害者が追いかけてきたので，逃走するため，被害者を殴打して負傷させた場合 　すぐに追いかけてきた被害者を負傷させていますので，強盗の機会といえます。	
④タクシー内で拳銃を突きつけて金員を要求した後，犯人が路上に立っていたので，タクシー運転手が警察に連れて行くため犯人を再びタクシーに乗車させ，現場から6㎞離れた所で，犯人が逃走するため頭部を殴打して傷害を加えた場合（最決昭34.5.22） 　この④の事案は意識して記憶しておかないと迷ってしまうと思いますので，意識して記憶してください。	

（c）因果関係

強盗の手段としてまたは強盗の機会になされた暴行または脅迫と死傷の結果との間には，因果関係が存在しなければなりません。

因果関係がある（○）	因果関係がない（×）
・強盗犯人が日本刀で被害者を脅迫中，被害者がその日本刀を握ったため傷害を負った場合（最決昭28.2.19）被害者の行為が介在したとはいえ，強盗犯人の行為から生じた傷害であるからです。	・初めは恐喝の意思で傷害を加えたが，後に強盗の意思で財物を強取した場合（新潟地判昭45.12.11）傷害（結果）の前に強盗の意思がある必要があります。因果関係は，実行行為と結果をつなぐものなので，前には戻らないからです。 結果　←　因果関係　←　実行行為

（4）既遂時期

強盗致死傷罪が既遂になるのに，財物の強取が未遂か既遂かは関係ありません。財物の強取が未遂でも，強盗致死傷罪が既遂になることはあるんです。法益の価値として財産的利益よりも身体的利益のほうが高いからです。

（a）結果的加重犯 —— 強盗致傷罪・強盗致死罪

強盗致傷罪と強盗致死罪は，負傷または死亡の結果が生じた時に既遂となります。負傷または死亡の結果が生じなかった場合は，強盗罪が成立するだけです。

強盗致傷罪と強盗致死罪は，強盗罪の結果的加重犯です。結果的加重犯は結果によって刑が加重される犯罪です。よって，負傷または死亡の結果が生じなかったのであれば，刑が加重されることはなく，単なる強盗罪が成立するだけです。強盗致傷罪・強盗致死罪の未遂とはなりません。結果的加重犯に未遂はなかったですよね（P125（3））。

（b）故意犯
ⅰ　強盗殺人罪

強盗殺人罪は，死亡の結果が生じた時に既遂となります。強盗犯人が被害者を殺害しようとしたが，死亡の結果が発生しなかった場合は，強盗殺人罪の未遂となります（大判昭4.5.16）。

強盗殺人罪は，殺人の故意があり，結果的加重犯ではないため，死亡の結果が発生しなくても未遂犯となるのです。

ii　強盗傷人罪

強盗傷人罪は，負傷の結果が生じた時に既遂となります。では，負傷の結果が発生しなかった場合に，上記iの強盗殺人罪のように，強盗傷人罪の未遂となるかですが，なりません。強盗罪が成立するだけです。

たしかに，強盗傷人罪は，傷害の故意があり，結果的加重犯ではありません。しかし，傷害の未遂は暴行であり，暴行はもともと強盗罪の手段です。よって，強盗傷人の未遂は，強盗罪となるのです。

7. 強盗・強制性交等罪

> ### 刑法241条（強盗・強制性交等及び同致死）
> 1　強盗の罪若しくはその未遂罪を犯した者が強制性交等の罪（第179条第2項の罪を除く。以下この項において同じ。）若しくはその未遂罪をも犯したとき，又は強制性交等の罪若しくはその未遂罪を犯した者が強盗の罪若しくはその未遂罪をも犯したときは，無期又は7年以上の懲役に処する。
> 3　第1項の罪に当たる行為により人を死亡させた者は，死刑又は無期懲役に処する。

（1）趣旨

強盗と同一の機会に強制性交等が行われる場合があります。これは非常に悪質な行為なので，強盗罪と強制性交等罪よりも重い犯罪として規定されたのが強盗・強制性交等罪（下記（2））と強盗・強制性交等致死罪（下記（3））です。刑罰は，強盗・強制性交等罪が無期懲役または7年以上の懲役（刑法241条1項），強盗・強制性交等致死罪が死刑または無期懲役です（刑法241条3項）。

（2）強盗・強制性交等罪

強盗・強制性交等罪の主体は，強盗（未遂も含みます）の犯人または強制性交等（未遂も含みます）の犯人です（刑法241条1項）。強盗・強制性交等罪も身分犯（P82の1.）です。「強盗（未遂も含みます）の犯人」「強制性交等（未遂も含みます）の犯人」とあるのは，強盗と強制性交等のどちらが先でも成立するということです。かつては，以下のような違いがありました。

・強盗を行った者が強制性交等を行った　→　強盗・強制性交等罪

・強制性交等を行った者が強盗を行った　→　強制性交等罪と強盗罪との併合罪

（無期懲役はなし。最判昭24.12.24）

＊かつては，強制性交等罪は「強姦罪」，強盗・強制性交等罪は「強盗強姦罪」といいました。

　しかし，この違いはおかしいですよね。強盗と強制性交等のどちらが先でも，非常に悪質な行為であり被害者の被害も変わりがありません。そこで，平成29年の改正で，いずれも無期懲役のある強盗・強制性交等罪とされました。

（3）強盗・強制性交等致死罪

（a）意義

　強盗と強制性交等の行為により人を死亡させた場合，強盗・強制性交等致死罪となります。非常に悪質な行為により被害者が死亡しましたので，法定刑は死刑または無期懲役とされています（刑法241条3項）。

（b）殺人の故意がある場合

　殺人の故意がある場合も，強盗・強制性交等致死罪となります。かつては，殺人の故意がある場合は，強盗・強制性交等罪（旧強盗強姦罪）と強盗殺人罪の観念的競合とされていました（大判昭10.5.13）。しかし，平成29年の改正で，殺人の故意がない場合もある場合もいずれも強盗・強制性交等致死罪と，わかりやすくなりました。

― Realistic 15　「強盗・強制性交等殺人罪」と呼ぶべき？ ―

　殺人の故意がある場合も刑法241条3項が適用されることが明確になりました。しかし，それを「強盗・強制性交等致死罪」というのは少し違和感があるので，殺人の故意がある場合は「強盗・強制性交等殺人罪」と呼ぶべきではないかという指摘もあります。

6　詐欺罪

> **刑法246条（詐欺）**
> 1　人を欺いて財物を交付させた者は，10年以下の懲役に処する。
> 2　前項の方法により〔人を欺いて〕，財産上不法の利益を得，又は他人にこれを得させた者も，同項と同様とする。

1. 法益

　詐欺罪の法益は，財産的利益です。

2. 客体

　詐欺罪の客体は，「財物」または「財産上不法の利益」です（刑法246条）。

（1）「財物」

　財物（P148～149の1.）は，詐欺罪の客体になります（刑法246条1項）。

（2）「財産上不法の利益」

　財産上の利益（P149の2.）は，詐欺罪の客体になります（詐欺利得罪。刑法246条2項）。

ex. Xは，所持金がなく代金を支払う意思もないのにタクシーに乗り，目的地に到着すると，運転手Yのすきを見て何も言わずに逃げました。この場合，Xに2項詐欺罪が成立します。

　たとえば，受講料を支払っていない受験生の方が，偽造した受講証を見せて，講義を聴いたとします。偽造した受講証を見せているので，詐欺を行っているのがわかりやすいですよね。このように，詐欺は欺く行為があるため，わかりやすいので，詐欺利得罪があるのです（P152の「『○○利得罪（2項○○罪）』があるかどうかの判断基準」）。

＊詐欺罪は，財物を交付させる1項詐欺罪なのか，財産上不法の利益を得る2項詐欺罪なのかが，よく出題されます。よって，以下，具体例においては，基本的に「1項詐欺罪」「2項詐欺罪」かも記載します。

3. 行為

詐欺罪の実行行為は、以下の①～④の因果をたどります（刑法246条1項）。

①欺罔行為をする（下記（1））
②上記①によって相手方が錯誤に陥る（下記（2））
③上記②の錯誤によって、相手方が処分行為をする（下記（3））
④上記③の処分行為によって、財物の交付または利益の移転がある（下記（4））

①欺罔行為　➡　②錯誤　➡　③処分行為　➡　④財物の交付・利益の移転

欺罔行為がされても、この因果をたどらなかった場合、詐欺罪は既遂にはなりません。

ex. ZはYに電話をかけ、「150万円を支払えばロト6に必ず当たる」と言って150万円をだまし取ろうとしました。Yは、詐欺ではないかと疑い、警察に通報したところ、警察官から捜査協力を依頼され、そのままだまされたふりをすることにして、現金の入っていない箱を指定された場所に発送しました。Xは、Zから依頼され、詐欺の被害金を受け取る役割である可能性を認識しつつ、Yが発送した箱を受け取りました。Xは、Yがだまされたふりをしていることを認識していませんでした。この場合、Xは1項詐欺未遂罪の共同正犯になります（最決平29.12.11）。Yは、だまされたふりをしていますので、上記②の錯誤に基づく③の処分行為がありません。よって、未遂となります。

③がある点が、詐欺罪の特徴です。窃盗罪や強盗罪は、被害者の意思に反して財物（利益）を奪う犯罪です。それに対して、詐欺罪は、（錯誤はありますが）被害者の意思に基づいて財物の交付または利益の移転がされる犯罪なのです。

（1）欺罔行為

（a）意義

欺罔行為は、取引の相手方が真実を知っていたら処分行為を行わないであろう重要な事実を偽ることをいいます。少しの誇張や隠蔽は、社会的に相当ならば欺罔行為に当たらないと解されています。

欺く方法には制限がありません。欺く方法は、広く認められます。欺く方法は、時代によって変わるからです。

（b）不作為による欺罔行為

不作為も欺罔行為になります（P17③のex2.）。

ex1. Xの残高17万円であった銀行口座に，誤って75万円が振り込まれました。Xは，そのことを知りながら，誤振込みがあったことを銀行Yに告げずに，銀行の窓口で88万円の払戻しを受けました。この場合，Xに1項詐欺罪が成立します（最決平15.3.12）。Xには，誤振込みがあったことを銀行に告げる義務（P16〜17（a））があるからです。

ex2. Xは，Yの店で500円の商品を購入する際，レジで千円札を出しましたが，店員が一万円札だと勘違いし，9500円の釣り銭を受け取りました。Xは，そのことに気づいていましたが，そのまま9500円を受け取って帰りました。この場合，Xに1項詐欺罪が成立します。Xには，釣り銭が多いことを店員に告げる義務（P16〜17（a））があるからです。たまに，これで逮捕される人がいます。なお，Xが自宅に帰る途中で釣り銭が多いことに気づき返さなかった場合は，遺失物等横領罪となります。釣り銭を受け取った時点では気づいていませんので，欺罔行為はありません。店の占有を離脱した金銭を横領したので，遺失物等横領罪となるんです。

（2）錯誤 ―― 欺罔行為の相手方
（a）意義

詐欺罪（未遂を除きます）が成立するには，上記（1）の欺罔行為によって相手方が錯誤に陥る必要があります。よって，欺罔行為の相手方は人である必要があります。機械は錯誤に陥らないからです。

ex1. 自動販売機に金属片を入れて商品を盗っても，1項詐欺罪にはなりません（窃盗罪になります）。

ex2. 他人名義のキャッシュカードを悪用して，銀行の現金自動預払機（ATM）から現金を引き出す行為は，1項詐欺罪にはなりません（窃盗罪になります。東京高判昭55.3.3）。

ex3. 装置を用いてパチンコ台を誤作動させてパチンコ玉を排出させる行為は，1項詐欺罪にはなりません（窃盗罪になります。最決昭31.8.22）。

ex4. 入口でチケットの提示を求めているコンサート会場において，裏口から会場に忍び込む行為は詐欺罪にはなりません（建造物侵入罪になります）。人に対する欺罔行為がないからです。偽造したチケットを入口で提示して会場に入ったのであれば，2項詐欺罪になります。人に対する欺罔行為があるからです。

　また，欺罔行為の相手方は，財産の処分をなし得る権限または地位を有する者（処分権者）である必要があります（最判昭45.3.26）。

ex. 不動産売渡証書を偽造して行使し，登記官を欺き，自分への所有権の移転の登記をさせる行為は，詐欺罪にはなりません（公正証書原本不実記載等罪〔P235〕になります。大判大12.11.12）。登記官には，不動産の処分権限がないからです。

（b）三角詐欺

　「三角詐欺」とは，被欺罔者・処分行為者（だまされた者）と被害者（財産的損害を受けた者）とが異なる場合をいいます。三角詐欺の場合にも，詐欺罪は成立すると解されています。

ex. Xは，Yを相手方として売買契約に基づく不動産引渡請求訴訟を提起しました。Xは，虚偽の事実を主張することによって裁判所を欺いて，不動産を明け渡すべき旨の給付判決を得ました。そして，Xは，不動産引渡しの強制執行の申立てをし，不動産を

得ました。被欺罔者・処分行為者（だまされた者）は裁判所であり，被害者（財産的損害を受けた者）はYです。しかし，この場合でも，Xに1項詐欺罪が成立します（大判大3.5.12参照）。このような詐欺を「訴訟詐欺」といいます。

（3）処分行為

（a）意義

　詐欺罪（未遂を除きます）の成立には，上記（2）の錯誤による被害者の意思に基づく処分行為が必要です。　　　　　　　　　　　　　　　　　　　　　　　≒P189

> #### 欺けばすべて詐欺？
>
> 　欺いたからといって，すべて詐欺になるわけではありません。一般的な感覚よりも詐欺の射程は狭いです。
>
> ex1. 私が「地震がくるから，すぐに逃げて！」とみなさんを欺き，みなさんの財布を盗っても，1項詐欺罪にはならず，窃盗罪です。欺く行為はありますが，それによってみなさんに財布を交付させていない（処分行為がない）からです。
>
> ex2. デパートの洋服売り場で洋服の試着をし，「トイレに行く」と言って店員を欺いて逃走しても，1項詐欺罪にはならず，窃盗罪です。欺く行為はありますが，それによって店員に洋服を交付させていない（処分行為がない）からです。

---

ex3. 友人から借りていた自転車を,「盗まれた」と嘘をついて返さなくても, 1項詐欺罪にはならず, 横領罪です。欺く行為はありますが, それによって友人に自転車を交付させていない（処分行為がない）からです。

（b）第三者に財物を交付させた場合

　欺罔者が, 被害者に対し自分以外の第三者に財物を交付させた場合, 詐欺罪が成立するでしょうか。欺罔者と第三者の関係性によって変わります。

1項詐欺罪が成立する（○）	1項詐欺罪が成立しない（×）
・第三者が欺罔者の代理人である, 道具として利用されているなどの特別の事情がある場合（最判昭26.12.14） 　振り込め詐欺の首謀者が, 受け子（被害者から金を受け取る役）に金を交付させるのが典型例です。	・無関係の第三者に交付させる場合（大判大5.9.28） 　たとえば, だましてユニセフに寄付をさせても, 1項詐欺罪は成立しません。

　これは, 詐欺罪も不法領得の意思が必要だからです（P161 の「領得罪と毀棄・隠匿罪との違い」）。

（c）キセル乗車

　「キセル乗車」とは, たとえば, 横浜駅〜東京駅の定期券を所持している者が, 静岡駅〜東京駅の乗車をしようとするとき, 静岡駅〜東静岡駅の切符のみを購入し, それを静岡駅の改札の係員に提示して乗車し, 東京駅では横浜駅〜東京駅の定期券を提示して下車することをいいます。本来は静岡駅〜東京駅の運賃 3,410 円（＊）がかかるところ, 静岡駅〜東静岡駅の運賃 150 円しか支払っていないわけです。
＊横浜駅〜東京駅については定期券があるため, それを使えばもう少し安くはなります。

　キセル乗車は, 乗車駅（上記の例だと静岡駅）の係員に対する詐欺か, 降車駅（上記の例だと東京駅）の係員に対する詐欺か争いがあります。上記の例を基に説明します。

	乗車駅基準説 （大阪高判昭44.8.7）→ ←	降車駅基準説
欺く行為	乗車券を静岡駅の係員に提示する行為	定期券を東京駅の係員に提示する行為
処分行為	運転手が行為者を輸送したこと	東京駅の係員が運賃について 債務免除をしたこと
この説に 対する 批判	行為者の気が変わって，たとえば東静 岡駅で下車しても，詐欺罪が成立して しまいます。	東京駅の係員が意思的な処分行為を 行ったとはいえません。

― Realistic 16　キセル乗車は今はほとんど問題とならない論点 ―

　キセル乗車の詐欺罪は，今はほとんど問題とならない論点です。今は，ほとんどの駅が自動改札です。機械に対する詐欺罪は成立しません（P180～181（a））。よって，キセル乗車の詐欺罪が問題となるのは，有人改札の駅における例外的な場合です。また，キセル乗車は，鉄道営業法で規制されています。実際には，鉄道営業法違反で逮捕・起訴するのが一般的です。

（4）財物の交付・利益の移転
（a）意義
　詐欺罪（未遂を除きます）が成立するには，上記（3）の処分行為によって，財物の交付または利益の移転がされる必要があります。

（b）財産的損害
　詐欺罪の成立には，被害者に何らかの財産的損害が生じたことが必要です（大判昭3.12.21）。詐欺罪は財産罪だからです。

ⅰ　財物性
　財物性が認められないと，だまし取っても詐欺罪は成立しません。以下の表の物が財物性が認められるか問題となります。

財物性が認められるかどうかの判断基準

それによって金銭的利益を
得られる
　→　財物性が認められる

それによって金銭的利益を
得られない
　→　財物性が認められない

財物性が認められる（○）	財物性が認められない（×）
①**預金通帳**（最決平14.10.21） 　預金通帳で，金（預金）を得られますよね。 　なお，預金通帳などを第三者に譲渡する意図であるのに，これを秘して銀行員に自分名義の預金口座の開設などを申し込み，預金通帳などの交付を受ける行為は，1項詐欺罪に当たります（最決平19.7.17）。銀行員は，第三者に譲渡する意図であることを知っていれば，預金通帳などを交付しなかったからです。	①**旅券**（パスポートのことです。最判昭27.12.25） 　パスポートでは，金を得られないですよね。
②**生命保険証書**（大判昭11.4.2，最決平12.3.27） 　生命保険証書で，金（生命保険金）を得られますよね。	②**印鑑証明書**（大判大12.7.14） 　印鑑証明書では，金を得られないですよね。
③**不動産**（大連判大11.12.15） 　不動産で，金（売買代金など）を得られますよね。	

ⅱ　国や地方公共団体

　国や地方公共団体に対する詐欺罪は成立するでしょうか。

　成立します（最決昭51.4.1）。

ex. 生活保護費の不正受給は，詐欺罪になります（東京高判昭49.12.3）。

　国や地方公共団体も財産権の主体となるからです。たとえば，国や地方公共団体は，不動産の登記名義人になれます。── **不動産登記法Ⅰのテキスト第1編第3章[3]**

ⅲ　相当な対価を支払った場合
（ⅰ）意義

　行為者が相当な対価を支払って財物の交付を受けた場合であっても，詐欺罪が成立するでしょうか。

P189=　それを知っていれば購入しなかったといえる事実を偽られて購入したのであれば，1項詐欺罪が成立します（最決昭34.9.28）。

ex. Xは, Yに対し, 単なる栄養剤をがんの特効薬であると欺いて販売しました。しかし, その値段は200円でした。がんの特効薬にしては安すぎますね。栄養剤として相当な対価です。しかし, この場合でも, Xに詐欺罪が成立します。

　騙されていなければ財物を交付しなかったと考えられるからです。上記ex.であれば, Yは, がんの特効薬でないと知っていれば, 購入しなかったと考えられます。

（ⅱ）クレジットカード

　後日クレジット会社に代金を支払う意思と能力がないにもかかわらず, 自己名義のクレジットカードを使用し, お店で商品を購入した場合でも, 詐欺罪が成立するでしょうか。なぜこれが問題になるかというと, クレジットカードで決済をした場合, 利用者がクレジ

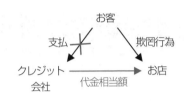

ット会社に支払をしなくても, クレジット会社がお店に支払をするため, お店には実損害がないのです。

　1項詐欺罪が成立します（東京高判昭59.11.19, 名古屋高判昭59.7.3）。

　お店は, お客が支払う意思と能力がないことを知っていれば, 商品を売らなかったと考えられるからです。

　なお, 他人名義のクレジットカードの使用は, 名義人である他人から使用を許されていても, 1項詐欺罪に当たります（最決平16.2.9）。

　お店は, 他人名義のクレジットカードであることを知っていれば, 商品を売らなかったと考えられるからです。たとえば, 友人から許諾をもらっていても, 友人のクレジットカードを使用することは止めましょう。

4. 実行の着手時期・既遂時期

詐欺罪の未遂は，もちろん罰せられます（刑法250条）。未遂として処罰される実行の着手時期と既遂となる既遂時期は，以下の基準で考えます。

欺罔行為を 開始した時	財物が交付された時 利益が移転した時
∵欺罔行為を用いて法益を害する犯罪だからです。	∵財物の交付・利益の移転で，詐欺が完了するからです（P179④）。
未遂時期	**既遂時期**
①火災保険金詐欺の場合，家屋に放火した後，失火を装って保険会社に保険金支払を請求した時点（大判昭7.6.15） 　保険会社に対する詐欺なので，家屋に放火しただけでは詐欺罪の実行に着手したとはいえず，保険会社に保険金支払を請求した時点で実行の着手があったとされます。	①動産の場合，動産の引渡しがあった時点
②訴訟詐欺（P181（b）のex.）の場合，裁判所に訴えを提起した時点（大判大3.3.24） 　裁判所に対する詐欺なので，裁判所に訴えを提起した時点で実行の着手があったとされます。	②不動産の場合，現実に占有を移転した時点または所有権の移転の登記がされた時点（大判大11.12.15）
③為替手形を偽造・行使して割引名下に現金を詐取しようとした場合，相手方に嘘を言って偽造手形の割引を承諾させた時点（大判昭2.3.16） 　手形の「割引」とは，満期前に手形を譲渡して現金化することです。手形の振出人の口座からは，満期にならないと払ってもらえません。そこで，満期前に譲渡して現金を得ることができるんです。ただ，満期に支払を受けるよりは安い額になります。でないと，手形を譲り受けた人の利益がないからです。この③は，相手方に対する詐欺なので，相手方に嘘を言って偽造手形の割引を承諾させた時点で実行の着手があったとされます。	

5. 準詐欺罪

> ### 刑法248条（準詐欺）
> 　未成年者の知慮浅薄又は人の心神耗弱に乗じて，その財物を交付させ，又は財産上不法の利益を得，若しくは他人にこれを得させた者は，10年以下の懲役に処する。

（1）趣旨

　詐欺行為を行わない場合であっても，知慮が不十分であることを利用して財物を交付させるまたは財産上の利益を得る行為は，詐欺罪に類する行為です。そのため，詐欺罪と同じく，10年以下の懲役に処せられます（刑法248条）。

ex. Xは幼稚園児のYに対して，「お菓子と交換しない？」と言って，お菓子とYが持っていたYの両親の財布を交換しました。この場合，Xは準詐欺罪となります。

（2）行為

　準詐欺罪の実行行為は，以下の①または②に乗じて，財物を交付させるまたは財産上の利益を得ることです（刑法248条）。

①未成年者の知慮浅薄
②人の心神耗弱

　この①または②に乗じた場合には欺罔行為がなくても罰するのが準詐欺罪の趣旨なので，知慮浅薄な未成年者に欺罔行為を用いて財物を交付させる行為は，準詐欺罪には当たらず，通常の詐欺罪に当たります（大判大4.6.15）。

7 恐喝罪

> **刑法249条（恐喝）**
> 1　人を恐喝して財物を交付させた者は，10年以下の懲役に処する。
> 2　前項の方法により〔人を恐喝して〕，財産上不法の利益を得，又は他人にこれを得させた者も，同項と同様とする。

1．法益
　恐喝罪の法益は，財産的利益と意思決定および行動の自由です。

2．客体
　恐喝罪の客体は，「財物」または「財産上不法の利益」です（刑法249条）。

（1）「財物」
　財物（P148〜149の1.）は，恐喝罪の客体になります（刑法249条1項）。

（2）「財産上不法の利益」
　財産上の利益（P149の2.）は，恐喝罪の客体になります（恐喝利得罪。刑法249条2項）。
　たとえば，受講料を支払っていない受験生の方が教室に入ってきて，講師である私に対して「講義をしないとボコすぞ！」と言い，無理矢理に講義をさせたとします。脅しているので，恐喝を行っているのがわかりやすいですよね。このように，恐喝は暴行または脅迫を用いるため，わかりやすいので，恐喝利得罪があるのです（P152の「『○○利得罪（2項○○罪)』」があるかどうかの判断基準」）。

3．行為
　恐喝罪の実行行為は，「人を恐喝して」，財物を「交付」させる，または，「不法の利益を得」るもしくは「他人にこれを得させ」ることです（刑法249条）。恐喝罪は，以下の流れをたどることになります。詐欺罪（P179）と似た流れになります。

①暴行または脅迫　⟶　②畏怖　⟶　③処分行為　⟶　④財物の交付・利益の移転

（1）恐喝（暴行または脅迫）

　「恐喝」とは，財物の交付または利益の移転に向けて行われる暴行または脅迫であって，その反抗を抑圧するに至らないものをいいます。強盗罪の暴行・脅迫が最狭義の暴行・脅迫であったのに対し，恐喝罪の暴行・脅迫は広義の暴行・脅迫です（P123）。
ex. 不良少年が「金出さないとボコすぞ！」とクラスメートを脅すことが当たります。

　　いわゆるカツアゲです。「ボコすぞ！」と脅す程度では，反抗を抑圧するに至らないものといえます。それに対して，ナイフやピストルを使って脅したら，反抗を抑圧するに足りる程度のものですので，強盗になります。

P168」

　暴行または脅迫は，財物の交付または利益の移転に向けて行われるものである必要があります。この点は，強盗罪と同じく，恐喝罪は「財物や利益欲しさに暴行または脅迫をするとは，なんてことだ！」という犯罪だからです。よって，暴行・脅迫をした後に，財物を奪おうと思い立って財物を奪っても，恐喝罪は成立しません。

＝P168

（2）処分行為

　上記（1）の恐喝（暴行または脅迫）によって相手方が畏怖し，その畏怖による被害者の意思に基づく処分行為が必要です。この点は，取する強盗罪（P168〜169（2））とは異なる点であり，詐欺罪（P181）とは同じである点です。ただ，この処分行為は，実際は詐欺罪よりも緩やかに解されています。たとえば，恐喝をされた者が畏怖して黙認しているのに乗じて財物を奪取する場合も，処分行為があるとされます（最判昭24.1.11）。

P168」
≒P181

（3）財物の交付・利益の移転

（a）意義

　恐喝罪（未遂を除きます）が成立するには，上記（2）の処分行為によって，財物の交付または利益の移転がされる必要があります。

（b）財産的損害

　恐喝罪の成立にも，被害者に何らかの財産的損害が生じたことが必要です。恐喝罪も，財産罪だからです。

　では，行為者が相当な対価を支払って財物の交付を受けた場合であっても，恐喝罪は成立するでしょうか。

　成立します（大判昭14.10.27）。

　詐欺罪（P184〜185（i））と同じです。理由も同じです。恐喝されていなければ財物を交付しなかったと考えられるからです。

＝P184

4. 実行の着手時期・既遂時期

恐喝罪の未遂は，もちろん罰せられます（刑法250条）。未遂として処罰される実行の着手時期と既遂となる既遂時期は，以下の基準で考えます。

恐喝行為を開始した時	財物が交付された時 利益が移転した時
∵恐喝（暴行または脅迫）を用いて法益を害する犯罪だからです。	∵財物の交付・利益の移転で，恐喝が完了するからです（P188④）。

未遂時期	既遂時期
①Xが，Yを脅迫し，XのZ銀行に対する債務についてYが免責的債務引受をする旨の意思表示をXに対してさせたが，Z銀行が承諾していない場合，恐喝罪の未遂となる 恐喝して免責的債務引受をする旨の意思表示をさせることも，恐喝罪になります。恐喝利得罪です（P188（2））。しかし，債務者と引受人が免責的債務引受契約をした場合，債権者の承諾もあって効力が発生します（民法472条3項）。—— 民法Ⅲのテキスト第5編第5章第2節4 よって，その承諾がない場合は，利益が移転したとはいえず，未遂となります。 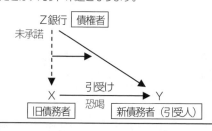	①不動産の場合，現実に占有を移転した時点または所有権の移転の登記がされた時点（大判明44.12.4） ②脅迫して金員を指定の振込口座に振込送金させたが，捜査官の指示により預金の払戻しができない体制が整っていた場合，既遂とはならない（浦和地判平4.4.24） 払戻しができないため，財物が交付されたとはいえないからです。

5．権利行使と恐喝

　貸金債権を有する債権者が，身体に危害を加えるような態度を示し，債務者を脅して債権を取り立てる行為は，恐喝罪となるでしょうか。

　恐喝罪となります（最判昭30.10.14）。

　いくら権利があっても，権利行使の方法が社会的に相当とされる程度を超えるときは違法となるのです。民法でも，権利があっても常に行使できるわけではないというハナシがありましたよね（民法1条3項）。—— 民法Ⅰのテキスト第2編第1章[3]

　借金の取立てで恐喝（に近い）行為がされることがありますが，あれは実は取り立てている債権者のほうが犯罪となり得るんです。

【恐喝罪と強盗罪・詐欺罪との比較】

　恐喝罪は，強盗罪や詐欺罪と比較できる点がありましたので，恐喝罪の最後に比較しておきます。

	強盗罪	詐欺罪	恐喝罪
客体	財物または財産上不法の利益		
暴行・脅迫	最狭義の暴行・脅迫 （財物の交付または利益の移転に向けて行われるもの）		広義の暴行・脅迫 （財物の交付または利益の移転に向けて行われるもの）
処分行為	不要		必要
行為者が相当な対価を支払った場合			成立

8　横領罪

1．横領罪とは？

　横領罪は，委託信任関係を破る「委託物横領罪」（下記3．）と「遺失物等横領罪」（下記4．）に分けられます。さらに委託物横領罪は，業務上占有する物以外の物を横領する「単純横領罪」と業務上占有する物を横領する「業務上横領罪」（下記3．（5））に分けられます。

*なお，単に「横領罪」といった場合，委託物横領罪のみを指すことが多いです。

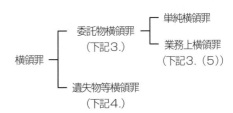

P150

2．法益

　横領罪の法益は，物に対する所有権その他の本権です。自己が占有する物または他人の占有を離れた物を横領するため，窃盗罪（P150 の1．）などと異なり，占有が法益となることはあり得ません。

3．委託物横領罪

> **刑法252条（横領）**
> 1　自己の占有する他人の物を横領した者は，5年以下の懲役に処する。

条文の文言が基本

　横領罪以外の罪もそうですが，条文に何と書いているかが基本となります。刑法252条1項には，「自己の占有する他人の物を横領した」とあります。よって，横領罪について考えるときは，まず，「自己の占有する」「他人の物」を「横領」しているのかを意識することが基本になります。刑法の各論の問題では特に，条文（構成要件）が浮かぶと強いです。

（1）主体

　横領罪の主体は，他人の物の占有者です（刑法 252 条1項）。占有者でなければ犯し得ないので，真正身分犯です（P82①。最判昭 27.9.19）。

（2）客体

横領罪の客体は,「自己の占有する他人の物」です（刑法252条1項）。

（a）「自己の占有」

i　意義

占有は,現金の管理を任されているといった事実的支配はもちろん含みます。では,銀行預金の名義人となっている,不動産の登記名義人となっているといった法律的支配も含まれるでしょうか。

含まれます（最判昭30.12.26）。

また,登記名義人でなくても,法律上不動産を処分し得る場合,占有が認められます。

ex1. 未成年者の親権者や未成年後見人には,未成年者の不動産について占有が認められます。

ex2. 所有者から抵当権の設定の登記の申請の依頼を受け,登記済証,白紙委任状などの交付を受けた者には,不動産の占有が認められます（福岡高判昭53.4.24参照）。

ii　委託に基づく占有

委託物横領罪は,行為者の占有が委託に基づくものである必要があります（大判大6.10.15）。委託信任関係を破ることが,委託物横領罪が遺失物等横領罪に比べて重く処罰される理由だからです。

この委託は,契約に限られません。事務管理,後見などの法律上の規定による場合も含みます。「後見」の例ですが,成年後見人が成年被後見人の預貯金を使い込んでしまう事件が後を絶ちません。その中には,（割合は少ないですが）弁護士,司法書士などの専門職もいます。

（b）「他人の物」

i　意義

横領罪の客体は,他人に所有権その他の本権がある物です。

ex1. Xは,所有している建物に,Yに対して根抵当権を設定しました。しかし,その登記をしないうちに,その建物に,Zに対しても根抵当権を設定し,その旨の登記をしました。Yは,1番で根抵当権の登記をしてもらえるはずが,2番以下になってしまったわけです。この場合,Xに横領罪は成立しません。背任罪（P199～201 9 ）となります（最判昭31.12.7）。この建物は,Xが所有している物だからです。自己の占有する「自己の物」です。これは,条文の文言を思い出すことができれば判断できます（P192の「条文の文言が基本」）。

ex2.　Y社のコンピューターシステムの研究開発に従事している技術者Xは，Y社の機密資料を持ち出しました。この場合，Xに横領罪が成立します（東京高判昭60.12. 4）。この機密資料は，所有権はY社にあり，占有はXにあるとされました。

　　ただ，自分に所有権のある物でも，公務所から保管を命ぜられた物は，横領罪の客体となります（刑法252条2項）。

ex.　動産執行において，差し押さえた物を債務者に保管させることがあります（民執法123条3項前段）。—— 民事訴訟法・民事執行法・民事保全法のテキスト第2編第3章第3節 ②2.（1）（b）　この場合に，債務者がその動産を勝手に売却したりすると横領罪となります。

ii　金銭

　　金銭についても横領罪が成立するかという問題があります。なぜ金銭について問題になるかというと，民法では，金銭の所有と占有は一致するとされているからです。—— 民法IIのテキスト第3編第1章第3節⑤2.（3）（a）②　横領罪の客体は他人に所有権その他の本権がある物ですので，占有者に所有権があるのであれば，横領罪は成立しないのではないかという問題があるのです。

　　しかし，金銭であっても，使途を定めて寄託した金銭については横領罪が成立します（最判昭26.5.25）。

　　民法が金銭の所有と占有が一致するとしているのは，流通の安全を保護するためです。金銭を所持している人が「実は所有権はなかったんです」となる可能性があると，危なくて金銭を受け取れないですよね。それに対して，刑法は，所有者の内部的な所有権を保護しています。よって，寄託した者に所有権が認められるんです。……と説明しましたが，ちょっと難しいですね。「○○円横領」というニュースを聞いたことがあると思います。そこから，横領罪が成立することがあると記憶してしまっても構いません。

iii　不法原因給付

　　「不法原因給付」とは，愛人契約の対価としてのマンションの贈与など不法な原因のためにする給付です。不法原因給付をした者は，給付したものの返還を請求することができません（民法708条本文）。—— 民法IIIのテキスト第8編第2章④3.　では，不法原因給付によって交付を受けたり預かったりした物を横領した場合，横領罪は成立するでしょうか。給付をした者が返還を請求することができないため，横領罪となるかが問題となるのです。

成立します。

ex1. Xは，友人Yから公務員Zに賄賂として手渡して欲しいと依頼されて絵画を預か
　　っていました。Xは，絵画を売却して代金を着服してしまいました。賄賂として
　　手渡した絵画ですので，Yには絵画の返還請求権はありません。しかし，この場
　　合でも，Xに横領罪が成立します（最判昭23.6.5参照）。

ex2. Xは，Zの郵便貯金通帳を窃取したYから，貯金の払戻しを頼まれ，払戻しを受
　　けた金銭を保管していました。Xは，返済の目処がないにもかかわらず，無断で
　　その金銭を使ってしまいました。窃取した郵便貯金通帳によって払戻しを受けた
　　金銭ですので，Yには金銭の返還請求権はありません。しかし，この場合でも，
　　Xに横領罪が成立します（名古屋高判昭26.2.4）。

ex3. Xは，窃盗の犯人Yから盗品の有償処分のあっせんを依頼されました。Xは，盗
　　品の売却代金を着服しました。盗品の売却代金ですので，Yには売却代金の請求
　　権はありません。しかし，この場合でも，Xに横領罪が成立します（最判昭
　　36.10.10）。

　委託者に返還請求権がなくても，自己の占有する「他人の物」である点は変わりが
ないからです。

iv　二重譲渡

　民法で，二重譲渡の事案がよくありましたね。Xが，
所有している建物をYに売却した後，Zにも売却し，
Zに所有権の移転の登記をしてしまった，といった場
合です。この場合，XやZは横領罪になるでしょうか。

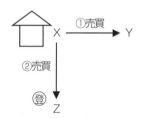

・Xについて
　→　横領罪となります（最判昭30.12.26）。Yに売却した時点で建物の所有権はYに
　　　移転しているため，自己が占有する他人（Y）の物を横領したからです。
・Zについて
　→　（Zが悪意者の場合）横領罪は成立しません。
　→　（Zが背信的悪意者の場合）横領罪が成立します（福岡高判昭47.11.22）。横領
　　　　　　　　　　　　　　　罪の共同正犯または教唆犯となります。

　民法で学習したとおり，Zは悪意であればYの登記の欠缺を主張する正当の利益を
有する者となります。── 民法Ⅰのテキスト第1編第2章③2．民法上，悪意者の取引は通
常の取引行為として認められているわけです。よって，犯罪にもなりません。

　それに対して，Zは背信的悪意であればYの登記の欠缺を主張する正当の利益を有する者とはなりません。── **民法Ⅱのテキスト第3編第1章第3節4** 3.（2）（a）　民法上，背信的悪意者の取引は通常の取引行為として認められていないわけです。よって，犯罪になるのです。

（3）行為

　横領罪の実行行為は，「横領」することです（刑法252条1項）。横領罪にも，不法領得の意思が必要です。そのため，「横領」とは，不法領得の意思の発現行為があったこととされています。不法領得の意思の発現行為があったかは，以下の基準で考えます。

横領に当たるかどうかの判断基準

　横領罪における不法領得の意思とは，所有者でなければできないような処分をする意思です（最判昭24.3.8）。よって，所有者でなければできない行為をすると，「横領」をしたとされます。

　所有者でなければできない行為であれば広く当たり，法律上の処分（売却，質入れ，抵当権の設定など）だけでなく，事実上の処分（費消，着服，隠匿など）も当たります。また，作為だけでなく不作為も当たります。このように広いのは，横領は，委託されているにもかかわらず，委託者を裏切る行為だからです。

ex1. Xは，Yから依頼を受けて，Yが所有している土地の所有権の登記名義人となっていました。YがXを相手方として所有権移転登記請求訴訟を提起したのに対して，Xは所有権を主張して争いました。この場合，Xに横領罪が成立します（最決昭35.12.27）。所有権の主張は，所有者でなければできない行為です。

ex2. Xは，Yの同意を得て，Yが所有している未登記の建物を使用支配していました。しかし，Xは，自己名義の所有権の保存の登記をしてしまいました。この場合，Xに横領罪が成立します（最判昭30.4.5参照）。所有権の保存の登記は，所有者でなければできない行為です。

ex3. Xは，Yが所有している土地の所有権の登記名義人となっていました。しかし，Xは，Yの承諾なしに自分のために抵当権を設定し抵当権の設定の登記をし，その後，その不動産を第三者に売却し所有権の移転の登記をしました。この場合，Xに，抵当権の設定と所有権の移転それぞれ別に横領罪が成立します（最大判平15.4.23）。抵当権を設定したり所有権を移転したりするのは，所有者でなければできない行為です。それぞれ別に横領罪が成立するのは，後で行った所有権の移

転が不可罰的事後行為（P91～92③）にならないということです。不可罰的事後行為にならないのは，抵当権の設定と所有権の移転では侵害の程度が異なるからです。

（4）既遂時期

　横領罪には，未遂犯がありません。軽い罪だから未遂を処罰しないというわけではなく，不法領得の意思の発現行為があったら直ちに既遂になるからです（最判昭27.10.17）。既遂時期は，以下の基準で考えます。

不法領得の意思の
発現行為があった時

∵不法領得の意思の発現行為があった時に所有権などが害されたといえるからです。

既遂時期
①コンビニの雇われ店長が，店内のレジにある現金を自分で使い込むために店外に持ち出そうと考え，現金を手に取って店の出入り口まで移動したが，翻意して現金をレジに戻した場合，横領罪が成立する 　現金をレジに戻していますが，横領罪が成立します。現金の持出しは，所有者でなければできない行為です。よって，不法領得の意思の発現行為があったといえるからです。
②動産の売却の場合，売却する意思表示をしたら，相手方が買受けの意思表示をしなくても横領罪が成立する（大判大2.6.12） 　売買契約は成立していませんが，横領罪が成立します。売却する意思表示をすることは，所有者でなければできない行為です。よって，不法領得の意思の発現行為があったといえるからです。
③不動産の売却の場合，所有権の移転の登記が完了したら，横領罪が成立する（最判昭30.12.26） 　この不動産についての判例は，上記②の動産についての判例と整合性が取れていないといわれています。不動産でも「売却する意思表示をしたら横領罪が成立する」としてくれれば，わかりやすかったのですが……。

（5）業務上横領罪

> ### 刑法253条（業務上横領）
> 業務上自己の占有する他人の物を横領した者は，10年以下の懲役に処する。

　業務上占有している者が横領した場合は，10年以下の懲役と，単純横領罪（5年以下の懲役。刑法252条1項）よりも重い刑罰が定められています（刑法253条）。業務上占有している者は，横領した場合，より強く非難されるのです。銀行員の横領をイメージしてください。強く非難されるべきですよね。
　「業務」とは，金銭その他の財物を委託を受けて保管する職業または職務のことです。ex. 銀行員，運送業者，倉庫業者

4．遺失物等横領罪

> ### 刑法254条（遺失物等横領）
> 遺失物，漂流物その他占有を離れた他人の物を横領した者は，1年以下の懲役又は10万円以下の罰金若しくは科料に処する。

（1）趣旨
　遺失物，漂流物その他占有を離れた他人の物を横領するのが，遺失物等横領罪です。ex. いわゆるネコババが典型例です。
　遺失物等横領罪は，1年以下の懲役または10万円以下の罰金もしくは科料と，委託物横領罪（5年以下または10年以下の懲役。刑法252条，253条）よりもかなり軽い刑罰が定められています（刑法254条）。委託物横領罪と違って，委託信任関係を破るわけではないからです。

（2）客体
　遺失物等横領罪の客体は，以下の①または②の物です。

①占有者の意思に基づかずに占有を離脱し，誰の占有にも属していない物
ex. いわゆるネコババはこれです。
②占有者の意思に基づかずに占有を離脱し，委託に基づかずに行為者が占有している物
ex. 郵便集配人が誤って配達した郵便物を自分の物としてしまうことが当たります
　　（大判大6.10.15）。

9 背任罪

> **刑法 247 条（背任）**
> 他人のためにその事務を処理する者が，自己若しくは第三者の利益を図り又は本人に損害を加える目的で，その任務に背く行為をし，本人に財産上の損害を加えたときは，5年以下の懲役又は 50 万円以下の罰金に処する。

1．背任罪とは？

　背任罪は，あまり聞いたことがない犯罪かもしれません。簡単にいうと，任務に背いたという犯罪です。

　典型例は，銀行の融資課の課長が回収の見込みがないにもかかわらず貸付を行う（不良貸付），従業員がパワハラを受けた会社への嫌がらせ目的で勤務先の会社に損害を与える取引を行う，といった場合です。従業員などが，銀行や勤務先の会社から任された任務に背き，銀行や勤務先の会社に損害を加えたわけです。

2．法益

　背任罪の法益は，全体財産と委託信任関係です。「全体財産」とは，被害者の財産の全体をみて減少があったことまたは増加すべき価値が増加しなかったことが必要であるということです（最決昭 58.5.24）。たとえば，嫌がらせ目的で勤務先の会社の経費 10 万円を使っても，それによって会社が 10 万円相当の財産を取得したのであれば全体財産の減少はありません。「委託信任関係」は，任されていた任務に背くということです。

3．主体

　背任罪の主体は，他人のためにその事務を処理する者です（刑法 247 条）。他人のためにその事務を処理する者でなければ犯し得ないので，真正身分犯です（P82①）。

（1）信任関係

　背任罪は任務に背く罪なので，本人との間に何かしらの信任関係が必要です。信任関係の発生原因には，契約だけでなく，法令，慣習，事務管理なども含まれます。

（2）「他人のため」

　「他人のため」とは，他人（本人）の事務を，本人に代わって行うということです（大判大 3.10.12）。

　他人の利益のためであっても，自分の事務を処理する場合は当たりません。
ex. 売買契約において，売主Xが買主Yに対して目的物の引渡しを怠っても，それは
　　債務不履行になるだけであり，背任罪にはなりません。たしかに，目的物の引渡
　　しは，買主（他人）のためです。しかし，売主（自分）の事務です。
　それに対して，契約上他人の財産の管理保全の任務を負う場合は当たります。
ex. 根抵当権の設定者Xは，Yに対して1番で根抵当権の設定の登記をすべきところ，
　　根抵当権の設定の登記の協力義務を怠り，他の債権者Zの根抵当権の設定の登記
　　を先にしてしまい，Yの根抵当権が2番になってしまいました。この場合，Xに
　　背任罪が成立します（最判昭31.12.7）。上記ex.の売主と異なり，根抵当権の設定
　　者の登記の協力義務は，他人（根抵当権者）の財産の管理保全のためであり，他
　　人の事務だからです。

4. 行為

　背任罪の実行行為は，「自己若しくは第三者の利益を図り又は本人に損害を加える
目的で，その任務に背く行為」（背任行為）をすることです（刑法247条）。

（1）背任行為

　背任行為とは，信任関係に違背（いはい）する行為です（大判明44.10.13，大判大3.6.20)。
ex. 回収の見込みがない貸付（不良貸付），勤務先の会社に損害を与える取引

（2）横領罪との区別

　「横領罪と背任罪って何が違うの？」と疑問に思った方もい
るかもしれません。

　横領罪の客体は「物」であるのに対して，背任罪の客体は「利
益」と「物」です。

　横領罪は，背任罪の特別規定です。よって，1つの行為につ
いて横領罪と背任罪がともに成立することはありません。

　そうすると，「他人のために事務を処理する者が，自己が占有する他人の物につい
て行った行為」が横領罪になるのか，背任罪になるのかという問題が生じます。この
行為は，以下のように区別すると解されています。

・領得行為　　　　　→　横領罪
・その他の背信行為　→　背任罪

①自己の利益のために不法に処分した場合
→　横領罪が成立します。
ex. 他人から預かった時計を自分の借金に充てるために売却した場合，横領罪となります。

②第三者の利益のために不法に処分した場合
・その処分が，自分の計算または名義で行われたとき
→　横領罪が成立します。
ex. 村の収入役（会計事務を行う者）が，自分が保管する公金を村の名義でなく第三者に貸し付けた場合，業務上横領罪が成立します（大判昭10.7.3）。
・その処分が，本人の計算かつ名義で行われたとき
→　背任罪が成立します。
ex. 村長が自分が保管する公金を村の計算で第三者に貸し付けた場合，背任罪が成立します（大判昭9.7.19）

5．実行の着手時期・既遂時期

　背任罪の未遂は，罰せられます（刑法250条）。未遂として処罰される実行の着手時期と既遂となる既遂時期は，以下の基準で考えます。

任務違背行為 を開始した時	財産上の損害 が生じた時
∵任務違背行為を用いて法益を害する犯罪だからです。	∵本人に財産上の損害を与える犯罪だからです。「財産上の損害」とは，事実的・経済的に生じた損害です（経済的損害概念説。最決昭58.5.24）。法律的に生じた損害ではありません。

未遂時期	既遂時期
・銀行の融資課の課長が無断で貸付けを行ったが回収の見込みがある場合，背任罪の未遂となる	・銀行の融資課の課長が無断で貸付けを行い回収の見込みがない場合，貸付けを行った時点で既遂となる（大判大11.5.11，最決昭58.5.24） 　銀行は，債権は取得するので，財産上の損害を「法律的に生じた損害」と考えれば，損害は生じていないことになります。しかし，「事実的・経済的に生じた損害」，つまり，「実際のところどうか？」と考えます。そうすると，回収の見込みがないので，損害があるといえます。

10 盗品等に関する罪

> ### 刑法256条（盗品譲受け等）
> 1　盗品その他財産に対する罪に当たる行為によって領得された物を無償で譲り受けた者は，3年以下の懲役に処する。
> 2　前項に規定する物を運搬し，保管し，若しくは有償で譲り受け，又はその有償の処分のあっせんをした者は，10年以下の懲役及び50万円以下の罰金に処する。

1．盗品等に関する罪とは？

　盗品等に関する罪とは，財産罪のうち領得罪である窃盗罪，強盗罪，詐欺罪，恐喝罪および横領罪（これらの罪が「本犯」）によって不法に領得された物を，盗品等であると知りながら無償で譲り受け，運搬し，保管し，有償で譲り受け，または，有償処分のあっせんをする犯罪です。よって，友人が万引きをしてきた物を，万引きをしてきたと知って譲り受けたりすると犯罪になります。

　刑罰が，無償譲受けは3年以下の懲役であるのに対し（刑法256条1項），それ以外の行為（運搬など）は10年以下の懲役および50万円以下の罰金と重くなっています（刑法256条2項）。これは，営業犯的な行為をより重く罰するためです。裏社会には盗品等をさばく闇のルートがあるといいますが，刑法256条2項の行為は闇のルートの人たちがする行為です。

2．法益

　盗品等に関する罪の法益は，盗品等に対する窃盗罪などの**被害者の追求権**です（追求権説。大判大11.7.12，最決昭34.2.9）。盗品等の譲受けなどがされると，被害者が盗品等を取り戻しにくくなります。それを防ぐための犯罪です。盗品等に関する罪は，「法益が被害者の追求権である」ということから考えることが多いので，まず法益をしっかりと押さえてください。

3．主体

盗品等に関する罪の主体となり得るか，なり得ないかは，以下の表のとおりです。

主体となり得る（○）	主体となり得ない（×）
・本犯の共犯者（教唆者，幇助者） 　教唆や幇助は，本犯に通常含まれる行為とはいえず，右の本犯者や共同正犯者と異なり，不可罰的事後行為とはいえないからです。	・本犯者（最判昭24.10.1） ・共同正犯者 　「本犯者」とは，窃盗罪などの犯人のことです。窃盗罪などの犯人が，その犯罪によって取得した物を処分する行為は，不可罰的事後行為（P91～92③）となります（最判昭24.10.1）。共同正犯は，"正犯"ですので（P67③），本犯者と同じ扱いになります。

4．客体

（1）「盗品その他財産に対する罪に当たる行為によって領得された物」

盗品等に関する罪の客体となるかどうかは，以下の表のとおりです。

客体となる（○）	客体とならない（×）
・窃盗罪，強盗罪，詐欺罪，恐喝罪および横領罪によって不法に領得された物 　動産だけでなく不動産も客体となります。不動産も，詐欺罪や横領罪の客体となるからです。	・左記以外の犯罪によって取得された物（大判明35.3.28） ex. 賭博によって得た金銭，密輸品，賄賂として収受した金銭

（2）被害者の追求権

被害者の追求権がなくなると，その後に盗品等を譲り受けたりしても盗品等に関する罪は成立しません。盗品等に関する罪の法益は，被害者の追求権だからです。

（a）民事上の返還請求権を欠くとき

被害者が民事上の返還請求権を失うと，その後は，盗品等に関する罪は成立しなくなります。

成立する（○）	成立しない（×）
・**詐欺や強迫によって取り消すことができる法律行為により取得された盗品等**（大判大8.11.25, 大判大12.4.14） ex. YがZに, Zの詐欺により高級腕時計を売り渡しました。Yがまだ売買の取消しをしていない段階で, Xは, Zが詐欺によって高級腕時計を取得したことを知りつつ, Zからその高級腕時計を購入しました。この場合, Xに, 盗品等に関する罪が成立します。  YはZとの間の売買契約を取り消せば返還請求ができるので, Yの追求権がまだあるからです。	・**即時取得された盗品等**（大判大6.5.23） ex. YがZに, Zの詐欺により高級腕時計を売り渡しました。WがZの所有物でないことについて善意無過失でZからその高級腕時計を買い受け, Wが即時取得しました。その後, Xは, 元々はZが詐欺によって取得した物であることを知りつつ, Wからその高級腕時計を購入しました。この場合, Xに, 盗品等に関する罪は成立しません。 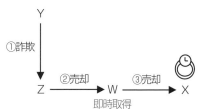 Wが即時取得した時点でYは返還請求ができなくなるので, Yの追求権がもうないからです。

（b）代替性・同一性

　盗品等が代替性・同一性を失うと, 被害者の追求権が失われます。被害者の追求権が失われた後は, 盗品等に関する罪は成立しなくなります。

代替性・同一性がある→成立する（○）	代替性・同一性がない→成立しない（×）
①盗品である金銭を両替して他の金銭に変えた場合の金銭（大判大2.3.25）	**①盗品等を売却して得た金銭**
②盗んできた現金を手持ちの現金と混合した場合の金銭	**②盗品である金銭によって購入した物**
上記①②は,「金銭→金銭」（金銭が別の金銭に替わったり他の金銭と混ざったりしただけ）だからです。	上記①②は,「物↔金銭」（物が金銭に替わったり金銭が物に替わったりした）だからです。
③小切手を現金化した場合の現金（大判大11.2.28）	

5．行為

　盗品等に関する罪の実行行為は，盗品等であると知りながら「無償で譲り受け」，「運搬し」，「保管し」，「有償で譲り受け」，または，「有償の処分のあっせん」をすることです（刑法256条）。

実行行為に当たるかどうかの判断基準

　盗品等に関する罪の実行行為に当たるかどうかは，完遂しているかどうかです。原則として完遂している必要があり，約束だけでは当たりません。盗品等に関する罪の法益は被害者の追求権であり，盗品等に関する罪は被害者が盗品等を取り戻しにくくなることを防ぐ犯罪です。約束だけでは取り戻しにくくなりません。

（1）無償譲受け

　無償譲受けとは，贈与を受けたりすることですが，現実に引渡しを受ける必要があります（上記の「実行行為に当たるかどうかの判断基準」）。

（2）運搬

　「運搬」とは，委託を受けて盗品等をトラックなどで運ぶことですが，無償で委託を受けた場合も当たります。無償でも，運搬をすれば被害者が盗品等を取り戻しにくくなるからです。やはり法益から考えるんです。

※被害者から依頼を受けたが被害者から多額の金銭を交付されて運搬した場合

　窃盗の被害者から盗品等の回復を依頼されて被害者宅に盗品等を運搬したとしても，窃盗犯人に協力してその利益のために盗品等の返還を条件に被害者から多額の金銭の交付を受けた場合には，盗品等に関する罪が成立します（最決昭27.7.10）。

　たしかに，被害者の元に運搬していますが，被害者から多額の金銭の交付を受けたのであれば，正常な回復とはいえないからです。

（3）保管

　「保管」とは，委託を受けて本犯のために港の倉庫などに盗品等を占有して管理することですが，これも無償でも構いません。やはり，無償でも，保管をすれば被害者が盗品等を取り戻しにくくなるからです。これは，保管を始めたときに盗品等であることを知っている必要があり，知らなければ盗品等に関する罪は成立しません。しかし，保管を始めた後で盗品等であることを知り，そのまま保管を続けた場合，盗品等

に関する罪が成立します（最決昭50.6.12）。「盗品等だとわかったら被害者に返しなさい」ということです。そのまま保管を続けると，被害者が盗品等を取り戻しにくくなるからです。やはり法益から考えるんです。

　なお，単に保管を約束するだけでは，当たりません（上記の「実行行為に当たるかどうかの判断基準」）。

（4）有償譲受け

　有償譲受けとは，売買などで盗品等を譲り受けることです。

　なお，単に売買契約などが成立しただけでは足りず，現実に引渡しを受ける必要があります（大判大12.1.25。上記の「実行行為に当たるかどうかの判断基準」）。

※被害者に返還する目的で盗品等であることを知りながら買い取った場合

　被害者に返還する目的で，盗品等であることを知りながら買い取っても，盗品等に関する罪は成立しません（東京高判昭28.1.31参照）。

　被害者に返還する目的であるため，被害者の追求権を害さないからです。むしろ「よくやった！」というハナシですよね。

（5）有償処分のあっせん

　有償処分のあっせんとは，盗品等の売買などの媒介またはあっせんをすることですが，あっせん自体は無償でも（あっせん料はなくても）構いません（最判昭25.8.9）。あっせんがされれば，被害者が盗品等を取り戻しにくくなるからです。しつこいですが，やはり法益から考えるんです。

　なお，現実に売買契約が成立しなくても，あっせんの事実があれば盗品等に関する罪が成立します（最判昭23.11.9，最判昭26.1.30）。この判例は，ずっと説明してきた追求権説（P202の2.）からは説明ができないといわれています。

※被害者を相手方として盗品等の有償処分のあっせんをする場合

　被害者を相手方として盗品等の有償処分のあっせんをする場合でも，盗品等に関する罪が成立します（最決平14.7.1）。

　上記（4）※と異なりますので，ご注意ください。上記（4）※と異なり，"有償処分"のあっせんですから，被害者からすると自分の物を「買い取れ」と言われるわけです。これでは，正常な回復とはいえません。「よくやった！」とはならないですよね。

6. 親族間の特例

> **刑法257条（親族等の間の犯罪に関する特例）**
> 1　配偶者との間又は直系血族，同居の親族若しくはこれらの者の配偶者との間で前条の罪
> 〔盗品等に関する罪〕を犯した者は，その刑を免除する。

（1）趣旨

　配偶者や親などは家族が罪を犯すとかばってしまうため，盗品等を保管したりすることは致し方ないということで，刑が免除されます。「免除」ですので，犯罪自体は成立するが，処罰阻却事由がある（刑務所に入れたりしないよ）ということです（P164の1.）。

（2）要件

（a）意義

　盗品等に関する罪の行為者と本犯者（窃盗犯人など）が，配偶者または直系血族，同居の親族もしくはこれらの者の配偶者である場合に，刑が免除されます（刑法257条1項）。　　　　　　　　　　　　　　　　　　　　　　　　　　　≒P164

（b）親族関係は誰と誰の間に必要か？

　上記（a）の親族関係は，盗品等に関する罪の行為者と本犯者（窃盗犯人など）との間に存在することを要します（最決昭38.11.8）。

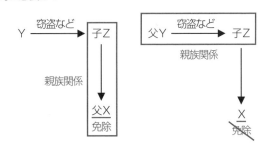

　仮に，本犯者が本犯（窃盗など）について親族相盗例（P164〜165 **4**）によって刑の免除を受ける場合であっても，盗品等に関する罪の行為者の刑は免除されません。

11　毀棄・隠匿の罪

1. 毀棄・隠匿の罪とは？

　毀棄・隠匿の罪とは，物を壊したり隠したりする犯罪です。毀棄・隠匿の罪は，不法領得の意思（P160～162 の 5.）がないので，領得罪と比べて軽い犯罪です（P161 の「領得罪と毀棄・隠匿罪との違い」）。この 11 で毀棄・隠匿の罪を一気にみていきます。

2. 公用文書等毀棄罪

> **刑法258条（公用文書等毀棄）**
> 　公務所の用に供する文書又は電磁的記録を毀棄した者は，3 月以上 7 年以下の懲役に処する。

　「公用文書等毀棄罪」は，現に公務所（P151）において使用されまたは使用の目的で保管されている文書または電磁的記録（データ）を毀棄する犯罪です。
ex1. 警察にある取調調書を破り捨てると，公用文書等毀棄罪となります。
ex2. 市役所の課税台帳を破り捨てると，公用文書等毀棄罪となります。
　現に公務所において使用に供され，または，使用の目的で保管されていれば，私文書でも客体となります（大判明 44.8.15）。
ex. 私人が登記所に登記原因証明情報として提出した売買契約書を破り捨てると，公用文書等毀棄罪となります。

3. 私用文書等毀棄罪

> **刑法259条（私用文書等毀棄）**
> 　権利又は義務に関する他人の文書又は電磁的記録を毀棄した者は，5 年以下の懲役に処する。

　「私用文書等毀棄罪」とは，他人が所有している権利・義務の存否，得喪，変更を証する文書または電磁的記録（データ）を毀棄する犯罪です。
ex1. 売主が買主の有している売買契約書を破り捨てると，私用文書等毀棄罪となります。
ex2. 債務者が債権者に差し入れた自己名義の借用証書を破り捨てると，私用文書等毀棄罪となります。自己名義ですが，債権者が所有しているからです。

　権利・義務の存否，得喪，変更を証するものに限定されたのは，特に大事なことが記載または記録された文書または電磁的記録を保護するためです。上記 ex.の売買契約書や借用証書は，証拠として存在するかしないかで，数千万円請求できるかできないかというハナシになることもありますので，大事ですよね。

4．建造物等損壊罪

刑法260条（建造物等損壊及び同致死傷）
　他人の建造物又は艦船を損壊した者は，5年以下の懲役に処する。よって人を死傷させた者は，傷害の罪と比較して，重い刑により処断する。

　「建造物等損壊罪」とは，他人の所有する建造物などを損壊する犯罪です。
　「建造物」とは，家屋その他これに類似する建築物です。ちょっと難しい言い方になりますが，屋蓋（屋根）を有し障壁または柱材により支えられている状態のもので，土地に定着し，人がその内部に出入りできるものです（大判大3.6.20）。よって，玄関ドアは建造物の一部に当たりますが（最決平19.3.20），外堀，門，竹垣は当たりません。
　「損壊」とは，ハンマーで壊したりする物理的な行為はもちろん当たりますが，建造物の効用を減損する行為も当たります（効用侵害説）。
ex. 他人の建造物の壁や窓ガラスに500〜2500枚のビラを貼りつける行為は，損壊に当たります（最決昭41.6.10）。

5．器物損壊罪

刑法261条（器物損壊等）
　前3条〔公用文書等毀棄罪・私用文書等毀棄罪・建造物等損壊罪〕に規定するもののほか，他人の物を損壊し，又は傷害した者は，3年以下の懲役又は30万円以下の罰金若しくは科料に処する。

　「器物損壊罪」とは，上記2.の公用文書等毀棄罪，上記3.の私用文書等毀棄罪および上記4.の建造物等損壊罪の対象となるもの以外の他人の物を損壊または傷害する犯罪です。

　「損壊」とは，ハンマーで壊したりする物理的な行為はもちろん当たりますが，建造物等損壊罪と同じく，物の効用を減損する行為も当たります（効用侵害説）。

ex. 他人の飲食器に放尿する行為は，損壊に当たります（大判明42.4.16）。

　「傷害」とは，対象が動物である場合であり，動物を殺傷する行為のほか，本来の効用を失わせる行為が当たります。

ex. 鳥かごを開けて他人の鳥を逃がす行為は，傷害に当たります（大判明44.2.27参照）。

　なお，器物損壊罪の客体には，違法な物も含まれます。違法なものだからといって，侵害していいわけではないからです（P146の「刑法独自の観点」）。

ex1. 公職選挙法違反のポスターに「殺人者」などと記載されたシールを貼りつける行為は，器物損壊罪になります（最決昭55.2.29）。

ex2. 所管庁の許可を得ないで違法に設置された電話線を引き抜く行為は，器物損壊罪になります（最判昭25.3.17）。

※自分の物の損壊など

　自分の物であっても，差押えを受け，物権を負担し（ex. 抵当権を設定した不動産），賃貸し，または，配偶者居住権が設定されたものであるときは，上記3.の私用文書等毀棄罪，上記4.の建造物等損壊罪および上記5.の器物損壊罪の客体となります（刑法262条）。差押債権者，抵当権者，賃借人，配偶者居住権者などを保護する必要があるからです。

ex. 抵当権の設定された家屋の所有者が，その家屋の壁や窓ガラスの全面に多数の新聞紙を強固に糊づけした場合，建造物等損壊罪が成立します。

6. 境界損壊罪

> **刑法262条の2（境界損壊）**
> 　境界標を損壊し，移動し，若しくは除去し，又はその他の方法により，土地の境界を認識することができないようにした者は，5年以下の懲役又は50万円以下の罰金に処する。

　「境界損壊罪」とは，境界標を損壊し，移動し，もしくは除去し，または，その他の方法によって土地の境界を認識できないようにする犯罪です。

　行為者が境界標を所有していた場合であっても，境界損壊罪は成立します。「境界は公のものである」という考え方があるからです。—— 民法Ⅱのテキスト第3編第3章第2節2「境界に対する考え方」

7．信書隠匿罪

> **刑法263条（信書隠匿）**
> 　他人の信書を隠匿した者は，6月以下の懲役若しくは禁錮又は10万円以下の罰金若しくは科料に処する。

　「信書隠匿罪」とは，他人の信書を隠匿する犯罪です。「信書」とは，手紙やハガキなどのことです。

8．親告罪
　この11の最後に，この11でみてきた犯罪が親告罪かどうかをまとめておきます。

親告罪	非親告罪
親告罪になるのは，目的物が**私の要素が強い**犯罪です。	非親告罪になるのは，目的物が**公の要素が強い**犯罪です。建造物（下記②）も境界（下記③）も，公のものであるという考え方があります。
①私用文書等毀棄罪（刑法264条）	①公用文書等毀棄罪
②器物損壊罪（刑法264条）	②建造物等損壊罪および建造物等損壊致死傷罪
③信書隠匿罪（刑法264条）	③境界損壊罪

第2章　社会的法益に対する罪

　個人的法益に対する罪が終わりましたので，この第２章では社会的法益に対する罪をみていきます。「社会的法益」とは，公共の安全などの法益であり，簡単にいうと，「みんなが暮らしている社会」を保護することが目的の法益です。

第１節　放火の罪

　放火の罪は，主に以下の５つです。

①現住建造物等放火罪（刑法108条）
②非現住建造物等放火罪（他人所有。刑法109条１項）
③非現住建造物等放火罪（自己所有。刑法109条２項）
④建造物等以外放火罪（他人所有。刑法110条１項）
⑤建造物等以外放火罪（自己所有。刑法110条２項）

抽象的危険犯　未遂・予備あり	建造物など	**刑法108条（現住建造物等放火）** 　放火して，現に人が住居に使用し又は現に人がいる建造物，汽車，電車，艦船又は鉱坑を焼損した者は，死刑又は無期若しくは５年以上の懲役に処する。 **刑法109条（非現住建造物等放火）** 1　放火して，現に人が住居に使用せず，かつ，現に人がいない建造物，艦船又は鉱坑を焼損した者は，２年以上の有期懲役に処する。
具体的危険犯　未遂・予備なし		2　前項の物が自己の所有に係るときは，６月以上７年以下の懲役に処する。ただし，公共の危険を生じなかったときは，罰しない。
	建造物など以外	**刑法110条（建造物等以外放火）** 1　放火して，前２条に規定する物以外の物を焼損し，よって公共の危険を生じさせた者は，１年以上10年以下の懲役に処する。 2　前項の物が自己の所有に係るときは，１年以下の懲役又は10万円以下の罰金に処する。

１　法益

　放火の罪の法益は，１次的には不特定または多数人の生命・身体・財産です。たとえば，街で火が出ると，その地域の人の生命・身体・財産が危険にさらされます。放

火の罪は，公共の危険を生じさせる犯罪ですが，「公共の危険」とは，不特定または多数人の生命・身体・財産に対する危険のことです。よって，1つの放火行為によって複数の現住建造物を焼損した場合でも，原則として現住建造物等放火罪（刑法108条）一罪が成立するだけです（大判大11.12.13）。

なお，2次的には，個人の財産も法益となります。

2 行為

放火の罪の実行行為は，「放火」です（刑法108条，109条1項，110条1項）。「放火」とは，客体の燃焼を引き起こすことです。もちろん，灯油をまいて火を付けたりする作為による放火は当たります。それだけでなく，不作為による放火も当たります。

ex. 神棚のローソクに紙が傾いてきているのを見つけながら，放置して火がつくのに任せる行為は，放火の罪の実行行為に当たります（大判昭13.3.11）。

3 抽象的危険犯・具体的危険犯と未遂・予備

放火の罪は，大きく以下の表の2つに分けることができます。以下の表の上段は重い罪であり，抽象的危険犯で，未遂・予備の処罰規定もあります。それに対して，下段は軽い罪であり，具体的危険犯で，未遂・予備の処罰規定はありません。

	抽象的危険犯・具体的危険犯	未遂・予備
①現住建造物等放火罪 ②非現住建造物等放火罪 （他人所有）	**抽象的危険犯** （P131。刑法108条，109条1項に「公共の危険」の発生の要件なし） よって，建造物等が燃えれば，実際に公共の危険が発生しなくても，成立します。	**あり** （刑法112条，113条）
③非現住建造物等放火罪 （自己所有） ④建造物等以外放火罪 （他人所有） ⑤建造物等以外放火罪 （自己所有）	**具体的危険犯** （P131。刑法109条2項，110条1項に「公共の危険」の発生の要件あり） よって，建造物等や建造物等以外の物が燃えるだけでなく，「他の建物や自動車などに延焼するだろう」という程度まで燃えないと，成立しません。たとえば，周りに他の自動車などがまったくない野原で自動車に放火しても，それは大規模なたき火にすぎません。他	**なし**

人所有であれば器物損壊罪となりますが，自己所有であれば不可罰です。

行為者が公共の危険の発生を認識している必要があるかは争いがありますが，建造物等以外放火罪（④⑤）については，不要説で出題されたことがあります（大判昭6.7.2，最判昭60.3.28）。

4　類型

この 4 では，放火の罪を分けてみていきます。

1．現住建造物等放火罪（刑法108条）

刑法108条（現住建造物等放火）

放火して，現に人が住居に使用し又は現に人がいる建造物，汽車，電車，艦船又は鉱坑を焼損した者は，死刑又は無期若しくは5年以上の懲役に処する。

（1）客体

現住建造物等放火罪の客体は，「現に人が住居に使用し」（下記（a））または「現に人がいる」（下記（b））「建造物，汽車，電車，艦船又は鉱坑」です（刑法108条）。建造物以外は重要性が低いので，建造物でイメージしてください。

（a）「現に人が住居に使用し」（現住性）

「住居に使用」とは，犯人以外の人が起臥寝食（日々の生活）の場所として使用しているということです（大判大6.4.13，大判昭4.6.13）。放火をした時，人がいなくても当たります（大判明44.12.25，大判大14.2.18，大判昭4.2.22）。空き家ではない住宅に放火したら，放火した時にその家の人がたまたま留守であっても現住建造物等放火罪が成立するということです。

※所有者などの同意

建造物の所有者などの同意がある場合は，現住建造物等放火罪（刑法108条）ではなく，非現住建造物等放火罪（自己所有。刑法109条2項）の客体となります。所有者などの同意があると，刑法109条2項の「自己の所有に係る」建造物になるわけです。

（b）「現に人がいる」（現在性）

「現に人がいる」とは，犯人以外の人が起臥寝食の場所として使用していないが，放火をした時，たまたま犯人以外の人がいたということです。空き家に放火したが，たまたまホームレスの人が中に入って寝ていた，近所の子どもが中に入って遊んでいたといった場合が当たります。

（c）現住・現在の建造物との一体性

現住・現在でない（非現住・非現在の）建造物なのですが，「現住・現在の建造物と一体といえるのか？」ということが問題となる建造物があります。一体といえれば現住建造物等放火罪が成立しますが，いえなければ現住建造物等放火罪は成立しません。以下のような建造物が問題となりました。

ex1. 1階が宿直室（現住）で2階は現住でも現在でもない校舎の2階部分（非現住・非現在）に放火しました（大判大2.12.24）。

ex2. 社務所や守衛詰所（現住）と回廊（廊下）でつながった，現住でも現在でもない神社の社殿（非現住・非現在）に放火しました（最決平元.7.14）。

ex3. マンションの空室（非現住・非現在）に放火しました（東京高判昭58.6.20）。

ex4. マンションのエレベーターのかご（非現住・非現在）に放火しました（最決平元.7.7）。「かご」とは，エレベーターの人が乗る部分です。

上記 ex1.〜ex4.は，いずれも現住部分と一体性があり，現住建造物等放火罪が成立するとされました。現住部分に延焼する可能性がある，現住部分と物理的または機能的に一体といえるといったことが理由です。いずれも延焼する可能性はありますし，現住部分と物理的につながっていたり（ex1.〜ex3.），機能的に一体（ex4.）ですよね。

（2）故意

現住建造物等放火罪が成立するには，現に人が住居に使用し（現住性），または，現に人がいる（現在性）建物であることを認識している必要があります（大判昭4.6.13）。

現住建造物等放火罪の刑罰が死刑まであるのは，人の生命や身体が危険にさらされる可能性があるからです。よって，人の生命や身体が危険にさらされる可能性があること（現住性・現在性）を認識している必要があるのです。

2. 非現住建造物等放火罪 (他人所有。刑法 109 条 1 項)

> **刑法 109 条 (非現住建造物等放火)**
>
> 1　放火して, 現に人が住居に使用せず, かつ, 現に人がいない建造物, 艦船又は鉱坑を焼損した者は, 2 年以上の有期懲役に処する。

　非現住建造物等放火罪 (他人所有) の客体は, 「現に人が住居に使用せず」かつ「現に人がいない」他人が所有している「建造物, 艦船又は鉱坑」です (刑法 109 条 1 項)。これも建造物以外は重要性が低いので, 建造物でイメージしてください。

　この「人」とは, 犯人以外の者をいいます。

ex1. 犯人が賃借人として単独で居住している住宅に放火した場合, 現に犯人以外の人がいなければ, 非現住建造物等放火罪 (他人所有) が成立します (大判昭 7.5. 5)。現に人 (犯人以外の人) が住居に使用しておらず, かつ, 現に人 (犯人以外の人) がいない, 他人 (大家) 所有の建造物だからです。

ex2. 居住者を全員殺害した後, 放火の意思を生じて, 住宅に放火した場合, 非現住建造物等放火罪 (他人所有) が成立します (殺人罪との併合罪となります。大判大 6.4.13)。居住者を全員殺害したことによって, 現に人が住居に使用しておらず, かつ, 現に人がいない建造物となったからです。

※自己所有の建造物

　自己所有の建造物であっても, 差押えを受け, 物権を負担し, 賃貸し, 配偶者居住権が設定されましたは保険に付したものである場合には, 非現住建造物等放火罪 (他人所有) の客体となります (刑法 115 条)。

ex. 保険金を騙し取る目的で, 火災保険の対象となっている自己所有の建物に放火した場合, 非現住建造物等放火罪 (他人所有) が成立します。

　自己所有物であっても, 差押えを受けたりしている建造物に放火をすると, 他人に損害を与え得るからです。

3. 非現住建造物等放火罪 (自己所有。刑法 109 条 2 項)

> **刑法 109 条 (非現住建造物等放火)**
>
> 2　前項の物 (現に人が住居に使用せず, かつ, 現に人がいない建造物, 艦船又は鉱坑) が自己の所有に係るときは, 6 月以上 7 年以下の懲役に処する。ただし, 公共の危険を生じなかったときは, 罰しない。

非現住建造物等放火罪（自己所有）の客体は,「現に人が住居に使用せず」かつ「現に人がいない」自己が所有している「建造物, 艦船又は鉱坑」です（刑法109条2項）。

4. 建造物等以外放火罪（他人所有。刑法110条1項）

> **刑法110条（建造物等以外放火）**
> 1　放火して, 前2条に規定する物〔建造物, 汽車, 電車, 艦船又は鉱坑〕以外の物を焼損し, よって公共の危険を生じさせた者は, 1年以上10年以下の懲役に処する。

建造物等以外放火罪（他人所有）の客体は, 他人が所有している建造物, 汽車, 電車, 艦船または鉱坑以外の物です（刑法110条1項）。
ex. 自動車, バイク, 航空機, 橋

※所有者などの同意
建造物等以外の物の所有者などの同意がある場合は, 建造物等以外放火罪（他人所有。刑法110条1項）ではなく, 建造物等以外放火罪（自己所有。刑法110条2項）の客体となります。P214※と同じです。

※自己所有の物
自己所有の物であっても, 差押えを受け, 物権を負担し, 賃貸し, 配偶者居住権が設定されまたは保険に付したものである場合には, 建造物等以外放火罪（他人所有）の客体となります（刑法115条）。P216※と同じです。

5. 建造物等以外放火罪（自己所有。刑法110条2項）

> **刑法110条（建造物等以外放火）**
> 2　前項の物〔建造物, 汽車, 電車, 艦船又は鉱坑以外の物〕が自己の所有に係るときは, 1年以下の懲役又は10万円以下の罰金に処する。

建造物等以外放火罪（自己所有）の客体は, 自己が所有している建造物, 汽車, 電車, 艦船または鉱坑以外の物です（刑法110条2項）。

5　実行の着手時期・既遂時期

　現住建造物等放火罪と非現住建造物等放火罪（他人所有）の未遂は罰せられます（刑法112条。P213）。未遂として処罰される実行の着手時期と既遂となる既遂時期は，以下の基準で考えます。

焼損が発生する現実的危険性の
ある行為を開始した時　　　　or
焼損の現実的危険性が一定程度
に達した時

火が媒介物を離れ目的物に
移り，独立して燃焼作用を
継続し得る状態に達した時

∵火による焼損によって法益を害する犯罪だからです。	∵目的物が独立して燃え始めれば既遂となるので，かなり早い時点です（独立燃焼説。大判明43.3.4，大判大7.3.15，最判昭25.5.25）。日本は木造家屋が多く，かつ，建物同士が近接しているため，早い段階で既遂にして放火を防ごうとしているわけです。
未遂時期	**既遂時期**
①放火の目的物に伝火することが物理上明白な状態で放火用材料（物置など）に点火した時点（大判大3.10.2，大判大15.9.28）	①知人が所有する木造倉庫に人がいないものと考え，木造倉庫を燃やす目的で，木造倉庫にあった段ボールの束に火を付けた場合，木造倉庫の柱に燃え移った時点
②自然に発火し導火材料を経て放火の目的物に火力を及ぼす装置を設置した時点（大判昭3.2.17，広島地判昭49.4.3参照）	②現に人が住居に使用する家屋を燃やす目的で，取り外し可能な雨戸や布団およびその下の畳に火を付けた場合，住居の柱に燃え移った時点（最判昭25.12.14参照） 　雨戸や布団およびその下の畳が独立して燃え始めた段階では，現住建造物等放火罪（刑法108条）の未遂です。
	段ボールの束（①），雨戸，布団および畳（②）は，建造物の一部とはいえないわけです。建造物の一部かどうかの基準は，建造物を毀損しないと取り外せないかです。段ボールの束，雨戸，布団および畳は毀損しなくても取り外せますが，柱は毀損しないと取り外せません。

6　延焼罪

> **刑法 111 条（延焼）**
> 1　第 109 条第 2 項又は前条〔第 110 条〕第 2 項の罪を犯し，よって第 108 条又は第 109 条第 1 項に規定する物に延焼させたときは，3 月以上 10 年以下の懲役に処する。
> 2　前条〔第 110 条〕第 2 項の罪を犯し，よって同条〔第 110 条〕第 1 項に規定する物に延焼させたときは，3 年以下の懲役に処する。

1．意義

　「延焼罪」とは，非現住建造物等放火罪（自己所有。刑法 109 条 2 項）と建造物等以外放火罪（自己所有。刑法 110 条 2 項）の結果的加重犯です。これらの犯罪に当たる行為をし，より重い結果（延焼）を生じさせたが，延焼の結果について予見・認識のない場合に成立するのが延焼罪です。

※延焼の結果について予見・認識があった場合は，現住建造物等放火罪（刑法 108 条），非現住建造物等放火罪（他人所有。刑法 109 条 1 項）または建造物等以外放火罪（他人所有。刑法 110 条 1 項）が成立しますので，ご注意ください。

ex. Xは，現に人が住居に使用する木造家屋を燃やす目的で，木造家屋に隣接する物置に火を付けました。しかし，住人Yが発見して消火したため，物置のみを焼損させるにとどまりました。この場合，延焼罪ではなく，現住建造物等放火罪（刑法 108 条）の未遂罪が成立します（大判大 3.10.2，大判大 15.9.28）。現に人が住居に使用する木造家屋を燃やす目的だからです。なお，物置に火を付けていますが，非現住建造物等放火罪（他人所有。刑法 109 条 1 項）は成立しませんので，ご注意ください。現に人が住居に使用する木造家屋を燃やす目的があるため，物置は現住建造物等放火罪（刑法 108 条）の導火線として使ったと評価されます。

2．客体

　延焼罪の放火の客体と延焼の客体は，以下のとおりです。ここは，図で押さえてしまいましょう。

【放火の客体】　　　　　　　　　　　　　　　【延焼の客体】

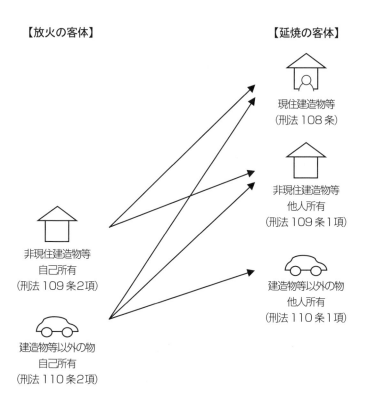

現住建造物等
（刑法108条）

非現住建造物等
他人所有
（刑法109条1項）

非現住建造物等
自己所有
（刑法109条2項）

建造物等以外の物
他人所有
（刑法110条1項）

建造物等以外の物
自己所有
（刑法110条2項）

第2節　公共の信用に対する罪

「公共の信用に対する罪」とは，通貨，有価証券，文書などを偽造したりする犯罪です。現代において，通貨，有価証券，文書などは，社会の取引に不可欠なものであり，社会インフラといえます。これらを信用できないと，安心して取引ができなくなります。よって，これらを偽造したりすると犯罪となるのです。

1 通貨偽造の罪

1．法益

通貨偽造の罪の法益は，通貨に対する公共の信用です。通貨偽造の罪は，刑罰に無期懲役もある，重い犯罪です。経済をコントロール（インフレ，デフレなど）する典型的な手段は，国が通貨の流通量を調節することです。通貨偽造の罪はそれを害することであり，場合によっては国家自体を揺るがす可能性があります。よって，通貨偽造の罪は，重い犯罪とされているのです。

2．通貨偽造罪

> **刑法 148 条（通貨偽造及び行使等）**
> 1　行使の目的で，通用する貨幣，紙幣又は銀行券を偽造し，又は変造した者は，無期又は3年以上の懲役に処する。

（1）客体

通貨偽造罪の客体は，「通用する貨幣，紙幣又は銀行券」です（刑法 148 条 1 項）。
「貨幣」とは，硬貨のことです。10 円玉や 100 円玉などが当たります。
「銀行券」とは，札のことです。千円札や一万円札などが当たります。
「紙幣」は，現在は存在しません。

（2）行為

通貨偽造罪の実行行為は，行使の目的で，通用する貨幣，紙幣または銀行券を「偽造」するまたは「変造」することです（刑法 148 条 1 項）。
「偽造」とは，通貨の発行権者でない者が，真正の通貨と誤信する通貨を作り出すことです。一般的な偽造のイメージですね。
「変造」とは，真正の通貨を加工して，別の通貨を作り出すことです。

ex. 真正の千円札を加工して，一万円札を作り出すことが当たります（一万円札を偽造したほうが早いような気もしますが……）。

（3）目的

　通貨偽造罪が成立するには，「行使の目的」が必要です（刑法148条1項）。「行使の目的」とは，偽造または変造した通貨を真貨として流通に置こうとすることです。通貨偽造の罪は，通貨の流通量が変わることが問題なので（P221の1.），流通に置こうとする目的が必要となるのです。通貨偽造罪は目的犯（P10）なわけです。

ex. 小学校の教師Xは，教材に使用する目的で，本物そっくりの一万円札を作りました。この場合，Xに通貨偽造罪は成立しません。教材に使用する目的ですので，行使の目的がないからです。

　流通に置こうとする目的があったのであれば，流通に置こうとするのが行為者自らであっても他人を介してであっても，行使の目的があるとされます（最判昭34.6.30）。

（4）既遂時期

　行使の目的をもって通貨を偽造または変造すれば，行使をまたずに既遂となります。通貨偽造罪は，抽象的危険犯です（P131）。

3．偽造通貨行使等罪

刑法148条（通貨偽造及び行使等）
2　偽造又は変造の貨幣，紙幣又は銀行券を行使し，又は行使の目的で人に交付し，若しくは輸入した者も，前項と同様とする。

（1）行為
（a）「行使」── 偽造通貨行使罪

　偽造通貨行使罪の実行行為である「行使」とは，偽造または変造された通貨を，真正な通貨として流通に置くことです（大判明37.5.13，大判明41.4.10）。やはり通貨偽造の罪は，通貨の流通量が変わることが問題なのです（P221の1.）。「流通に置く」とは，自分以外の者の占有に移転し，一般人が偽造または変造された通貨を真貨と誤信し得る状態に置くことをいいます。

ex. 偽造または変造された通貨を自動販売機などの機械に入れる行為も，「行使」に当たります（東京高判昭53.3.22）。自動販売機などの機械に入れることも，流通に置くことですよね。

　行使の相手方は，偽造または変造された通貨であることを知らない者でなければなりません。知っている場合は，下記（b）の「交付」に当たります。

（b）「交付」—— 偽造通貨交付罪

　偽造通貨交付罪の実行行為である「交付」とは，偽造または変造された通貨であることを明らかにして引き渡すこと，または，すでに知っている者に引き渡すことです（刑法148条2項）。交付が，有償でも無償でも当たります。

（2）目的

　偽造通貨交付罪が成立するには，「行使の目的」で交付することが必要です（目的犯。刑法148条2項）。偽造通貨交付罪は，偽造通貨行使罪と異なり，交付の相手方が偽造または変造された通貨であることを知っている者です。そのため，単に交付するだけでは，流通に置いたとはいえません。よって，他人に行使させる目的が必要となるのです。

（3）罪数・他罪との関連

　偽造通貨を相手方に示し，相手方に真貨と誤信させて商品を購入した場合，偽造通貨行使罪と詐欺罪が成立し，牽連犯となるでしょうか。

　偽造通貨行使罪のみが成立し，詐欺罪は偽造通貨行使罪に吸収評価されます（大判明43.6.30，大判昭7.6.6）。

　この理由が少しわかりづらいのですが，偽造通貨収得後知情行使罪と詐欺罪を牽連犯としないためです。「偽造通貨収得後知情行使罪」とは，“偽造通貨”を“収得後”に“情”を“知”って“行使”した“罪”です。お釣りをもらった後でお釣りの中に偽札が入っていることに気づいたが，知らないフリをして使ってしまった場合などが当たります。偽造通貨収得後知情行使罪は，法定刑が額面価格の3倍以下の罰金または科料と非常に軽いです（刑法152条）。偽札を持っていることに気づいても，損をしたくないので使ってしまうことがあるからです。偽造通貨行使罪と詐欺罪が成立し牽連犯となると，偽造通貨収得後知情行使罪を犯した場合に詐欺罪と牽連犯とする必要があります。詐欺罪は，法定刑が10年以下の懲役と重い犯罪なので，偽造通貨収得後知情行使罪の法定刑を非常に軽いものにした意味がなくなってしまいます。

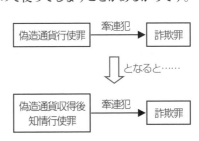

4. 通貨偽造等準備罪

> **刑法153条（通貨偽造等準備）**
> 　貨幣，紙幣又は銀行券の偽造又は変造の用に供する目的で，器械又は原料を準備した者は，3月以上5年以下の懲役に処する。

　通貨偽造等準備罪とは，通貨偽造罪の予備罪に当たる犯罪です。予備罪がある犯罪は少ないですが（P35～36 の2.），通貨偽造の罪は重い犯罪なので，予備罪があるのです。ただ，予備行為のすべてが当たるのではなく，「器械」または「原料」の準備に限定されています（刑法153条。大判大5.12.21）。
　「器械」とは，偽造または変造のために用い得る一切の器械類です（大判大2.1.23）。
ex. 鋳造機，印刷機
　「原料」とは，地金（金属のかたまり），用紙，インクなどのことです。

2 有価証券偽造の罪

1. 法益

　有価証券偽造の罪の法益は，有価証券に対する公共の信用です。通貨偽造の罪と異なり，有価証券の流通量は関係ありません。

2. 有価証券偽造罪

> **刑法162条（有価証券偽造等）**
> 1　行使の目的で，公債証書，官庁の証券，会社の株券その他の有価証券を偽造し，又は変造した者は，3月以上10年以下の懲役に処する。

（1）客体

　有価証券偽造罪の客体は，「公債証書，官庁の証券，会社の株券その他の有価証券」です（刑法162条1項）。
　「公債証書」とは，国債などのことです。
　「官庁の証券」とは，かつての大蔵省証券などのことです。
　「その他の有価証券」に何が当たるかは，以下の表のものを押さえてください。

有価証券に当たるもの（○）	有価証券に当たらないもの（×）
・鉄道乗車券 ・宝くじ ・商品券 ・手形・小切手	・印紙 ・切手 　印紙・切手は，郵便法など別法律で規制されているからです。 ・無記名定期預金証書（預金者が金融市場で自由に譲渡できる特別の定期預金の証書。最決昭31.12.27） ・郵便貯金通帳（大判昭6.3.11）

（2）行為

　有価証券偽造罪の実行行為は，行使の目的で，公債証書，官庁の証券，会社の株券その他の有価証券を「偽造」するまたは「変造」することです（刑法162条1項）。

　「偽造」とは，作成権限のない者が，他人の名義を冒用して有価証券を作成することです。有価証券の作成権限を有する者でも，権限の範囲を超えて有価証券を作成する行為は，偽造となり得ます（大判明43.4.19，大判昭7.5.5）。それに対して，代理権・代表権を有する者が，権限の範囲内で単に権限を濫用して有価証券を作成しても，偽造とはなりません（大連判大11.10.20）。

　「変造」とは，真正に成立した他人名義の有価証券に権限なく変更を加えることです。

ex. 他者が振り出した小切手の金額を改ざんする行為が当たります（最判昭36.9.26）。

（3）目的

　有価証券偽造罪が成立するには，「行使の目的」が必要です（目的犯。刑法162条1項）。「行使の目的」とは，偽造または変造した有価証券を真正な有価証券として使用しようとすることです。

3．偽造有価証券行使等罪

刑法163条（偽造有価証券行使等）

1　偽造若しくは変造の有価証券又は虚偽の記入がある有価証券を行使し，又は行使の目的で人に交付し，若しくは輸入した者は，3月以上10年以下の懲役に処する。

（1）行為
（a）「行使」── 偽造有価証券行使罪

　偽造有価証券行使罪の実行行為である「行使」とは，偽造または変造された有価証券を内容の真実なものとして使用することです（刑法163条1項）。流通に置くことは不要です（大判明44.3.31）。単に提示するだけでも，偽造または変造された有価証券を内容の真実なものとして提示したのであれば当たります。有価証券偽造の罪の法益は有価証券に対する公共の信用であり，有価証券の流通量は関係ないからです（P224の1.）。偽造または変造された有価証券を内容の真実なものとして提示すれば，有価証券に対する信用は害されるからです。

※偽造された手形と知っていながら手形を提示する行為

　手形の所持人が，手形が偽造されたものであることを知っていながら手形を提示しても，行使に当たりません（大判大3.11.28）。

　手形を提示して債務の履行を請求するのは，当然の権利行使だからです。また，この判例の事案の手形の所持人は，手形を取得した時は偽造されたものであることを知りませんでした。

※保管

　偽造された有価証券であることを知らない他人に偽造された有価証券の保管を依頼するために交付する行為は，行使に当たりません。

　保管させるだけでは，有価証券の信用が害されないからです。

（b）「交付」── 偽造有価証券交付罪

　偽造有価証券交付罪の実行行為である「交付」とは，偽造または変造された有価証券であることを明らかにして引き渡すこと，または，すでに知っている者に引き渡すことです（刑法163条1項。大判昭2.6.28）。

（2）目的

　偽造有価証券交付罪が成立するには，「行使の目的」で交付することが必要です（目的犯。刑法163条1項）。偽造有価証券交付罪は，偽造有価証券行使罪と異なり，交付の相手方が偽造または変造された有価証券であることを知っている者です。そのため，単に交付するだけでは，有価証券の信用が害されません。よって，他人に行使させる目的が必要となるんです。

3 文書偽造の罪

1．全体のハナシ

　文書偽造の罪には，公文書偽造罪，私文書偽造罪など様々なものがあります。まずこの1．で，基本的に文書偽造の罪のすべてに共通して当てはまるハナシをみていきます。

（1）法益

　文書偽造の罪の法益は，文書に対する公共の信用です。文書は，社会生活の様々な事項の証明手段として使用されています。みなさんも，日々の生活で，免許証を出したり住民票の写しを出したりしますよね。よって，文書に対する信用が揺らぐとマズイのです。

　なお，実際に文書に対する公共の信用が害される必要はありません。信用が害される危険が生じれば足ります（大判明43.12.13）。文書偽造の罪も，抽象的危険犯（P131）なのです。

（2）客体 ── 文書とは？

（a）意義

　文書偽造の罪の「文書」といえるには，以下の表の①～③の要素を充たしている必要があります（大判明43.9.30）。

	要件	該当しない事例
①可読性・可視性	文字または文字に代わる可読的・可視的な符号を用いている	レコード，録音テープ，ビデオテープ　これらは眺めていても意思がわかりません。
②永続性	ある程度永続すべき状態において，物体上に記載された意思または観念の表示である	砂の上に書かれた文字
③証拠性	表示の内容が，法律上または社会生活上重要な事項について証拠となり得べきものである	小説，書画

（b）名義人

ⅰ　存在

　文書には，名義人が存在する必要があるでしょうか。

　存在する必要があります（大判明43.12.20）。名義人の存在しない，誰であるか判明し得ない作成者不明の文書は，文書偽造の罪の「文書」とはいえません。

作成者不明の文書は，信用性が低いです。よって，刑事罰をもって保護するほどのものではありません。

ii　実在

文書の名義人は，実在する必要があるでしょうか。

実在する必要はありません（最判昭26.5.11，最判昭28.11.13，最判昭36.3.30）。死亡している者，架空人が名義人であっても構いません。たとえば，履歴書の氏名欄に適当に「山田太郎」と書いても，文書偽造の罪の「文書」に当たります。

死亡している者や架空人が実在して作成したと誤解される可能性があるからです。

ただし，誰が見ても一見して名義人が実在しないことがわかる場合は，文書偽造の罪の「文書」に当たりません。たとえば，名義人が「ドラえもん」である文書は当たらないでしょう。

上記i・iiをまとめると，基本的に（「ドラえもん」などでなければ）氏名・名称が表示されていれば文書偽造の罪の「文書」といえるということです。

（c）原本性

原本は，もちろん文書偽造の罪の「文書」に当たります。では，謄本（原本の全部の写し）や抄本（原本の一部の写し）も，「文書」に当たるでしょうか。

当たります（最判昭51.4.30）。

ex. Xは，Yの司法書士試験の合格証書の「Y」と記載された部分に，「X」と記載した紙を貼り付けてコピーし，Xの氏名が記載された合格証書のコピーを作成しました。この場合，Xに公文書偽造罪が成立します。

現代は，コピーの価値が上がってきているからです。たとえば，商業登記法で学習しましたが，発起設立の登記，募集株式の発行の登記，新株予約権の行使の登記において，預金通帳の写しは払込みがあったことを証する書面の一部となりました。——会社法・商法・商業登記法Ⅰのテキスト第3編第1章第2節4 3.（4）（b）③i（i）イ（ア）

（3）行為

（a）偽造（広義の偽造）とは？

「偽造（広義の偽造）」は，右の図のように分類することができます。

「有形偽造」「無形偽造」とは，以下の意味です。

・有形偽造

作成権限のない者が，他人の名義を冒用して，虚偽の文書を作成することです。

ex. 市民が市長の名で住民票の写しを作成する行為が当たります。

作成権限のない者が作成すれば，内容が真実であっても偽造に当たります。

ex. 市民が市長の名で住民票の写しを作成すれば，内容が真実であっても偽造に当たります。内容が正しいからといって，市民が住民票の写しを発行できるようになったらマズイですよね。

・無形偽造

作成権限のある者が，真実に反した内容の文書を作成することです。

ex. 市長が虚偽の住民票を作成する行為が当たります。

「有形」「無形」の「形」は，作成名義のことです。作成名義（「形」）の偽造が「有」るのが「有形偽造」，作成名義（「形」）の偽造が「無」いのが「無形偽造」です。

「変造」とは，権限のない者が，真正に成立した他人名義の文書の非本質的部分に不法に変更を加えることです。

「ゼロから虚偽の文書を作成すれば偽造（最狭義の偽造），元が真正に成立した他人名義の文書であれば変造」と簡単に分けられればよいのですが，元が真正に成立した他人名義の文書に不法に変更を加えた場合でも，以下の①②の双方を充たせば偽造（最狭義の偽造）になります。

①本質部分の変更である
②変更によって別の文書になる

偽造に当たる	変造に当たる
①**運転免許証の写真を別の者の写真に貼り替える行為**（最決昭35.1.12，最決昭52.4.25） 　写真は，運転免許証の本質部分です（上記①）。写真を貼り替えれば，別の文書（別の人の運転免許証）になります（上記②）。	①**通帳の入金日を書き換える行為**（大判昭11.11.9） 　入金日は，通帳の本質部分ではありません（上記①）。また，入金日を書き換えても，別の文書にはなりません（上記②）。
②**真正な売買契約書の金額欄に改ざんを加えたものをコピーし，あたかも原本を原型どおり正確に複写したかのようなコピーを作成する行為**（最決昭61.6.27） 　金額は，売買契約書の本質部分です（上記①）。ですが，「右の②のように別の文書にならないのでは？」と思われたかもしれません。しかし，コピーを作成しているので，別の文書になります（上記②）。	②**有効な借用証書の金額を増減する行為**（大判明44.11.9） 　金額は，借用証書の本質部分です（上記①）。しかし，金額を増減しても，別の文書にはなりません（上記②）。

（b）行使

　偽造公文書行使等罪や偽造私文書等行使罪は，「行使」が構成要件です（刑法 158条 1 項，161 条 1 項）。

　「行使」とは，偽造もしくは変造された文書または虚偽作成の文書を，真正な文書または内容の真実な文書として，他人に認識させ，または，認識し得る状態に置くことです（最判昭 28.12.25，最大判昭 44.6.18）。文書偽造の罪の法益は文書に対する公共の信用なので（P227（1）），信用を害する行為が当たるのです。

　行使の方法は問いません。文書を交付することに限られず，提示することや閲覧に供することも当たります。提示や閲覧だけでも，文書に対する公共の信用を害するからです。ここでもやはり法益（P227（1））から考えます。
　また，文書本来の用法に従った使用でなくとも，偽造文書等を真正な文書または内容の真実な文書として他人に認識させ，または，認識し得る状態に置けば当たります（最判昭 28.12.25）。
ex. 偽造私文書について，確定日付を受けるために公証人に提示する行為も，偽造私文書行使罪における「行使」に当たります（大判明 41.12.21）。

　行使の相手方は，偽造もしくは変造された文書または虚偽作成の文書であることを知らない者でなければなりません。よって，たとえば，偽造の共犯者に提示しても，行使とはなりません（大判大3.10.6）。知っている者に提示しても，文書に対する公共の信用を害さないからです。

（4）行使の目的

　公文書偽造等罪や私文書偽造等罪は，「行使の目的」があることが構成要件となります（目的犯。刑法155条１項，159条１項）。
　「行使の目的」とは，偽造もしくは変造された文書または虚偽作成の文書を，真正な文書または内容の真実な文書として，他人に誤信させようとすることです。

２．公文書に関する罪
（1）公文書偽造等罪 ── 有形偽造

刑法155条（公文書偽造等）

1　行使の目的で，公務所若しくは公務員の印章若しくは署名を使用して公務所若しくは公務員の作成すべき文書若しくは図画を偽造し，又は偽造した公務所若しくは公務員の印章若しくは署名を使用して公務所若しくは公務員の作成すべき文書若しくは図画を偽造した者は，１年以上10年以下の懲役に処する。
2　公務所又は公務員が押印し又は署名した文書又は図画を変造した者も，前項と同様とする。
3　前２項に規定するもののほか，公務所若しくは公務員の作成すべき文書若しくは図画を偽造し，又は公務所若しくは公務員が作成した文書若しくは図画を変造した者は，３年以下の懲役又は20万円以下の罰金に処する。

（a）意義

　公文書偽造等罪は，有形偽造（P229）であり，以下の３つの行為が犯罪になる旨が規定されています。

①有印公文書偽造（刑法155条１項）
②有印公文書変造（刑法155条２項）
　「有印公文書」とは，押印または署名のある公文書のことです。「署名」には，記

名（パソコンなどで入力したもの）も当たります（大判大4.10.20）。よって，ほとんどの文書が当たります。

ex. 市長が作成する住民票の写し

　なお，刑法155条1項の「印章」とは，印鑑のデザインのことです。「図画」とは，法務局に保管されている公図などのことです。

印章

③無印公文書偽造・変造（刑法155条3項）

　「無印公文書」とは，押印も署名（記名）もない公文書です。ほとんど存在しませんが，たとえば，以下のものが当たります。

ex1. 物品税証紙（最決昭29.8.20）。「物品税」とは，1989年の消費税の導入前まで，一定の物品にかけられていた税金です。物品税がかかる物品には，証紙が貼られていました。

ex2. 旧国鉄の駅名札（大判明42.6.28）。「国鉄」とは，1987年の民営化前のJRのことです。「駅名札」とは，駅の柱などに貼っている「しんじゅく」などの名札のことです。

　上記①②は法定刑が「1年以上10年以下の懲役」であるのに対し，上記③は法定刑が「3年以下の懲役又は20万円以下の罰金」と刑罰が軽いです。押印または署名のある公文書のほうが重要性が高いからです。

（b）主体

　公文書偽造等罪の主体は，公文書の作成権限のない者です。公務員でない者はもちろん主体になりますが，公務員でも作成権限がない者（大判大元.11.25）や職務と関係なく公文書を作成する者（大判大7.11.20）は主体になります。

ex. 公立高校の教師Ｘは，落第し中退してしまった生徒Ｚから依頼され，Ｚの両親に見せるため，公立高校の校長Ｙ名義の卒業証書を偽造し，Ｚの両親に見せました。この場合，Ｘに公文書偽造罪と偽造公文書行使罪が成立します（最決昭42.3.30）。Ｘは，公立高校の教師ですので公務員ですが，校長ではないため卒業証書の作成権限はないからです。

（c）客体

　公文書偽造等罪の客体は，公文書または公図画です（刑法155条）。「公文書」「公図画」とは，公務所または公務員が，その名義をもって，その権限内で，所定の形式に従って作成すべき文書または図画です（大判明45.4.15）。ちょっと難しい定義ですが，具体例はみなさんのイメージどおりで，市長が作成する住民票の写しなどが当た

ります。この定義に当たれば，内容は私法関係のものでも公文書に当たります（最決昭38.12.27）。

ex. 公証役場で作成された金銭消費貸借契約書（公正証書）は，内容は私法関係ですが，公文書に当たります。

（2）虚偽公文書作成等罪 —— 無形偽造

> **刑法156条（虚偽公文書作成等）**
> 公務員が，その職務に関し，行使の目的で，虚偽の文書若しくは図画を作成し，又は文書若しくは図画を変造したときは，印章又は署名の有無により区別して，前2条の例による。

（a）意義

　虚偽公文書作成等罪は，無形偽造（P229）であり，公文書の作成権限のある公務員が，行使の目的で，虚偽の文書もしくは図画を作成する，または，文書もしくは図画を変造する犯罪です（刑法156条）。

　公文書は，無形偽造も特に限定なく処罰の対象となります。公文書は，私文書に比べて証拠力が高く，社会での信用度も高いです。よって，虚偽の内容の公文書が作成されることを防ぐため，無形偽造も特に限定なく処罰の対象となるのです。

P242

（b）主体

　虚偽公文書作成等罪の主体は，公文書の作成権限のある公務員です。

ex. 市の住民票の写しであれば，市長が当たります。

　ただ，実際に市長自身が住民票の写しを作成することは通常はありません。市長が市民課の課長などに作成権限を与えます。では，作成権限のある公務員（ex. 市長）から作成権限を与えられた公務員（ex. 市民課の課長）は，当たるでしょうか。

　当たります。

　さらにいうと，実際に市民課の課長が住民票の写しをすべて作成しているわけではありません。実際に作成しているのは，市民課の係長であるといったこともあります。このような者を実質的作成権限を有する補助公務員といいます。この実質的作成権限を有する補助公務員（ex. 市民課の係長）は，当たるでしょうか。

　当たります（最判昭51.5.6）。

　それでは，実質的作成権限のない公務員，たとえば，市民課以外の課から手伝いに

来た公務員は，当たるでしょうか。

　当たりません。

（c）行為
ⅰ　意義

　虚偽公文書作成等罪の実行行為は，行使の目的で，虚偽の文書もしくは図画を作成する，または，文書もしくは図画を変造することです（刑法 156 条）。作為だけでなく，不作為も当たります。

ex. 村会議長Xは，村会議事録の作成に当たって，ある事実の記録をことさらに脱漏させ，その事実がなかったかのように装いました。Xに，虚偽公文書作成罪が成立します（最決昭 33.9.5）。

ⅱ　間接正犯

　虚偽公文書作成等罪に間接正犯は成立するでしょうか。間接正犯は他人を道具として利用する犯罪なので，虚偽公文書作成等罪の間接正犯とは，以下のような場合です。

ex. 市の証明書の発行窓口の公務員（証明書の作成権限のある公務員）に虚偽の証明願を提出して，虚偽であることを気づかれないまま，虚偽の証明書を作成してもらう場合が当たります。

　これは，以下の表のとおり，誰が行ったかで変わります。

職務上公文書の作成に関与する公務員が行った	公務員でない者が行った
間接正犯が成立し得る （最判昭 32.10.4）	**間接正犯は成立しない** （**不可罰**。最判昭 27.12.25） 証明願は公正証書の原本でもないので，下記（3）の公正証書原本不実記載等罪も成立しません。

虚偽公文書作成等罪は，公務員だから処罰する趣旨の犯罪です。よって，公務員でない場合は，間接正犯も成立しないんです。

ただ，公務員ではない者でも，公務員と共謀して虚偽の公文書の作成などをすれば，虚偽公文書作成等罪の共同正犯となります（刑法 65 条1項。P83（1））。公務員と組めば，虚偽公文書作成等罪の法益を害することができるからです。上記の間接正犯は，作成した公務員が虚偽の公文書の作成などをしていることを知らない場合のハナシです。

（3）公正証書原本不実記載等罪

刑法157条（公正証書原本不実記載等）

1　公務員に対し虚偽の申立てをして，登記簿，戸籍簿その他の権利若しくは義務に関する公正証書の原本に不実の記載をさせ，又は権利若しくは義務に関する公正証書の原本として用いられる電磁的記録に不実の記録をさせた者は，5年以下の懲役又は50万円以下の罰金に処する。

（a）意義

　公正証書原本不実記載等罪は，虚偽の登記申請をして，登記官に，登記簿に不実の記載をさせたりする犯罪です（刑法157条1項）。不実の記載や記録をする公務員（登記官など）は，不実の記載や記録であることを知りません。知っていたら，その公務員は虚偽公文書作成等罪となります。よって，公正証書原本不実記載等罪は，虚偽公文書作成等罪の間接正犯の一部を処罰する規定なのです。上記（2）（c）でみましたとおり，虚偽公文書作成等罪の間接正犯は不可罰になることもありますが，不実の記載または記録をさせたのが公正証書の<u>原本</u>または公正証書の<u>原本</u>として用いられる電磁的記録（データ）だと犯罪となります。原本に限定しているわけです。

（b）客体

　公正証書原本不実記載等罪の客体は，以下の①または②です。

①「登記簿，戸籍簿その他の権利若しくは義務に関する公正証書」（刑法157条1項）

　この①は，まず例示されている「登記簿」と「戸籍簿」を暗記してください。そうすると，そこから以下の2つの知識を判断することができます。

・申立ての内容について公務員が実質的審査権を有するかどうかは関係ありません。
　「登記簿」から考えてください。登記官には，実質的審査権がありませんでしたよね。—— 不動産登記法Ⅰのテキスト第1編第5章第3節2 1.（1），会社法・商法・商業登記法Ⅰのテキスト第2編第3章第3節2 1.（1）
・権利・義務が私法上のものか公法上のものかは関係ありません（大判大11.12.22，最判昭36.3.30）。
　「登記簿」は私法上の権利・義務が記載されますし，「戸籍簿」は公法上の権利・義務が記載されます。

「その他の権利若しくは義務に関する公正証書」は，たとえば，以下の表の左に挙げている①②のものが当たります。当たらないものも併せて挙げておきます。

当たる（○）	当たらない（×）
①土地台帳（大判大11.12.22） 　「土地台帳」とは，戦前の登記簿のようなものです（今の登記簿とは少し違います）。 ②住民票の原本（最決昭48.3.15） 　「住民票の原本」とは，役所にある原本のことです。私たちが市役所などで交付を受けるのは，この写しです。	①自動車運転免許台帳 ②各種課税台帳 ③支払督促 　証明文書ではないからです。 ④公立の結婚相談所の依頼人名簿 　権利・義務に関するものではないからです。

②「権利若しくは義務に関する公正証書の原本として用いられる電磁的記録」（刑法157条1項）

たとえば，以下のものが当たります。

ex. 住民基本台帳ファイル，自動車登録ファイル

（c）行為

公正証書原本不実記載等罪の実行行為は，「公務員に対し虚偽の申立て」をすることです（刑法157条1項）。

「虚偽の申立て」とは，真実に反する事実の存在または不存在を申し立てることです（大判明43.8.16）。

ex1. Xが，Y所有の建物が未登記であることを奇貨として，その建物について自分を所有者とする表題登記および所有権の保存の登記を申請する行為が当たります。

ex2. XとZが，所有権を移転していないにもかかわらず，仮装してXからZへの所有権の移転の登記を申請する行為（通謀虚偽表示）が当たります。

ex3. Xが，自分が所有している土地が登記記録上Y名義で登記されていたため，たまたまYから預かっていた印鑑を使用してYからXに売却する売買契約書を作成し，YからXへの所有権の移転の登記を申請する行為が当たります。たしかに，Xが所有している土地です。しかし，YからXへの所有権の移転はないので，YからXへの所有権の移転の登記は真実に反する登記です。

「虚偽」とは，申立事項の内容が虚偽である場合だけでなく，申立人の同一性に虚偽がある場合も含みます（大判明41.12.21）。どういうことか，以下の例で考えてみましょう。

ex. Yは，所有していた土地をXに売り渡しました。Xは，別の目的でYから保管を依頼されていた印鑑を勝手に使用して，YからXへの所有権の移転の登記を申請しました。この場合，Xに，電磁的公正証書原本不実記録罪（＊）が成立します。たしかに，YからXに所有権が移転しています。しかし，Yは登記を申請する意思がないにもかかわらずYの登記申請意思もあるかのような登記を申請したことは，申立人の同一性に虚偽があるといえます。

＊客体が上記（b）②である場合，電磁的公正証書原本不実記録罪といいます。

※不動産の売主が抵当権の設定の登記をした場合

Xは，所有していた土地をYに売り渡しました。しかし，Xは，まだ登記名義があるのを奇貨として，自分の債務を担保するためにZのために抵当権を設定し，抵当権の設定の登記を申請しました。Xに，電磁的公正証書原本不実記録罪が成立するでしょうか。

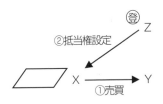

成立しません（横領罪は成立します。東京高判昭27.3.29）。

この場合，抵当権者Zは，Yより先に登記をしているため，民法177条によってYに優先します。Zの抵当権の登記は，不実のものではありません。よって，公正証書の原本に不実の記録をさせたとはいえないのです。

（4）偽造公文書行使等罪

偽造公文書を行使すれば，偽造公文書行使等罪が成立します（刑法158条1項）。

ex. 自動車を運転する際に，偽造した運転免許証を携帯しているだけであれば，偽造公文書行使罪は成立しません（最大判昭44.6.18）。偽造した運転免許証を他人に認識し得る状態に置いたとはいえないからです。検問において，警察官に偽造した運転免許証を見せれば，偽造公文書行使罪が成立します。

3. 私文書に関する罪
（1）私文書偽造等罪 ── 有形偽造

刑法159条（私文書偽造等）

1　行使の目的で，他人の印章若しくは署名を使用して権利，義務若しくは事実証明に関する文書若しくは図画を偽造し，又は偽造した他人の印章若しくは署名を使用して権利，義務若しくは事実証明に関する文書若しくは図画を偽造した者は，3月以上5年以下の懲役に処する。

2　他人が押印し又は署名した権利，義務又は事実証明に関する文書又は図画を変造した者も，前項と同様とする。

3　前2項に規定するもののほか，権利，義務又は事実証明に関する文書又は図画を偽造し，又は変造した者は，1年以下の懲役又は10万円以下の罰金に処する。

（a）意義
　私文書偽造等罪は，有形偽造（P229）であり，以下の3つの行為が犯罪になる旨が規定されています。

①有印私文書偽造（刑法159条1項）
②有印私文書変造（刑法159条2項）
③無印私文書偽造・変造（刑法159条3項）

　公文書偽造等罪と同じ区分です（P231～232（a））。上記①②と比べ，上記③の法定刑が軽い点も同じです。

（b）客体
　私文書偽造等罪の客体は，権利・義務または事実証明に関する文書または図画です（刑法159条）。私文書・私図画の中でも，権利・義務または事実証明に関するという限定がついているわけです。私文書は公文書と比べて信用性が低いので，処罰するのは権利・義務または事実証明に関する重要な私文書・私図画に限定しているんです。

i　権利・義務に関する文書または図画
　たとえば，以下のものが当たります。
ex. 売買契約書，金銭消費貸借契約書，債権譲渡証書（大判大12.5.24）

ii　事実証明に関する文書または図画

「事実証明に関する文書」とは，実社会生活に交渉を有する（関わりがある）事項を証明する文書です（大判大 9.12.24，最決昭 33.9.16）。実社会生活に関わりがあれば当たるので，かなり広く当たります。

事実証明に関する文書に当たる（○）	事実証明に関する文書に当たらない（×）
①郵便局に対する転居届（大判明44.10.13）	①日記
②衆議院議員候補者の推薦状（大判大6.10.23）	②旅行記
③入学試験の答案（最決平6.11.29）	
入学許可の資料となるからです。	
④履歴書（最決平11.12.20）	
企業に入るために必要な文書だからです。	

（c）行為

私文書偽造等罪の実行行為は，権利・義務または事実証明に関する文書または図画を「偽造」するまたは「変造」することです（刑法159条）。このうち，「偽造」に当たるか問題となる場合をこの（c）でみていきます。

文書の「作成者」とは？

「偽造（狭義の偽造）」とは，作成権限のない者が，他人の名義を冒用して，虚偽の文書を作成することです（P229）。よって，文書の名義人と作成者が異なれば，偽造となります。この「作成者」は，文書に意思などを表示したまたは表示させた者です（観念説〔意思説〕）。そのため，たとえば，Zが名義人である文書をXが作成した場合でも，ZがXに文書を書かせたのであれば，作成者はZとされます。

i　代理・代表名義の冒用

たとえば，代理権のないXが，「Z代理人X」という名義でYとの間の売買契約書を作成した場合，Xに私文書偽造罪が成立するでしょうか。代理権はありませんが，「Z代理人X」という名義の売買契約書はXが作成する文書ではないのか（名義人も作成者もXなのではないか），ということが問題となるわけです。

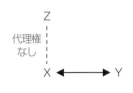

私文書偽造罪が成立します（最決昭45.9.4）。

代理や代表によって作成された文書の名義人は，本人です。代理や代表によって作成された文書の法律効果（契約の効果など）は，本人に帰属

するからです。よって，Zが作成すべき文書を，Zの承諾（代理権）なくXが作成した場合は，偽造となるのです。

なお，代理権・代表権を有する者が，権限の範囲内で単に権限を濫用して文書を作成しても，偽造とはなりません（大連判大11.10.20参照）。権限があるため，文書の名義人と作成者が異なるものとはならないからです。

ii　肩書の冒用

たとえば，弁護士でないXが，同姓同名の弁護士がいることを利用して「弁護士X」の名義で弁護士報酬請求書を作成した場合，Xに私文書偽造罪が成立するでしょうか。

私文書偽造罪が成立します（最決平5.10.5。「弁護士」が「司法書士」に変わっても同じです）。

「弁護士X」という名義の弁護士報酬請求書は，弁護士Xしか作成できません。弁護士でないXと弁護士Xは，別人です。よ

って，弁護士Xが作成すべき文書を，弁護士でないXが作成した場合は，偽造となるのです。

iii　別名の使用
（i）原則

別名（通称，芸名，ペンネームなど）を使用しても，その別名が社会的に通用しているのであれば，原則として，私文書偽造罪は成立しません。

（ii）例外

ただし，本名で作成することが要求される文書だと，別名を使用すると私文書偽造罪が成立します。

ex. 密入国者Xは，在留資格を有する友人Zの名義で25年以上も生活していました。Xは，Zの名義で再入国許可申請書を作成しました。この場合，Xに私文書偽造罪が成立します（最判昭59.2.17）。再入国許可申請書は，本名で作成することが要求される文書だからです。

ⅳ　名義人の承諾がある場合
（ⅰ）原則

名義人の承諾があれば，原則として，私文書偽造罪は成立しません。名義人の承諾があれば，文書の作成者は，実際に文書を作成した者ではなく，文書を書かせた意思の主体となるからです（P239の「文書の『作成者』とは？」）。

ex. 役員Ｚが，秘書Ｘに売買契約書の代筆をさせました。この場合，Ｘに私文書偽造罪は成立しません。実際に売買契約書を作成したのはＸですが，売買

契約書を書かせたのはＺなので，作成者はＺとされるからです。このような代筆は，日常的に行われています。

（ⅱ）例外

ただし，文書の性質上，自署性が要求されるものについては，名義人の承諾があっても私文書偽造罪が成立します。

ex. 交通違反を犯したＸは，点数が溜まっていたため，交通事件原票（交通反則切符）中の供述書に，あらかじめ承諾を得ていた友人Ｚの

氏名などを記載しました。この場合，Ｘに私文書偽造罪が成立します（最決昭56.4.8）。Ｚの承諾がありますが，交通事件原票（交通反則切符）中の供述書は，自分の氏名などを記載する必要があり，Ｚの承諾は無効だからです。

自署性が要求されるものの他の例を挙げると，以下のようなものがあります。
ex1. 入学試験の答案（最決平6.11.29）。よって，替え玉受験は私文書偽造罪になります。
ex2. 旅券（パスポート）申請書（東京地判平10.8.19）

ⅴ　履歴書の作成

たとえば，前科のあるＸが，自分の氏名で求人に応募すると不採用になる可能性をおそれ，「Ｚ」という偽名を用いて作成した履歴書に自分の写真を貼り付けた場合，Ｘに私文書偽造罪が成立するでしょうか。偽名を用いていますが，自分の写真を貼り付けているので，私文書偽造罪が成立するか問題となるわけです。

私文書偽造罪が成立します（最決平11.12.20）。
名義人Ｚと作成者Ｘは，別人格の者であることが明らかだからです。偽名ということは架空の名義人ですが，文書の名義人は実在する必要はなく架空人であっても構いません（P228のⅱ）。

241

vi　相手方の愚鈍に乗じて欺罔して内容を了知させなかった場合

相手方の愚鈍に乗じて欺罔し，他の文書と誤信させてその内容を了知させずに文書を作成した場合，私文書偽造罪が成立します（大判明 44.5.8）。

ex. Xは，Yが高齢であることに乗じて，Y所有の土地を第三者に売却することを企て，Yに対し，税務署に提出するための確認書であるなどと嘘をついて信じ込ませ，Y所有の土地の売買契約書の売主欄に署名押印させ，Xに交付させました。この場合，Yが文書を作成していますが，Xに私文書偽造罪が成立します。

（2）虚偽診断書等作成罪 ── 無形偽造

> **刑法160条（虚偽診断書等作成）**
> 医師が公務所に提出すべき診断書，検案書又は死亡証書に虚偽の記載をしたときは，3年以下の禁錮又は30万円以下の罰金に処する。

P233

私文書は，基本的に無形偽造（P229）は不可罰です。たとえば，自分の氏名を記載し自分の写真を貼った履歴書に，虚偽の年齢や学歴を記載しても犯罪になりません（入社後に懲戒解雇される可能性はあります）。私文書は公文書と比べて信用性が低いので，作成名義の偽りがない無形偽造は原則として不可罰なのです。無形偽造は，誰が作成したかは明らかなので，責任追及をしやすいです。それに対して，誰が作成したかわからなくなる可能性がある有形偽造は，限定はありますが（P238～239（b）），私文書でも犯罪とされています。

しかし，私文書の無形偽造でも，医師が，公務所に提出すべき診断書，検案書または死亡証書に虚偽の記載をした場合には，犯罪となります（刑法160条）。それが，この「虚偽診断書等作成罪」です。これらは特に重要なものだからです。たとえば，検案書は死亡事由などを記載しますが，医師が記載する死亡事由次第で，殺人事件が事故として処理されてしまう可能性があります。

（3）偽造私文書等行使罪

偽造私文書等を行使すれば，偽造私文書等行使罪が成立します（刑法161条1項）。

第3節　風俗に対する罪

　風俗に対する罪には，「公然わいせつ罪」（下記 2 ），「わいせつ物頒布等罪」（下記
3 ）があります。

1 法益

　公然わいせつ罪とわいせつ物頒布等罪の法益は，健全な性秩序ないし性風俗です。
性について乱れた社会にならないよう規定されている犯罪です。

2 公然わいせつ罪

> **刑法174条（公然わいせつ）**
> 　公然とわいせつな行為をした者は，6月以下の懲役若しくは30万円以下の罰金又は拘
> 留若しくは科料に処する。

　公然わいせつ罪とは，公然とわいせつな行為をする犯罪です（刑法174条）。
ex. 全裸で昼間に街中を歩く行為が当たります。

　「公然」とは，不特定または多数人が認識することができる状態をいいます（最決
昭32.5.22）。
　不特定または多数人が認識することができる状態である必要があるので，友人数名
に対して，自宅でわいせつなDVDを上映しても，「公然」とはいえません。また，
わいせつなDVDを上映する行為は，公然わいせつ罪の「わいせつな行為」ではなく，
下記 3 のわいせつ物頒布等罪の「陳列」（刑法175条1項）に当たります。
　認識することができる状態であれば当たるので，実際に誰かが認識していたかは関
係ありません。公然わいせつ罪は，抽象的危険犯（P131）なのです。
ex. 全裸で昼間に街中を歩く行為は，たまたま誰もいなくても公然わいせつ罪となり
　　ます。

3　わいせつ物頒布等罪

刑法175条（わいせつ物頒布等）

1　わいせつな文書，図画（とが），電磁的記録に係る記録媒体その他の物を頒布（はんぶ）し，又は公然と陳列した者は，2年以下の懲役若しくは250万円以下の罰金若しくは科料に処し，又は懲役及び罰金を併科する。電気通信の送信によりわいせつな電磁的記録その他の記録を頒布した者も，同様とする。

2　有償で頒布する目的で，前項の物を所持し，又は同項の電磁的記録を保管した者も，同項と同様とする。

1．客体

　わいせつ物頒布等罪の客体は，「わいせつな文書，図画，電磁的記録に係る記録媒体その他の物」です（刑法175条1項）。小説，DVDなどが，内容によっては当たるわけです。では，「わいせつ」とはなんでしょうか。以下の①～③に当たるものだとされています（最大判昭32.3.13）。

①いたずらに性欲を興奮または刺激せしめる
②普通人の正常な性的羞恥心（しゅうちしん）を害する
③善良な性的道義観念に反する

　この定義で，何が該当するか明確にわかる人はいないと思います。実際には，裁判所の判断次第ということになります。そのため，わいせつだとされた作品について，作者が「これは芸術だ！」と主張し，争いになることがあります。

※外国語で書かれた文書

　外国語で書かれている文書であれば，わいせつ性は認められないでしょうか。

　外国語で書かれている文書であっても，わいせつ性が認められることがあります（最判昭45.4.7）。外国語を読める人もいるからです。

2．行為

　わいせつ物頒布等罪の実行行為は，わいせつな文書，図画，電磁的記録に係る記録媒体その他の物を「頒布（はんぶ）」する（下記（1）），「公然と陳列」する（下記（2））または「有償で頒布する目的で……所持し，又は……保管」する（下記（3））ことです（刑法175条1項，2項）。

（1）「頒布」（刑法175条1項）

　「頒布」とは，不特定または多数人に配布することです（大判大15.3.5）。無償でも有償でも構いません。また，所有の移転を伴わなくても構いません。たとえば，レンタルでも当たります。

ex. 不特定の顧客によるダウンロード操作に応じて自動的にデータを送信し，わいせつな動画などのデータファイルを顧客の記録媒体上に記録・保存させることは，「頒布」に当たります（最決平26.11.25）。

（2）「公然と陳列」（刑法175条1項前段）

　「公然と陳列」とは，不特定または多数人が認識し得る状態に置くことです（最決昭32.5.22）。

ex1. 映画の上映（大判大15.6.19）

ex2. 録音テープの再生（東京地判昭30.10.31，東京高判昭46.12.23）

ex3. ダイヤルQ2の登録（大阪地判平3.12.2）。「ダイヤルQ2」とは，1990年頃，NTTが提供していたサービスです。利用者が業者に電話をかけ電話代と情報料を支払って業者からニュースなどの情報の提供を受け，NTTが利用者から電話代と情報料を回収して業者に渡すサービスです。これが，わいせつな音声を提供する形で悪用されました。

ex4. ハードディスクに記録させたわいせつ画像のデータを，ダウンロードして閲覧可能な状態にすること（最決平13.7.16）。利用者の「ダウンロード」という行為が必要ですが，それ自体は容易な行為であるため，公然と陳列する行為に当たるとされました。上記（1）のex.との違いですが，上記（1）のex.はダウンロードさせた行為が頒布に当たるというハナシであるのに対し，このex4.はダウンロードして閲覧可能な状態にすることが公然と陳列に当たるというハナシです。

（3）有償で頒布する目的で所持するまたは保管する（刑法175条2項）

　「有償で頒布する目的で……所持し，又は……保管」するとは，有償で頒布する目的でわいせつ物を自分の事実上の支配下に置くことです。

　「有償」に限定されているのは，わいせつ物を販売，レンタルする業者を所持または保管の段階で罰するための規定だからです。業者は有償で頒布しますよね。

　有償で頒布する目的は，日本国内において有償で頒布する目的をいいます。日本国外において有償で頒布する目的は，含みません（最判昭52.12.22）。他国の性風俗は他国の問題であり，日本の法律が口を出せることではないからです。

第4節　賭博に関する罪

　賭博に関する罪には，常習でない者が賭博をした「単純賭博罪」（刑法185条），常習者が賭博をした「常習賭博罪」（刑法186条1項），賭博場を開張した「賭博場開張図利罪」（刑法186条2項）などがあります。この第4節では，単純賭博罪に絞ってみていきます。なお，この第4節の行為を常習者が行うと，常習賭博罪となります。

> **刑法185条（賭博）**
> 　賭博をした者は，50万円以下の罰金又は科料に処する。ただし，一時の娯楽に供する物を賭けたにとどまるときは，この限りでない。

1　法益
　単純賭博罪の法益は，勤労の美風です（最大判昭25.11.22）。みんなが賭博にはまって勤労をしなくなるとマズイよねということです。

2　行為
　単純賭博罪の実行行為は，「賭博」をすることです（刑法185条本文）。「賭博」とは，偶然の事情に基づく勝敗によって，財物の得喪を争うことです。偶然の事情に基づく必要があるので，詐欺賭博（いわゆるイカサマがあった）場合には，単純賭博罪は成立しません（大判昭9.6.11。詐欺的手段を用いた者に詐欺罪が成立することはあります〔最判昭26.5.8〕）。

　賭けたのが，「一時の娯楽に供する物」であれば，単純賭博罪は成立しません（刑法185条ただし書）。
ex. ジュース1本を賭けただけであれば，単純賭博罪は成立しません。
　この程度の賭けごとは，よく行われています。みなさんも，友人や職場の同僚としたことがあるのではないでしょうか。よって，この程度では犯罪とはならないのです。
　ただ，金銭を賭けた場合は，金額に関係なく賭博に当たります（大判大13.2.9）。金銭は賭けないように注意しましょう。

3　既遂時期
　単純賭博罪には，未遂犯がありません。挙動犯（P18）だからです。挙動犯は，実行行為があれば即座に既遂となります。よって，賭博に当たる行為をした場合，実行の着手と同時に既遂となります（大判明45.7.1，最判昭23.7.8）。

― Realistic 17　競馬や競艇は？ ―

「競馬や競艇は賭博じゃないの？」という疑問が浮かんだ方もいると思います。賭博です。しかし，競馬法・モーターボート競走法があるため，適法とされています。

第3章　国家的法益に対する罪

　最後に，国家的法益に対する罪をみていきます。「国家的法益」とは，国家の作用などの法益であり，簡単にいうと，「国家（とその仕事）」を保護することが目的の法益です。

第1節　公務の執行を妨害する罪

　公務の執行を妨害する罪には，「公務執行妨害罪」（下記 1 ），「強制執行妨害目的財産損壊等罪」（下記 2 ）などがあります。

1 公務執行妨害罪

> **刑法95条（公務執行妨害及び職務強要）**
> 1　公務員が職務を執行するに当たり，これに対して暴行又は脅迫を加えた者は，3年以下の懲役若しくは禁錮又は50万円以下の罰金に処する。

1．法益

　公務執行妨害罪の法益は，公務一般の円滑な遂行です（最判昭28.10.2）。職務中の警察官に暴行をすると公務執行妨害罪となりますが，これは「警察」を守るためです。警察官を守ることが目的ではありませんので，ご注意ください。

2．客体

　公務執行妨害罪の客体は，日本の公務員です。外国の公務員は，客体にはなりません。

　公務執行妨害罪は，日本の公務を保護するために規定された犯罪だからです。

3．行為

　公務執行妨害罪の実行行為は，「公務員が職務を執行するに当たり，これに対して暴行又は脅迫を加え」ることです（刑法95条1項）。

（1）「職務」

（a）意義

　職務には，権力的公務（ex. 警察）だけではなく，非権力的公務（ex. 県議会の委員会）も含まれます（P146〜147（2）。最判昭53.6.29）。

（b）範囲

　職務は現に執行中であるか，職務の執行と時間的に接着しこれと切り離し得ない一体的関係にあるとみることができる範囲内である必要があります（最判昭45.12.22）。
ex1. 旧国鉄（民営化前のJR）の駅の助役Yは，会議室で職務行為である点呼の執行を終了した直後，数十m離れた助役室で事務の引継ぎをするため会議室を出ようとしたところ，会議室の出入口付近でXから暴行を受けました。この場合，「職務を執行するに当たり」とはいえないとされました（最判昭45.12.22）。点呼は終わっており，助役室に移動することは事務の引継ぎという職務をするために切り離し得ない一体的関係にあるとみることはできないという理由なのですが，批判が強い判例です。
ex2. 議事が紛糾したため，県議会の委員長Yが委員会の休憩を宣言して退出しようと委員会室の出入口に向かおうとしたところ，Xから暴行を受けました。この場合，「職務を執行するに当たり」といえるとされました（最決平元.3.10）。Yは，休憩宣言によって職務の執行を終えたわけではなく，紛議に対処するための職務を現に執行していたといえるからです。

（c）適法性

　適法な公務でなければ，公務執行妨害罪の「職務」に当たりません（大判大7.5.14）。適法な公務でなければ，保護する必要がないからです。
　ただし，裁判時（純客観説）ではなく，行為時を基準として判断します（行為時基準説。最決昭41.4.14）。これはどういうことか，以下のex.で考えてみましょう。

ex. 警察官Yが，客観的にみて現行犯人と認めるに十分な理由がある挙動不審者Zを現行犯人として逮捕している最中，Zの友人XがYの顔面を殴打しました。ところが，Zは，後の裁判で無罪判決を受けました。この場合，Xに公務執行妨害罪が成立します。裁判時を基準とすれば，

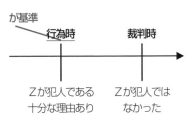

Zは犯人ではなかったため，Yの逮捕は適法でなかったことになります。しかし，

行為時を基準とすれば，Zには現行犯人と認めるに十分な理由があったため，Yの逮捕は適法だったことになります。

（2）「暴行又は脅迫」

公務執行妨害罪の暴行・脅迫は，広義の暴行・脅迫（P123）です。よって，人（公務員）の身体に向けられたもの（狭義の暴行。ex. 警察官に向かって石を投げる，警察官の耳元で空き缶を数回激しくたたく）はもちろん，人（公務員）に向けられた不法な有形力の行使であれば当たります。公務員に向けられていれば，公務に支障をきたすからです。公務執行妨害罪の法益は，公務員の身体ではなく，公務だからです。

暴行・脅迫に当たるかの判断基準

公務員に物理的な影響があれば，公務執行妨害罪の暴行・脅迫に当たります。

ex1. 執行官Yの指揮の下，その手足となって家財道具を搬出するなどの職務を手伝っていた公務員ではない民間業者の補助者Zが，Xから暴行を受けました。この場合，Xに公務執行妨害罪が成立します（最判昭41.3.24）。

ex2. 警察官Yが，現行犯人Zから適法に押収した証拠物を逮捕現場で整理している最中に，Zの友人Xが，証拠品を踏みつけて損壊しました。この場合，Xに公務執行妨害罪が成立します（最決昭34.8.27）。

上記ex1.とex2.はいずれも，公務員の身体に向けられたものではありませんが，公務員に物理的な影響があり，公務に支障をきたします。

4．既遂時期

公務執行妨害罪には，未遂犯がありません。暴行・脅迫が加えられると，即座に既遂となります。暴行・脅迫の結果として，公務員の職務の執行が現実に妨害されなくても既遂となります（最判昭25.10.20）。公務執行妨害罪は，抽象的危険犯（P131）なわけです。

2　強制執行妨害目的財産損壊等罪

刑法96条の2（強制執行妨害目的財産損壊等）

強制執行を妨害する目的で，次の各号のいずれかに該当する行為をした者は，3年以下の懲役若しくは250万円以下の罰金に処し，又はこれを併科する。情を知って，第3号に規定する譲渡又は権利の設定の相手方となった者も，同様とする。

一　強制執行を受け，若しくは受けるべき財産を隠匿し，損壊し，若しくはその譲渡を仮装し，又は債務の負担を仮装する行為

二　強制執行を受け，又は受けるべき財産について，その現状を改変して，価格を減損し，又は強制執行の費用を増大させる行為

三　金銭執行を受けるべき財産について，無償その他の不利益な条件で，譲渡をし，又は権利の設定をする行為

1．法益

強制執行妨害目的財産損壊等罪の法益は，債権者の債権実現です（最判昭35.6.24）。強制執行が妨害されると，債権者が債権を回収できなくなってしまいます。

強制執行の機能も法益となるかについては，争いがあります。

2．客体

強制執行妨害目的財産損壊等罪の客体は，強制執行を受けたまたは受けるべき財産です（刑法96条の2）。

この「強制執行」は広く解されており，一般債権者の申立てに基づく強制執行以外に，担保権者の申立てに基づく担保権実行（最決平21.7.14），民事保全法の保全執行，罰金刑の執行も含みます（刑訴法490条2項。最決昭29.4.28参照）。

「受けるべき」財産とありますので，実際に執行が行われる前であっても客体になります（最決昭35.4.28）。

3．行為

強制執行妨害目的財産損壊等罪の実行行為は，強制執行を妨害する目的で刑法96条の2の各号に規定されている行為を行うことです（刑法96条の2）。「隠匿」には，物理的に隠す行為だけでなく，財産の所有関係を不明にする行為も含まれます（最決昭39.3.31）。

第2節　犯人蔵匿等・証拠隠滅等の罪

　この第2節で扱う犯人蔵匿等・証拠隠滅等の罪とは，犯人をかくまったり刑事事件の証拠を隠滅したりする犯罪です。

1　法益

　犯人蔵匿等・証拠隠滅等の罪の法益は，国家の刑事司法作用です。「刑事司法作用」とは，「警察が捜査して犯人を捕まえる→検察が起訴する→裁判所が判決を下し刑を執行する」という刑事事件に対して国家が担う仕事のことです。犯人をかくまったり刑事事件の証拠を隠滅したりすると，これらが害されるため，犯罪となるのです。犯罪者を野放しにしない，つまり，治安を維持するために規定されている犯罪です。よって，犯人蔵匿等・証拠隠滅等の罪は，**成立する範囲が広い**です。

2　犯人蔵匿等罪

> **刑法103条（犯人蔵匿等）**
> 　罰金以上の刑に当たる罪を犯した者又は拘禁中に逃走した者を蔵匿し，又は隠避させた者は，3年以下の懲役又は30万円以下の罰金に処する。

1．客体

　犯人蔵匿等罪の客体は，「罰金以上の刑に当たる罪を犯した者」（下記（1））または「拘禁中に逃走した者」（下記（2））です（刑法103条）。

（1）「罰金以上の刑に当たる罪を犯した者」

　「罰金以上の刑」とは，法定刑に罰金以上の刑を含む罪をいいます。よって，刑法に規定されているほとんどすべての犯罪が当たります。

　「罪を犯した者」ですが，その犯罪が発覚してすでに捜査が始まっているかどうかは関係ありません。その後，発覚すれば警察が捜査するわけですから，捜査が始まっていない段階でかくまったりしても刑事司法作用を害するからです。また，実は真犯人ではなかったとしても，犯罪の嫌疑を受けて捜査または訴追されている者は当たります（最判昭24.8.9）。たとえば，犯人として指名手配されている者をかくまったりすれば，実は真犯人ではなかったとしても，犯人蔵匿等罪が成立します。警察が探していることはわかっているわけなので，刑事司法作用を害することに変わりがないからです。

（2）「拘禁中に逃走した者」

　「拘禁」とは，法令の根拠に基づく身体の自由の拘束のことです。勾留などが該当するのですが，聞いたことがありますでしょうか。「勾留」とは，検察が10〜20日間被疑者の身柄を拘束して，起訴するかどうかを判断する期間のことです。

　「逃走」は，自らした場合だけでなく，他人に奪取された場合も含みます。

2．行為

　犯人蔵匿等罪の実行行為は，罰金以上の刑に当たる罪を犯した者または拘禁中に逃走した者を「蔵匿」するまたは「隠避」させることです（刑法103条）。

（1）「蔵匿」

　「蔵匿」とは，発見・逮捕を免れさせるために隠匿場所を提供することです。
ex. 隠れるためのアパートを提供することが当たります。

（2）「隠避」

　「隠避」とは，蔵匿以外の方法で，発見・逮捕を免れさせ得る一切の行為をいいます（大判昭5.9.18）。
ex1. 逃走のための資金を調達することが当たります（大判大12.2.15，東京高判昭37.4.18）。
ex2. 本人の逮捕勾留中に身代り犯人を立てることが当たります（最決平元.5.1）。
ex3 逃走中の者に捜査の状況を知らせることが当たります（大判昭5.9.18）。
　これらの行為は，捜査を混乱させるなど刑事司法作用を害する行為だからです。

3．共犯

　犯人自身が身を隠しても，犯人蔵匿等罪は成立しません（大判昭8.10.18）。犯人が逃げるのは，普通の防御だからです。犯人なら，逃げますよね。

＝P254

　それに対して，犯人が，第三者に自分を蔵匿するまたは隠避させるよう教唆した場合，犯人に犯人蔵匿等罪の教唆犯が成立します（最決昭35.7.18，最決令3.6.9）。他人を巻き込むのは，防衛の範囲を超えるからです。

3 証拠隠滅等罪

> **刑法104条（証拠隠滅等）**
>
> 他人の刑事事件に関する証拠を隠滅し，偽造し，若しくは変造し，又は偽造若しくは変造の証拠を使用した者は，3年以下の懲役又は30万円以下の罰金に処する。

1．客体

　証拠隠滅等罪の客体は，「他人の刑事事件に関する証拠」です（刑法104条）。「証拠」とは，犯罪の成立，刑の量定に関する一切の資料をいいます。

2．行為

　証拠隠滅等罪の実行行為は，他人の刑事事件に関する証拠を「隠滅」すること，「偽造」すること，「変造」すること，または，「偽造若しくは変造の証拠を使用」することです（刑法104条）。

　「隠滅」とは，証拠の顕出を妨げ，または，証拠としての価値を滅失，減少させることです。証拠を物理的に滅失させることに限らず，証人や参考人となるべき者を逃がしたり隠したりする行為も含みます（大判明44.3.21，最決昭36.8.17）。

3．共犯

　犯人自身が自分の事件に関する証拠の隠滅などをしても，証拠隠滅等罪は成立しません。やはり犯人が自分の事件に関する証拠を隠滅したりするのは，普通の防御だからです。

P253＝

　それに対して，犯人が，第三者に証拠の隠滅などをするよう教唆した場合，犯人に証拠隠滅等罪の教唆犯が成立します（最決昭40.9.16，最決平18.11.21）。やはり他人を巻き込むのは，防衛の範囲を超えるからです。

　この3.は，犯人蔵匿等罪（P253の3.）と同じです。

4 親族間の特例

> **刑法105条（親族による犯罪に関する特例）**
> 前2条の罪〔犯人蔵匿等罪・証拠隠滅等罪〕については，犯人又は逃走した者の親族が
> これらの者の利益のために犯したときは，その刑を免除することができる。

　親族が犯罪を行ってしまったときは，かばってしまうことがあるため，かくまった
り証拠を隠滅したりすることは致し方ないということで，刑を免除することができま
す（刑法105条）。「免除」ですので，犯罪自体は成立するが，処罰阻却事由がある（刑
務所に入れたりしないよ）とされることがあるということです（P164の1.）。

　注意していただきたいのは，「免除することが<u>できる</u>」とされていることです。親
族相盗例（刑法244条1項。P164）や盗品等に関する罪（刑法257条1項。P207）と
異なり，免除するかは任意なのです。親族相盗例や盗品等に関する罪は法益が個人的
法益であるのに対して，犯人蔵匿等罪・証拠隠滅等罪は法益が国家的法益だからです。

第3節　偽証の罪および虚偽告訴の罪

　この第3節で扱う偽証の罪および虚偽告訴の罪は，国家の審判作用（裁判・懲戒処分）を害する罪です。

1 偽証罪

> **刑法 169 条（偽証）**
> 　法律により宣誓した証人が虚偽の陳述をしたときは，3月以上 10 年以下の懲役に処する。

1．法益
　偽証罪の法益は，国家の審判作用（裁判・懲戒処分）の安全・適正な運用です。偽証がされると，適正な裁判ができなくなるおそれがありますよね。

2．主体
　偽証罪の主体は，「法律により宣誓した証人」です（刑法 169 条）。たとえば，民事訴訟において，証人には原則として宣誓義務がありました（民訴法 201 条）。—— 民事訴訟法・民事執行法・民事保全法のテキスト第1編第9章第4節2 1.（4）（a）③　民事訴訟において，宣誓した証人が虚偽の陳述をすると偽証罪となります。

3．行為
　偽証罪の実行行為は，「虚偽の陳述」をすることです（刑法 169 条）。「虚偽の陳述」とは何なのか，以下の表のとおり争いがあります。

	主観説　⟶ ⟵　客観説	
	主観説 （大判明 42.6.8，最判昭 28.10.1）	**客観説**
意義	虚偽の陳述とは，自己の記憶に反することを述べることです。 →　自己の記憶に合致していれば，客観的真実に反していても虚偽の陳述になりません。	虚偽の陳述とは，陳述内容が客観的真実に反していることです。 →　客観的真実に合致していれば，自己の記憶に反していても虚偽の陳述になりません。

P258

	主観説　　　　　　　➡　　⬅ （大判明42.6.8，最判昭28.10.1）	客観説
理由	裁判官は，証人の証言内容をそのまま信じるわけではなく，証人が言葉につまったか，汗をかいているかなども見ます。つまり，裁判官は，証人が記憶どおりに話している様子を見たいのです。よって，自己の記憶に反することを述べることが虚偽の陳述になります。また，何を真実と認定するかは，裁判所の仕事です。	証人が自己の記憶に反する陳述をしても（偽証の意思で陳述をしても），それが真実に合致しているのであれば，国家の審判作用は害されません。よって，陳述内容が客観的真実に反していることが虚偽の陳述になります。

※最も問題となる場合

主観説と客観説が最も対立するのは，「①記憶には反するが，②真実と信じて証言したところ，③実際には真実でなかった場合」に偽証罪が成立するかです。わかりにくいので，具体例で確認しましょう。以下のex.に①～③を対応する形でふっています。

ex. Xは，①友人AがYを殺害する行為を目撃しました。しかし，②「Aは蚊も殺せないくらい良い奴だから人を殺すはずはなく，Aに背格好の似たいつも悪さばかりしていたBが殺したに違いない」と信じて，「Bが殺すのを見た」と証言しました。ところが，③Aが犯人でした。

主観説　　　➡　　⬅	客観説
偽証罪が成立する	**偽証罪は成立しない**
主観説は，虚偽の陳述を自己の記憶に反することを述べることと考えます。上記ex.において，Xは，自己の記憶に反することを述べています。	客観説は，虚偽の陳述を陳述内容が客観的真実に反していることと考えます。上記ex.において，たしかに，Xは，客観的真実に反することを陳述しています。しかし，客観的真実に反するとは思っていないので（犯人はBだと思っているので），故意が認められません。

4．既遂時期

偽証罪には，未遂犯がありません。挙動犯（P18）だからです。挙動犯は，実行行為があれば即座に既遂となります。よって，虚偽の陳述を含む1回の尋問手続における陳述の全体が終了すれば既遂となります。虚偽の陳述の結果，国の審判作用が現実に侵害されたかは関係ありません。偽証罪は，抽象的危険犯（P131）なわけです。

　ただし，1つの尋問手続における陳述が終了するまでに訂正すれば，偽証罪は成立しません（大判明35.10.20）。証人の陳述は，全体として証拠としての価値を有します。また，政策的観点からも，訂正できるようにしておいたほうがいいです。できる限り間違いのない裁判をするには，虚偽の陳述は訂正してもらったほうがいいですよね。

2 虚偽告訴等罪

> **刑法172条（虚偽告訴等）**
> 　人に刑事又は懲戒の処分を受けさせる目的で，虚偽の告訴，告発その他の申告をした者は，3月以上10年以下の懲役に処する。

1．法益

　虚偽告訴等罪の法益は，1次的には国家の審判作用の適正な運用です（大判大元.12.20）。虚偽の告訴などがされると，国家の審判作用が害されます。1次的な法益は国家の審判作用の適正な運用なので，虚偽の告訴などを受けた被害者の同意があっても，違法性は阻却されず，虚偽告訴等罪が成立します（大判大元.12.20）。法益が国家的法益なので，被害者が同意できることではないんです（P46～47（ｂ））。

　なお，2次的には，個人の私生活の平穏も法益となります（大判大元.12.20）。

2．行為

　虚偽告訴等罪の実行行為は，人に刑事または懲戒の処分を受けさせる目的で，「虚偽の告訴，告発その他の申告」をすることです（刑法172条）。

　「虚偽」とは，客観的真実に反していることです（最決昭33.7.31）。偽証罪と異なり，主観ではなく客観が問題となります。告訴や告発ですので，客観的に正しければ問題がないのです。偽証（P257）と異なり，汗をかいているかなどは関係ありません。

P256
└

3．目的

　虚偽告訴等罪が成立するには，「人に刑事又は懲戒の処分を受けさせる目的」が必要です（目的犯。刑法172条）。「懲戒」とは，たとえば，法務大臣による司法書士に対する懲戒が当たります。── **供託法・司法書士法のテキスト第2編第5章**

第4節　賄賂の罪

1　賄賂の罪とは？

　賄賂の罪は，収賄罪（刑法197条～197条の4）と贈賄罪（刑法198条）に分けることができます。賄賂の罪の典型例は，国会議員（＊）が，特定の人の便宜を図るために，その人から賄賂として多額の金銭を受け取ることです。賄賂を受け取った国会議員が収賄罪，賄賂を渡した人が贈賄罪となります。

＊賄賂を受ける者は「公務員」と規定されていますが，国会議員もこの公務員に含まれます（刑法7条1項）。

　この後は，重要な収賄罪に絞ってみていきます。

厳罰化の傾向

　収賄罪は，厳罰化の傾向にあります。条文の文言を抽象的に解し，収賄罪を認める傾向にあります（＊）。収賄罪は，公務員の職務に対する信頼を揺るがす，ひいては国家作用を揺るがすことさえある犯罪だからです。

＊ただ，これは試験対策的な机上の説明です。実際には，収賄罪で立件するのは大変です。国会議員でも，収賄罪になる人はほとんどいないですよね。

2　法益

　収賄罪の法益は，公務員の職務行為の公正およびそれに対する社会の信頼です（信頼保護説。最大判昭34.12.9）。

3　類型

　まず，この3で収賄罪の類型をみます。そのうえで，4で各類型を比較するとともに共通する要件をみていきます。

1．単純収賄罪

> **刑法197条（収賄，受託収賄及び事前収賄）**
> 1　公務員が，その職務に関し，賄賂を収受し，又はその要求若しくは約束をしたときは，5年以下の懲役に処する。この場合において，請託を受けたときは，7年以下の懲役に処する。

　刑法197条1項の前段に規定されているのが、「単純収賄罪」です。

（1）主体

　単純収賄罪の主体は、「公務員」です（真正身分犯。刑法197条1項前段）。

（2）行為

　単純収賄罪の実行行為は、公務員が、その職務に関し、賄賂を収受し、または、その要求もしくは約束をすることです（刑法197条1項前段）。

　他の収賄罪と異なり、「請託」が要件とはされていません。よって、単に「今後も良い付き合いをさせていただければ」という趣旨で賄賂を収受し、または、その要求もしくは約束をすれば、成立します。

☞「請託」とは？

　「請託」とは、職務に関し一定の職務行為を依頼することです（最判昭27.7.22）。
ex. 職務を担当している公務員に対して、「○○の工事の受注の件よろしく」とメールすることが当たります。

　正当な職務の依頼でも構いません（最判昭27.7.22）。公務員の職務行為の公正に対する社会の信頼が法益だからです（P259 2）。正当な職務の依頼でも、賄賂を伴えば公務員の職務行為の公正に対する社会の信頼が害されますよね。

　ただ、請託の対象となる職務行為は、ある程度具体的なものである必要があります。「何かとお世話になった謝礼および将来好意ある取扱いを受けたい」という趣旨であるときは、請託があったとはいえません（最判昭30.3.17）。

2. 受託収賄罪

> **刑法 197 条 (収賄, 受託収賄及び事前収賄)**
> 1 公務員が, その職務に関し, 賄賂を収受し, 又はその要求若しくは約束をしたときは, 5年以下の懲役に処する。この場合において, 請託を受けたときは, 7年以下の懲役に処する。

刑法 197 条 1 項の後段に規定されているのが,「受託収賄罪」です。

(1) 主体
受託収賄罪の主体も,「公務員」です (真正身分犯。刑法 197 条 1 項後段)。

(2) 行為
受託収賄罪の実行行為は, 公務員が, その職務に関し, 請託を受けて, 賄賂を収受し, または, その要求もしくは約束をすることです (刑法 197 条 1 項後段)。請託があるため, 単純収賄罪 (5年以下の懲役) よりも重い法定刑 (7年以下の懲役) が規定されています。

3. 事前収賄罪

> **刑法 197 条 (収賄, 受託収賄及び事前収賄)**
> 2 公務員になろうとする者が, その担当すべき職務に関し, 請託を受けて, 賄賂を収受し, 又はその要求若しくは約束をしたときは, 公務員となった場合において, 5年以下の懲役に処する。

(1) 主体
事前収賄罪の主体は,「公務員になろうとする者」です (刑法 197 条 2 項)。公務員試験を受けている学生に賄賂を渡す人はいないでしょうから, 通常は, 国会議員の候補者などが当たります。公務員となった場合に成立します (刑法 197 条 2 項)。

(2) 行為
事前収賄罪の実行行為は, 公務員になろうとする者が, その担当すべき職務に関し, 請託を受けて, 賄賂を収受し, または, その要求もしくは約束をすることです (刑法 197 条 2 項)。

4. 第三者供賄罪

刑法197条の2（第三者供賄）
　公務員が, その職務に関し, 請託を受けて, 第三者に賄賂を供与させ, 又はその供与の要求若しくは約束をしたときは, 5年以下の懲役に処する。

（1）主体
　第三者供賄罪の主体は,「公務員」です（真正身分犯。刑法197条の2）。

（2）行為
　第三者供賄罪の実行行為は, 公務員が, その職務に関し, 請託を受けて, 第三者に賄賂を供与させ, または, その供与の要求もしくは約束をすることです（刑法197条の2）。

　公務員自身が請託を受けて賄賂を受け取ると, 受託収賄罪となります（上記2.）。そこで, 配偶者や関連企業などに賄賂を渡させる公務員が現れました。それを防ぐために規定されたのが, この「第三者供賄罪」です。法律は, イタチごっこなんです。

5. 加重収賄罪

刑法197条の3（加重収賄及び事後収賄）
1　公務員が前2条の罪〔単純収賄罪・受託収賄罪・事前収賄罪・第三者供賄罪〕を犯し, よって不正な行為をし, 又は相当の行為をしなかったときは, 1年以上の有期懲役に処する。
2　公務員が, その職務上不正な行為をしたこと又は相当の行為をしなかったことに関し, 賄賂を収受し, 若しくはその要求若しくは約束をし, 又は第三者にこれを供与させ, 若しくはその供与の要求若しくは約束をしたときも, 前項と同様とする。

（1）主体
　加重収賄罪の主体は,「公務員」です（真正身分犯。刑法197条の3第1項, 2項）。

（2）行為

　加重収賄罪の実行行為は，公務員が，単純収賄罪，受託収賄罪，事前収賄罪または第三者供賄罪の実行行為をしたことに加えて，不正な行為をし，または，相当の行為をしなかったことです（刑法 197 条の 3 第 1 項，2 項）。1 項と 2 項の違いは，順番です。

- ・（1 項）単純収賄罪など　→　不正行為
- ・（2 項）不正行為　　　　→　　単純収賄罪など

　単純収賄罪，受託収賄罪，事前収賄罪または第三者供賄罪は，職務を適正にしても成立します。さらに不正な行為をし，または，相当の行為をしないと，罪が重くなります（1 年以上の有期懲役。刑法 197 条の 3 第 1 項，2 項）。それが，この「加重収賄罪」です。

6. 事後収賄罪

> ### 刑法 197 条の 3（加重収賄及び事後収賄）
> 3　公務員であった者が，その在職中に請託を受けて職務上不正な行為をしたこと又は相当の行為をしなかったことに関し，賄賂を収受し，又はその要求若しくは約束をしたときは，5 年以下の懲役に処する。

（1）主体

　事後収賄罪の主体は，「公務員であった者」です（真正身分犯。刑法 197 条の 3 第 3 項）。

（2）行為

　事後収賄罪の実行行為は，公務員であった者が，在職中に請託を受けて職務上不正な行為をし，または，相当の行為をしなかったことに関し，賄賂を収受し，または，その要求もしくは約束をすることです（刑法 197 条の 3 第 3 項）。請託や不正行為が要件となっているのは，賄賂の収受・要求・約束が退職後だからです。在職中に何もないのに，「今までありがとう」と賄賂を渡す人は普通はいません。

7. あっせん収賄罪

> ### 刑法197条の4（あっせん収賄）
> 公務員が請託を受け，他の公務員に職務上不正な行為をさせるように，又は相当の行為をさせないようにあっせんをすること又はしたことの報酬として，賄賂を収受し，又はその要求若しくは約束をしたときは，5年以下の懲役に処する。

（1）主体
　あっせん収賄罪の主体は，「公務員」です（真正身分犯。刑法197条の4）。あっせんをできる者ですので，力のある国会議員などが想定されます。

（2）行為
　あっせん収賄罪の実行行為は，公務員が，請託を受け，他の公務員に職務上不正な行為をさせるように，または，相当の行為をさせないようにあっせんをすること，または，したことの報酬として，賄賂を収受し，または，その要求もしくは約束をすることです（刑法197条の4）。請託が要件となっているのは，あっせんだからです。不正行為が要件となっているのは，悪質な場合に限定する趣旨です。しかし，不正行為がない場合も，現在は別法律で規制されています。

4　各類型の比較
　この 4 で収賄罪の各類型を比較するとともに共通する要件をみていきます。

1. 共通する行為
　各収賄罪に基本的に共通していた実行行為があります。以下の①〜③です。

① 「収受」：賄賂を取得すること。収受の時期は，職務の執行の前後を問いません。
　第三者供賄罪（刑法197条の2）は，第三者に賄賂を渡させるので，「供与」といいます。

② 「要求」：賄賂の供与を要求すること。相手方がこれに応じなくても，要求を行った時点で既遂となります（大判昭9.11.26）。
　要求を行っただけで当たるのは，公務員の職務行為の公正に対する社会の信頼が法益だからです（P259 2 ）。公務員が賄賂を要求すれば，信頼が崩れますよね。

③「約束」：贈賄者と収賄者との間で，将来賄賂を授受すべきことについて合意する
　　　こと

2. 請託と不正行為の要否

　請託と不正行為が要件となっていたかを比較してまとめると，以下の表のとおりです。

	請託	不正行為
1. 単純収賄罪	不要	不要
2. 受託収賄罪	要	不正行為があると，下記5.の加重収賄罪となります。よって，この1.～4.に，不正行為は必要ありません。
3. 事前収賄罪		
4. 第三者供賄罪		
5. 加重収賄罪	上記1.の加重収賄罪　→　不要 上記2.～4.の加重収賄罪　→　要 上記1.～4.に対応します。	要 加重収賄罪は，不正行為をした場合に成立する犯罪です。
6. 事後収賄罪	要	事後収賄罪は，退職後ですから，普通は不正行為がないと賄賂を渡したりしません。 あっせん収賄罪で不正行為が要件となるのは，悪質な場合に限定する趣旨です。
7. あっせん収賄罪		

3.「職務に関し」（職務関連性）

　収賄罪が成立するには，賄賂を「職務に関し」て収受・要求・約束したことが必要です。

（1）具体的職務権限

　具体的職務権限に属する職務は，収賄罪の「職務」に当たります。

ex. 税務署職員が，担当地域の税務調査で手心を加えるために賄賂を収受した場合，賄賂を「職務に関し」て収受したといえます。

判例 　最大判平 7.2.22【ロッキード事件 ―― 丸紅ルート】

　運輸大臣が民間航空会社に対し特定の機種の選定購入を勧奨する行為は, 運輸大臣の職務権限に属する行為であり, 内閣総理大臣が運輸大臣にそのような勧奨行為をするように働きかける行為は, 内閣総理大臣の職務権限に属する行為といえます。

　これは, 有名なロッキード事件です。「民間航空会社」とはANAのことであり, 内閣総理大臣は田中角栄氏 (田中眞紀子氏の父) です。協力依頼を受けた田中角栄氏などが, ANA (全日空) にアメリカのロッキード社の航空機を購入するよう働きかけ賄賂を収受したとされた事件です。

（2）一般的職務権限

　では, 具体的職務権限には属さないが, 一般的職務権限に属する職務はどうでしょうか。「一般的職務権限に属する」とは, 法令上はその公務員の一般的な職務権限に属するということです。

　収賄罪の「職務」に当たります (最判昭 37.5.29)。

ex. 税務署職員が, 担当地域外の納税者から賄賂を収受した場合でも, 賄賂を「職務に関し」て収受したといえます (最判昭 27.4.17)。

　一般的職務権限に属すれば当たるので, 過去に担当していた職務でも当たりますし (最判昭 26.10.25), 将来において行うべき職務でも当たります (最決昭 61.6.27)。

　収賄罪は, 条文の文言を抽象的に解し, 収賄罪を認める傾向にあるのです (P259 の「厳罰化の傾向」)。

（3）職務密接関連行為

　「職務密接関連行為」とは, 上記 (2) の一般的職務権限に属する職務ではないが, 職務と密接な関連を有する行為です (最決昭 31.7.12)。

ex. 県会議員が他の議員に議案に賛成するように勧誘する行為は, 職務密接関連行為です (大判大 2.12.9)。

　職務密接関連行為も, 「職務」に当たるでしょうか。

　「職務」に当たります。

　職務をかなり広く解するのですが (P259 の「厳罰化の傾向」), それは, 職務密接関連行為であっても, 収賄が行われれば公務員の職務行為の公正に対する社会の信頼が害されるからです。

4．転職前の職務

　公務員が，一般的職務権限を異にする他の職に転職した後，転職前の職務に関して賄賂を収受・要求・約束した場合，収賄罪は成立するでしょうか。

　単純収賄罪または受託収賄罪が成立します（最決昭 58.3.25）。「事後収賄罪が成立する」というひっかけが出題されることがありますので，ご注意ください。事後収賄罪は「公務員であった者」に成立しますが（刑法 197 条の 3 第 3 項。P263（1）），これはまだ公務員であり，公務員であった者に当たらないからです。

　他の職に転じた後でも単純収賄罪または受託収賄罪が成立するのは，やはり他の職に転じた後でも公務員の職務行為の公正に対する社会の信頼が害されるからです。

5．賄賂

　「賄賂」は，金銭が典型例ですが，金銭に限られるわけではありません。公務員の職務に関連する不正の報酬としての一切の利益が当たり，人の需要または欲望を充たすものであれば足ります（大判明 43.12.19）。たとえば，以下のようなものも賄賂に当たります。

ex. 債務の弁済，飲食物，異性間の情交，就職のあっせん，無利子の貸与，値上がり
　　確実な未公開株式の譲渡

　ただ，対価関係のない社交儀礼程度のものであれば，賄賂に当たりません。よって，公務員にお中元やお歳暮を送ったことがある人もいると思いますが，常識の範囲内であれば，賄賂に当たらないと解されるので，ご安心ください。

5　没収・追徴

　没収・追徴するかは，原則として任意です（刑法 19 条 1 項，19 条の 2。P100 の 2.）。しかし，賄賂の没収はマストです（刑法 197 条の 5 前段）。没収することができないときは，その価額を追徴するのがマストになります（刑法 197 条の 5 後段）。

　不正な利益を残さないようにするためです。

事 項 索 引

さ

わ

条 文 索 引

判 例 索 引

― 著者 ― 松本 雅典 （まつもと まさのり）

　司法書士試験講師。All About 司法書士試験ガイド。法律学習未経験ながら，5か月で平成22年度司法書士試験に合格。5か月の学習期間での合格は，現在確認されている中で最短。それまでの司法書士受験界の常識であった方法論と異なる独自の方法論を採ったことにより合格した。

　現在は，その独自の方法論を指導するため，辰已法律研究所にて，講師として後進の指導にあたる（1年合格コース「リアリスティック一発合格松本基礎講座」を担当）。合格まで平均4年かかる現状を超短期（4〜7か月）で合格することを当たり前に変えるため，指導にあたっている。

　なお，司法書士試験に合格したのと同年に，宅建試験・行政書士試験も受験し，ともに一発合格。その翌年に，簡裁訴訟代理等能力認定。

【著書】

『【第3版】司法書士5ヶ月合格法』（自由国民社）

『予備校講師が独学者のために書いた司法書士5ヶ月合格法』（すばる舎）

『試験勉強の「壁」を超える50の言葉』（自由国民社）

『【第3版】司法書士試験リアリスティック1 民法Ⅰ［総則］』（辰已法律研究所）

『【第3版】司法書士試験リアリスティック2 民法Ⅱ［物権］』（辰已法律研究所）

『【第3版】司法書士試験リアリスティック3 民法Ⅲ［債権・親族・相続］』（辰已法律研究所）

『【第3版】司法書士試験リアリスティック4 不動産登記法Ⅰ』（辰已法律研究所）

『【第3版】司法書士試験リアリスティック5 不動産登記法Ⅱ』（辰已法律研究所）

『【第2版】司法書士試験リアリスティック6 会社法・商法・商業登記法Ⅰ』（辰已法律研究所）

『【第2版】司法書士試験リアリスティック7 会社法・商法・商業登記法Ⅱ』（辰已法律研究所）

『司法書士試験リアリスティック8 民事訴訟法・民事執行法・民事保全法』（辰已法律研究所）

『司法書士試験リアリスティック9 供託法・司法書士法』（辰已法律研究所）

『司法書士試験リアリスティック10 刑法』（辰已法律研究所）

『【第2版】司法書士リアリスティック不動産登記法記述式』（日本実業出版社）

『【第2版】司法書士リアリスティック商業登記法記述式』（日本実業出版社）

【監修書】

『司法書士<時間節約>問題集　電車で書式〈不動産登記90問〉』（日本実業出版社）

『司法書士<時間節約>問題集　電車で書式〈商業登記90問〉』（日本実業出版社）

【ブログ】

司法書士試験リアリスティック合格ブログ

https://sihousyosisikenn.jp/

【Twitter】

松本 雅典（司法書士試験講師）@matumoto_masa

https://twitter.com/matumoto_masa

【ネットメディア】

All About で連載中

https://allabout.co.jp/gm/gt/2754/

【YouTube チャンネル】

松本雅典・司法書士試験講師

https://www.youtube.com/channel/UC5VzGCorztw_bIl3xnySI2A

辰巳法律研究所（たつみほうりつけんきゅうじょ）

https://www.tatsumi.co.jp

　司法書士試験対策をはじめとする各種法律資格を目指す方のための本格的な総合予備校。実務家というだけではなく講師経験豊かな司法書士，弁護士を講師として招聘する一方，入門講座ではWebを利用した復習システムを取り入れる等，常に「FOR THE 受験生」を念頭に講座を展開している。

司法書士試験　リアリスティック⑩　刑法

令和3年9月15日　　　　　　初　版　第1刷発行

著　者　松本　雅典
発行者　後藤　守男
発行所　辰巳法律研究所
〒169-0075
東京都新宿区高田馬場4-3-6
　TEL. 03-3360-3371（代表）
印刷・製本　壮光舎印刷（株）

令和3年度筆記試験後 松本講師への個別相談 無料

今から始めて短期合格を目指す方も、令和3年度受験経験者も、来年の試験での合格を目指すためには、まず、しっかりとした学習計画を立てることが肝要です。

とはいえ、自分一人で計画を立てるのは難しいことですし、自分で立てた計画で本当に合格できるのか不安を持つ方もいらっしゃることと思います。

そこで、松本雅典講師に直接相談できる機会をご用意しました。まずは講師に直接相談をして来年度に向けての勉強の方向性を定めましょう。

令和3年度筆記試験後も松本講師による相談会（無料）を実施いたします。

本相談会においては、たとえば、以下のような内容に松本講師が直接ご相談に応じます。

(1) 令和3年度司法書士試験の記述の解答をご提示頂ければ（再現答案でも、間違えた箇所を記載したものでも構いません）、松本講師が直接拝見します。あくまで推測となりますが、令和2年度までの開示請求答案の分析から、おおよその得点をお伝えします。

(2) 今後についてのご相談（合格発表までの過ごし方、来年度司法書士試験に向けての勉強計画・勉強法など）をお受けします。

◇対象者

①リアリスティック一発合格松本基礎講座の受講歴のある方

②リアリスティック一発合格松本基礎講座（筆記試験後スタートコース）のご受講をご検討されている方

※②の方については、相談可能な内容は受講相談に限ります。

◇相談方法

1．電話で相談

2．ZOOMで相談

3．面談方式（東京本校）で相談

 or or

対面　　　　　　電話　　　　　ZOOM

詳細につきましては、辰已ホームページをご確認下さい（URLは右記二次元バーコードから読み取れます）。

令和3年度筆記試験後に、予約枠や相談方法等の詳細について掲載いたします。

スケジュール・受講料等の詳細は
右記より資料をご請求ください。https://r-tatsumi.com/pamphlet/

■ 2021年 夏 Start

リアリスティック一発合格 松本基礎講座（全129回

無料体験可
詳細は裏表紙

リアリスティック
導入講義

4回

オリエンテーション
講義

1回

※ 夏からスタートした方も上記
「導入講義」「オリエンテーション講義」（全5回）をご受講ください（通学部はビデオブースまたはWEB受講。通信部DVDは一括発送）。

民法	不動産登記法	会社法（商業登記
28回	**21回**	**31回**

※根抵当権については不動産登記法で取り扱います。

不動産登
（記述式
7回

→ 筆記試験後スタートフルパッ

リアリスティック一発合格松本基礎講座　受講システム

通学部

 LIVE

社会人の方も無理なく受講できる！
● LIVEは週2日の木曜・日曜！
●日曜は14:00開始　木曜は遅めの18:45開始
● LIVEを欠席しても受講者特典マイページ（辰已法律研究所ホームページのトップページからアクセス）でもフォローできます。●音声ダウンロードで講義音声を持ち歩き。

通信部

 DVD　**WEBスクール**

DVDで講義を視聴
● DVDで繰り返し講義を視聴できる。
●教材は一定期間分をまとめて配送。
●音声ダウンロードで講義音声を持ち歩き。

WEBで講義を視聴
●パソコンやスマホで繰り返し講義を視聴できる（視聴期間あり）。
●教材は一定期間分をまとめて配送。ページ数の少ないレジュメはPDFで閲覧。
●音声ダウンロードで講義音声を持ち歩き。

※お申込時にDVD、WEB、WEB＋DVDのいずれかをお選びください。

便利な「通学＆通信 相互乗り入れ制度」

リアリスティック一発合格 松本基礎講座を全科目一括でお申込みの方には、
下表の通り、「通学＆通信 相互乗り入れ制度」が適用されます。

申込内容　　　　受講方法	通学部を申込	通信部を申込	
		DVDを申込	WEBを申込
LIVE 講義への出席	可	可　※1	可　※1
WEB 講義視聴	可　※2	DVDのみの申込なら不可。WEB＋DVDをお申込みなら可	可
教材のお渡し方法	手渡し	発送　※3	発送　※3

※1　通学（LIVE）受講を希望する方は事前にご登録いただきます。登録予約等の詳細はお申込み後にご案内いたします。なお、教室には定員の限があるため、通学部の方を優先する関係で、ご希望の日時にご受講ただけない場合がございます。あらかじめご承願います。

※2　通学部の方がWEB視聴をご希望の場合には、受講者特典マイページからご視聴ください。

※3　通信部の方が通学受講をする（要登録）に際してテキスト等の教材お受け取りになった場合には、その教材については発送はいたしません

※4　オプション講座の司法書士オープン総合編・全国総合模試につきましては、お申込みの受講形態に従ってご受講いただきます。オプション座については、相互乗り入れ制度は適用されません。

スケジュール・受講料等の詳細は
右記より資料をご請求ください。 https://r-tatsumi.com/pamphlet/

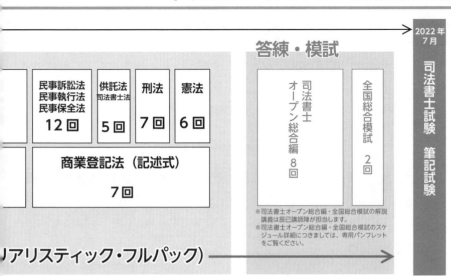

■学習のモデルスケジュール

以下には、本講座を受講して2022年度合格を目指すための一般的なモデルスケジュールを掲載いたしますので、参考にしてください。
全科目を3回繰り返して学習する（3周する）のが基本となっています。
他資格も含め一定の学習経験（例えば宅建士・行政書士での民法等の学習経験など）がある方は、科目ごとの配分を変えるなど、アレンジをしてご使用ください。
2周目以降の時期には、演習講座（答練講座や模擬試験）をご受講ください。リアリスティック・フルパックには、司法書士オープン総合編・全国総合模試が含まれています。

7月	8月	9月	10月	11月	12月	1月	2月	3月	4月	5月	6月	7月
				最初のインプット					**2周目**（テキストを使用してインプットと松本式アウトプットを繰り返す。適宜講義を再確認。）		**3周目**（直前期の仕上げ）	2022年**筆記試験**

最初のインプット（講義を視聴しながら、講義で指摘された重要箇所について、テキストに書き込みをしていく。）

具体的には ➡

科目	講義回数	講義時間数(h)	2021/7/20 に始めた場合 初回インプット割当日数	インプット期間の目安	2021/8/20 に始めた場合 初回インプット割当日数	インプット期間の目安	2021/9/20 に始めた場合 初回インプット割当日数	インプット期間の目安
民法	28回	84時間	61日	7/20～9/18	54日	8/20～10/12	48日	9/20～11/6
不動産登記法	21回	63時間	46日	9/19～11/3	40日	10/13～11/21	35日	11/7～12/11
会社法・商業登記法	31回	93時間	83日	11/4～1/25	73日	11/22～2/2	64日	12/12～2/13
不動産登記法（記述式）	7回	21時間	会社法・商業登記法と並行		会社法・商業登記法と並行		会社法・商業登記法と並行	
民事訴訟法・民事執行法・民事保全法	12回	36時間	32日	1/26～2/26	29日	2/3～3/3	25日	2/14～3/10
商業登記法（記述式）	7回	21時間	民事訴訟法～憲法と並行		民事訴訟法～憲法と並行		民事訴訟法～憲法と並行	
供託法・司法書士法	5回	15時間	13日	2/27～3/11	12日	3/4～3/15	10日	3/11～3/20
刑法	7回	21時間	19日	3/12～3/30	17日	3/16～4/1	14日	3/21～4/3
憲法	6回	18時間	16日	3/31～4/15	14日	4/2～4/15	12日	4/4～4/15
合計	124回	372時間	270日		239日		208日	

※「講義回数」は導入講義4回、オリエンテーション講義1回を除いたものです。上記以外の日にスタートする場合のスケジュール表は辰已ホームページに掲載いたします。

スケジュール・受講料等の詳細は
右記より資料をご請求ください。https://r-tatsumi.com/pamphlet/

TEXT

本講座では、松本雅典著『**司法書士試験リアリスティック**』を講座テキストとして使用します（民法、不動産登記法、会社法・商法・商業登記法、民事訴訟法・民事執行法・民事保全法、供託法・司法書士法は刊行済み。憲法は 2021年内に刊行予定）。

テキストの記載内容は、本試験過去問を徹底的に分析した結果をもとに吟味されており、無駄な記載を省きつつも、本試験での出題領域を十分にカバーするものとなっています。

松本雅典著　司法書士試験リアリスティック

外販テキストとして広く普及している書籍を講座テキストとして使用します。

「司法書士試験リアリスティック」は各自でご用意下さい。

本講座を全科目一括（またはそれを含むパック）でご購入いただいた方には「司法書士試験リアリスティック」民法Ⅰ、民法Ⅱ、民法Ⅲ、不動産登記法Ⅰ、不動産登記法Ⅱ、会社法・商法・商業登記法Ⅰ、会社法・商法・商業登記法Ⅱ、民事訴訟法・民事執行法・民事保全法、供託法・司法書士法、憲法、刑法の全 11 冊をプレゼントいたします。

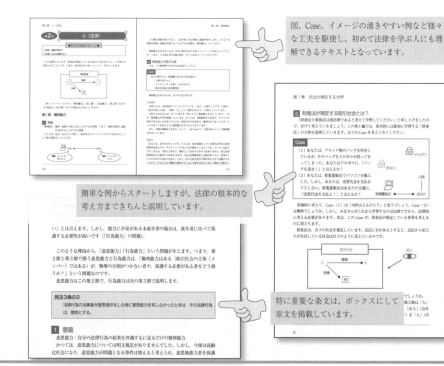

図、Case、イメージの湧きやすい例など様々な工夫を駆使し、初めて法律を学ぶ人にも理解できるテキストとなっています。

簡単な例からスタートしますが、法律の根本的な考え方まできちんと説明しています。

特に重要な条文は、ボックスにして原文を掲載しています。

スケジュール・受講料等の詳細は
右記より資料をご請求ください。https://r-tatsumi.com/pamphlet/

【 司法書士 リアリスティック一発合格松本基礎講座 】

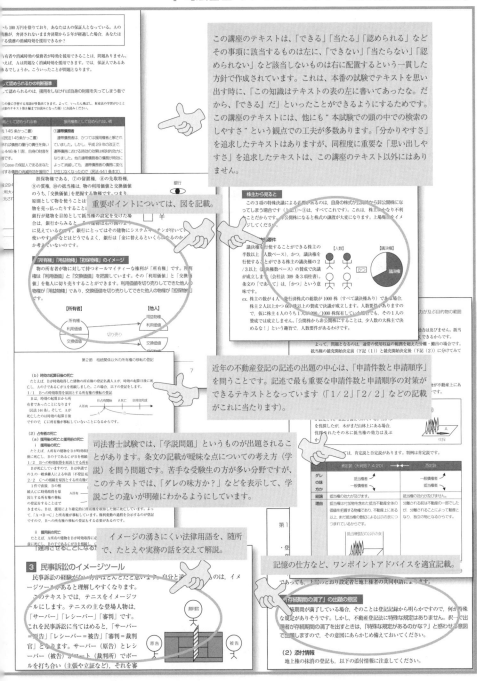

この講座のテキストは、「できる」「当たる」「認められる」など
その事項に該当するものは左に、「できない」「当たらない」「認
められない」など該当しないものは右に配置するという一貫した
方針で作成されています。これは、本番の試験でテキストを思い
出す時に、「この知識はテキストの表の左に書いてあったな。だ
から、『できる』だ」といったことができるようにするためです。
この講座のテキストには、他にも"本試験での頭の中での検索の
しやすさ"という観点での工夫が多数あります。「分かりやすさ」
を追求したテキストはありますが、同程度に重要な「思い出しや
すさ」を追求したテキストは、この講座のテキスト以外にはあり
ません。

重要ポイントについては、図を記載。

近年の不動産登記の記述の出題の中心は、「申請件数と申請順序」
を問うことです。記述で最も重要な申請件数と申請順序の対策が
できるテキストとなっています（「1／2」「2／2」などの記載）
がこれに当たります）。

司法書士試験では、「学説問題」というものが出題されるこ
とがあります。条文の記載が曖昧な点についての考え方（学
説）を問う問題です。苦手な受験生の方が多い分野ですが、
このテキストでは、「ダレの味方か？」などを表示して、学
説ごとの違いが明確にわかるようにしています。

イメージの湧きにくい法律用語を、随所
で、たとえや実務の話を交えて解説。

記憶の仕方など、ワンポイントアドバイスを適宜記載。

3 民事訴訟のイメージツール

民事訴訟の経験がない方はほとんどだと思います。自分と...
ジツール...って理解しやすくなります。...するのは、イメー
ジツールです。...
...のテキストでは、テニスをイメージツ
...ルにします。テニスの主な登場人物は、
「サーバー」「レシーバー」「審判」です。
これを民事訴訟に当てはめると、「サーバー
＝原告」「レシーバー＝被告」「審判＝裁判
官」となります。サーバー（原告）とレシー
バー（被告）がコート（裁判所）でボー
ルを打ち合い（主張や立証など）、それを審...

スケジュール・受講料等の詳細は
右記より資料をご請求ください。https://r-tatsumi.com/pamphlet/

講義スタイル

本講座出身の合格者が「この形式の講義以外は受けられなくなるほど」と絶賛する講義スタイル！

本講座は従来から一貫した講義スタイルで多くの合格者を生み出してきました。

毎回講義の冒頭は松本講師が受講生に向かって話すところから始まりますが、講義は基本的に、テキストを書画カメラで写し講師と一緒にテキストに書き込みをするスタイルで行われます。

4色（赤：結論、青：趣旨・理由、緑：複数の知識を記憶できる共通する視点など、黒：試験には出ない具体例や実務の話）のボールペンを使い分け、どこをどう記憶すればよいのかを視覚化しながら説明していきます。

どの箇所を線でつなぐか、図はどこに書き込むかといったことも一目瞭然になります。

教室での講義の様子

板書は効率が悪い。
口頭の説明だけでは
後で思い出せない。
だから、この講義スタイル！

実際の講義を例えば WEB スクールの画面で見るとこうなります。

（LIVE 受講生は教室内のモニターで見られます）

「どこに線を引けばいいの？」
「どこを説明しているの？」
などということは起こりません。

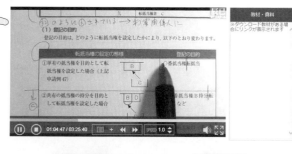

書き込みが完成するとテキストのページはこうなります。

書き込んだ時の記憶が残っているので、復習がし易い！
試験の時に思い出し易い！

このスタイルだから講義終了時点でのテキストは全受講生共通！
（講義の受け方によって差が出ない）

**スケジュール・受講料等の詳細は
右記より資料をご請求ください。https://r-tatsumi.com/pamphlet/**

補助資料

学 説 問 題 対 策

択一過去問本

　法律（特に民法・憲法）は曖昧な規定が多いため、判例や学者によって考え方が異なる点があり、本試験では、それも出題されます。

　この「学説問題」というものは、最低限の知識は必要ですが、とても知識では対応できない問題が必ず出題されます。この「学説問題」には知識だけに頼らない解き方があります。

　よって、講義の復習として解いて頂いた『司法書士試験択一過去問本』の中から、（学説問題がある時は）講義の冒頭で解説します。

　辰已法律研究所オリジナル過去問集『司法書士試験択一過去問本』は、本講座受講生の皆様に科目ごとに配付いたします。

26穴ファイル対応だから整理しやすい！

辰已オリジナル択一過去問集
「択一過去問本」を受講者全員にもれなく配付

※受講科目ごとに配付します。

記 述 式 対 策

松本雅典著
リアリスティック不動産登記法 記述式
リアリスティック商業登記法 記述式

　類書とは異なり、講師レベルではなく、合格者レベルを目指すことにより、目標到達地点を明確にするとともに、そこから確実に合格者になる方法を提示しています。不動産登記法、商業登記法（記述式）の講義でそれぞれ使用。「リアリスティック不動産登記法 記述式」「リアリスティック商業登記法 記述式」は、各自でご用意ください。

　全科目一括でお申込みの方には「リアリスティック不動産登記法 記述式」「リアリスティック商業登記法 記述式」をプレゼントいたします。

音 声 学 習 用 教 材

全科目一括申込者
限定特典

Shadowing（シャドウイング）とは…

　英会話の学習法として頻繁に利用されているもので、通常はネイティブの人が話す英語を収録した媒体を聴きながら、それに影（shadow）のように後から追いかけて発音することをいいます。文章を見ずに、耳から聴き取った音をそのまま自らの口で再現するのが本来のやり方です。

　再現するためには、当然、聴き取る能力が要求されますし、同じスピードで喋る能力も要求されます。このような能力を少しずつ高めることにより、英語力を高めるのが英語学習におけるシャドウイングの目的です。

　松本式学習法においては、このシャドウイングの手法を、司法書士試験において重要な申請書と条文の学習に利用します。

【申請書シャドウイング】

　本講座では、シャドウイングの手法を記述式対策（申請書）に利用します。喋ることは書くことよりも短時間で行えるので、当然、勉強時間の節約になります。

　しかも、この方法を利用することには、英語学習の場合にはない重要な意義がひとつあります。それは、日本語では発音と平仮名が一致するので、ほとんどの場合、喋れれば書けるということです（英語では「ウェンズデイ」と喋れても、「wednesday」と書けるとは限りません）。申請書の中には漢字も含まれますが、あまり難しい漢字はありませんし、難しい漢字については書きとりの練習をすれば足りるのです。

【条文シャドウイング】

　法律学習において、法律の条文は最も大事なもののひとつです。条文自体を書かされるような試験ではありませんが、条文がしっかり頭に入っていることは、本試験において非常な威力を発揮します。

　本講座では、条文についても上記のシャドウイングの手法を利用して学習効率を高めます。シャドウイングに使用する条文は、松本講師自身がセレクトした重要条文です。

■シャドウイング用音声データの配付方法
辰已法律研究所のホームページからダウンロードしていただけます。別途料金はかかりません（通信料は各自ご負担ください）。配信に関する詳細は受講開始時にご案内します。

■ファイル形式：MP3

スケジュール・受講料等の詳細は
右記より資料をご請求ください。https://r-tatsumi.com/pamphlet/

受講料(税込) その他

※下記割引制度と特典につきましては、すべて「リアリスティック一発合格松本基礎講座」全科目一括以上のお申込者が対象となっております。

		受講料						
		通学部		通信部WEB		通信部DVD		通信部WEB+DVD
		辰已価格	代理店価格	辰已価格	代理店価格	辰已価格	代理店価格	辰已価格	代理店価格
リアリスティック・フルパック (①+②)		¥502,100		¥502,100		¥531,500	¥504,925	¥554,500	
① リアリスティック一発合格松本基礎講座	全科目一括 (教育訓練給付金対象講座。下記注意事項を参照)	¥444,000		¥444,000		¥474,200	¥450,490	¥494,300	
	科目別 民法	通学部の科目別価格はございません。		¥107,100		¥114,600	¥108,870	¥119,600	
	不動産登記法			¥75,700		¥80,900	¥76,855	¥84,500	
	会社法(商法)・商業登記法			¥111,700		¥119,500	¥113,525	¥124,700	
	民事訴訟法・民事執行法・民事保全法			¥43,200		¥46,300	¥43,985	¥48,300	
	供託法・司法書士法			¥18,000		¥19,300	¥18,335	¥20,100	
	刑法			¥25,200		¥27,000	¥25,650	¥28,200	
	憲法			¥21,600		¥23,100	¥21,945	¥24,100	
	不動産登記法(記述式)			¥25,200		¥27,000	¥25,650	¥28,200	
	商業登記法(記述式)			¥25,200		¥27,000	¥25,650	¥28,200	
② オプション講座	一括(解説講義あり)	¥84,500		¥84,500		¥92,400	¥87,780	¥96,800	
	単体 司法書士オープン【総合編】解説講義あり	¥73,700		¥73,700		¥80,600	¥76,570	¥84,400	
	司法書士全国総合模試 解説講義あり	¥15,200		¥15,200		¥16,700	¥15,865	¥17,500	

※お申込みには講座コードが必要となります。
　専用パンフレットにてご確認の上お申し込みください。

※本講座の申込方法・詳細は専用パンフレットをご確認ください。

辰已窓口　大学生協　提携書店　〒BANK　デリバリー　教育ローン　Eローン　WEBタブレット

※各種割引については大学生・提携書店ではお取り扱いしておりません。
▲教育ローン・Eローンは購入合計金額3万円以上でご利用いただけます。

→オンライン申込はこちらから

各種割引制度

※下記の1~3については代理店申込、オンライン決済の場合には適用になりません。
※1~3の割引は併用できません。その他の割引とも併用できません。

	制度	特典内容	対象者・対象講座・必要書類等
1	他資格からのトライアル割引	受講料から15%割引	対象者:行政書士、宅建士、社労士、など法律系国家資格をお持ちの方、または過去1年以内にこれらの資格の講座を受講されている方 対象講座:リアリスティック一発合格松本基礎講座全科目一括またはリアリスティックフルパック 必要書類:合格証、資格の保有を証明できる書類または受講証
2	在学生キャッシュバック	受講料から15%割引	対象者:学生(大学生・短大生・大学院生・専門学校生) 対象講座:リアリスティック一発合格松本基礎講座全科目一括またはリアリスティックフルパック 必要書類:学生証、キャッシュバック申請書
3	Re-Try 割引	受講料から15%割引	対象①これまで予備校を利用せずに独学で勉強してきたが、松本式の学習法に共鳴し、この機会に直接松本講師の指導を受けたいと思っている方(独学者支援) 対象②司法書士試験受験経験のある方で、中々合格ラインに届かないので、これを機会に松本式の勉強法でもう一度基礎固めをして一気にいきたい方(受験経験者支援) 対象③過去に司法書士の入門講座(辰已or他校)を受講したが、挫折したor理解不十分なので、この機会に松本式の勉強方で、もう一度基礎からやり直してみたい方(基礎再受講者支援) 対象講座:リアリスティック一発合格松本基礎講座全科目一括またはリアリスティックフルパック 必要書類:所定の申請書にご記入いただきます。
4	スタディーメイト支援	3万円分の図書カード進呈	対象者:2名以上で一緒にお申込された方 対象講座:リアリスティック一発合格松本基礎講座全科目一括またはリアリスティックフルパック 必要書類:スタディーメイト申請書 ※代理店でのお申込みにも適用されますが、申請は辰已法律研究所に行って下さい。(TEL.03-3360-3371)

合格者・研修費用贈呈

2022年度の司法書士試験に見事最終合格された暁に、お祝いといたしまして「リアリスティック一発合格松本基礎講座」へのお支払金額(オープン・模試の部分は含まず)の半額を司法書士会の研修費用などに活用していただくために贈呈いたします。2022年合格を果たすべく頑張ってください。

お支払い額の 50%

◆対象者:2022年度の司法書士試験に最終合格された方
◆対象講座:リアリスティック一発合格松本基礎講座全科目一括またはリアリスティックフルパックをお申込みの方
◆手続:本制度の適用には申請が必要となります。申請期限は2022年度司法書士試験最終合格発表から1ヶ月です。
◆申請条件:合格体験記(3,000文字以上。氏名・写真掲載)の提出が申請の条件となります。
手続の詳細については、2022年11月上旬に当研究所のHPで告知します。
※本制度は、代理店で講座をお申込みの場合には適用されません。
※割引制度を利用して申し込まれた場合は、割引後の価格を算定の基準とします。
※受講料のお支払いにローンをご利用の場合、申請日までにローンが完済されていることが申請の条件となります。

スケジュール・受講料等の詳細は
右記より資料をご請求ください。https://r-tatsumi.com/pamphlet/

今すぐ無料で視聴できる！松本基礎講座ガイダンス

- ■司法書士の"リアルな"仕事・就職・収入（60分）
- ■これが司法書士試験だ！- データで徹底解剖（60分）
- ■合格者を多数輩出するリアリスティック勉強法とは？（60分）

→ 受験勉強を始めるにあたって知っておきたい情報を提供しています。

- ■オリエンテーション講義〜効果的な授業の受け方〜（90分）
- ■リアリスティック導入講義 民法の全体像①②（各90分）
- ■リアリスティック導入講義 不動産登記法の全体像（180分）
- ■リアリスティック導入講義 会社法・商業登記法の全体像（180分）

→ 講座の申込を決めた方は、こちらのオリエンテーション講義と導入講義を必ず受講して下さい。

視聴方法

WEBでの視聴（無料）

DVDでの視聴（無料）

辰已HP のストリーミングチャンネルにて配信中です。
【アクセス方法】
辰已HP＞TATSUMI ストリーミングチャンネル＞司法書士試験
※右記二次元バーコードを読み取ると視聴ページへ直接アクセスできます。

通信部DVD のお申込みは、辰已HP からが便利です。
辰已HP＞司法書士＞初学者向け講座＆ガイダンス＞無料ガイダンス申請フォーム
http://www.tatsumi.co.jp/shihou_shosi/index_b.html より
※ガイダンスDVD のお申込みは上記HP 受付の他、本校の窓口、電話（代表）、郵送のいずれかに限ります。デリバリーサービスでのお申込はできません。

WEBスクールのご案内

PC、スマホ視聴可

WEBスクールのお申込みにはオンライン決済をご利用いただけます。
※お急ぎの場合は、クレジット決済をお勧めいたします。

●Web上でのクレジット決済
1回払い。JCB、VISA、MasterCard のご利用のみとなります。

●コンビニエンスストアを利用した決済
Web上でのお申し込み後、お客様番号・確認番号を取得し、コンビニエンスストアでお支払い。ご利用金額の上限があります（30万円まで）

●銀行ATM（ペイジー対応）による決済
Web上でのお申し込み後、収納機関番号、お客様番号、確認番号を取得し、銀行でのお支払い。ご利用金額の上限があります（キャッシュカードは100万円、現金は10万円まで）

●辰已法律研究所本校の窓口でのお支払い
辰已法律研究所本校のみでのお申込みとなります。

WEBスクール視聴画面

自分でチャプターを管理

●自分で重要と思うところ（もう一度聴きたいところ）等をチャプターとして自由に指定し、自由な名前をつけて管理できます。削除も自由です。
●Play ボタンで任意のチャプターから再生できます。

再生スピード自由自在

【速聴き】
標準速度1.0 を基準として▲クリックで1.1 〜2.0 へと段階的に速く再生できます。
【遅聴き】
▼クリックで0.8 〜0.2 へと段階的に遅くできます。
※0.2 及び0.4 では音声は再生されません。

WEBスクールはこちらから

＜WEBスクールへの割引適用方法＞

窓口申込 辰已本校窓口（東京・大阪）にて割引適用の旨お申し出下さい。証明書類等が必要な割引の場合、お持ち下さい。

窓口以外での申込

❶ 辰已WEBスクール通常会員への登録

❷ 割引後価格を銀行振込または郵便振替

❸ 払込証書と申込書の送付

❹ 「購入履歴」の確認

❶ まず「辰已WEB スクール通常会員」へご登録下さい。
辰已HP＞WEB スクールへ初めての方へ（新規登録）へ
https://tatsumi-ws.com/users/select/
※既にご登録頂いている場合、再登録は不要です。
※WEB スクール画面上からも講座のお申し込みは可能ですが、割引適用（早割除く）する場合は、WEB スクール上では講座のお申し込みはできません。以下❷をご利用下さい。
※早割は、WEB スクール上にてお客様ご自身でお申手続可能です。

❷ ＜受講料振込先口座＞
・銀行振込
三菱UFJ 銀行 新宿通支店（普）2083805 辰已法律研究所
三井住友銀行 飯田橋支店（普）596098 辰已法律研究所
みずほ銀行 新宿西口支店（普）1085881 辰已法律研究所
・郵便振替
00190-9-65773 辰已法律研究所
★ご自身が割引対象になるかの確認や、割引後価格の確認は、以下までお問合せ下さい。
・メール info1@tatsumi.co.jp

❸ 払込証書の原本またはコピーを後記の宛先までお送り下さい。
その際、以下の必要事項が記載された申込書または別紙も同封をお願いいたします。
証明書類等が必要な割引の場合、証明書類も同封の必要がございます。
※申込書（PDF）は辰已HP からダウンロードできます。
辰已HP 左下【受講申込方法】＞各種講座専用申込書へ
＜必要記載事項＞
WEB スクール登録アドレス・郵便番号・住所・氏名・電話番号・生年月日・申込講座名・講座コード・振込金額・対象となる割引の種別（Re-Try割引など）
＜払込証書送付先＞
〒169-0075 東京都新宿区高田馬場4-3-6 講座申込係

❹ 必要書類を確認次第、お客様のWEB スクールページ「購入履歴」に商品を追加いたします。
「辰已法律研究所WEB スクール【注文・決済完了】のお知らせ」というタイトルのメールが届きますので、WEB スクールの購入履歴をご確認下さい。

スケジュール・受講料等の詳細は
右記より資料をご請求ください。https://r-tatsumi.com/pamphlet/

司法書士試験

本試験問題&解説

Newスタンダード本
令和3年 単年度版

全国有名書店
大学生協
辰已事務局にて
取扱中

司法書士試験
本試験問題&解説
Newスタンダード本
令和3年 単年度版

債権法改正・相続法改正対応

定価 1,595円 (税込1,450円)

最も正確で必要十分な分量の解説

受験生出口調査に基づく肢別解答率を掲載

辰已法律研究所

定価 税込¥1,595 (本体¥1,450)

401件の出口調査に基づく肢別解答率掲載！

令和3年度司法書士試験本試験の，択一式全70問（午前の部35問・午後の部35問）と記述式全2問の，問題文と詳細かつ正確な解説を完全掲載。

また，データ編として，401件の辰已独自の出口調査に基づく受験生の肢別解答率を掲載。これで「絶対に正解すべき問題」「合否を分ける問題」「捨て問題」等の属性を客観的に知ることができるでしょう。

司法書士試験過去問解説の決定版です！！

B5判並製

司法書士試験
リアリスティック シリーズ
民法I・II・III【第3版】

著者：辰已専任講師 **松本 雅典**

全国有名書店
大学生協
辰已事務局にて
取扱中

司法書士試験
松本の新教科書 5ヶ月合格法
リアリスティック❶
民法I
[総則]
松本雅典 第3版

司法書士試験
松本の新教科書 5ヶ月合格法
リアリスティック❷
民法II
[物権]
松本雅典 第3版

司法書士試験
松本の新教科書 5ヶ月合格法
リアリスティック❸
民法III
[債権・親族・相続]
松本雅典 第3版

◆民法I
定価 ¥2,420（税込）

◆民法II
定価 ¥2,420（税込）

◆民法III
定価 ¥3,190（税込）

★平成29年債権法改正・平成30年相続法改正はもちろん、
令和4年4月施行予定の成年年齢改正も盛り込みました!!

辰已の人気講師、「5ヶ月合格法」の松本雅典による司法書士試験の新教科書「リアリスティック」シリーズの民法 第3版が登場です！

既に第2版で債権法改正・相続法改正を反映させ、改正前の民法からの切り替えに配慮してきましたが、第3版では完全に改正法ベースの記載とし、理由として有用な場合にのみ改正前の説明を残しました。また、令和4年4月の成年年齢の改正を盛り込みました。
①多すぎず、少なすぎない情報量。
②体系だった学習ができるように、見出し・小見出しのつけ方にかなり気を配りました。
③「不正確な表現とならないよう、わかりやすい表現をする」これに可能な限り挑戦しました。
④説明順序は、基本的に「結論」→「理由」の順としています。
⑤講師が毎年講義をする中で調べ、ストックした相当数の理由付けを記載。
⑥「共通する視点」「Realistic rule」「判断基準」など、"複数の知識を思い出すための思い出し方"を記載。
⑦図表を適宜掲載。
⑧充実の索引～事項索引、条文索引、判例索引を搭載。

A5判・2色刷

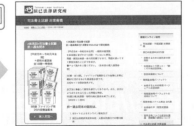